经济学名著译丛

The General Theory of Employment, Interest and Money

就业、利息和货币通论

〔英〕约翰·梅纳德·凯恩斯 著
徐毓枬 译

The General Theory of Employment,
Interest and Money

商务印书馆
创于1897 The Commercial Press

John Maynard Keynes
THE GENERAL THEORY OF EMPLOYMENT, INTEREST AND MONEY
Macmillan & Co. Limited
London, 1936
根据英国麦克米伦图书公司 1936 年版译出

出 版 说 明

约翰·梅纳德·凯恩斯（1883—1946）是英国著名经济学家，1905年毕业于剑桥大学，当时主修的是数学和文学。其后的一年间，他继续留在剑桥，师从经济学大师马歇尔和庇古攻读经济学。此后，他除在剑桥大学执教外，还长期担任英国政府部门的要职。1919年第一次世界大战结束后，他以英国财政部首席代表身份参加巴黎和会，并以《和约的经济后果》一文抨击了《凡尔赛和约》中要求德奥战败国赔款等有关条款，一时名声大噪。1929年资本主义经济大危机爆发后，他担任英国财政经济顾问委员会主席。第二次世界大战期间，凯恩斯任职于英国财政部，并担任英格兰银行的董事，是英国经济政策的主要制定者。1944年，他率领英国代表团参加了布雷顿森林会议，接着又出任国际货币基金组织和国际复兴开发银行的董事，对战后经济的复兴作出了重大贡献。

凯恩斯的著作较多，较重要的有：《印度的货币与金融》（1913年）、《和约的经济后果》（1919年）、《货币改革论》（1923年）、《货币论》（1930年）和《劝说集》（1932年）等。但凯恩斯的最重要、影响最大的著作，则是1936年出版的《就业、利息和货币通论》（以下简称《通论》）。

20世纪30年代以前，在西方经济学界占统治地位的是以马歇尔等为代表的传统古典经济学理论，认为资本主义经济能够借助于市场供求力量自动地达到充分就业的均衡状态。凯恩斯早年曾受马歇尔和庇古等经济学家的熏陶，赞同古典经济学派的观点，并一直致力于货币理论的研究。这一点从他30年代以前出版的各部著作中可以看出。

第一次世界大战结束后，英国遭遇了长期的经济失调和严重的失业，凯恩斯认为这是经济紧缩导致的。因而他极力攻击恢复战前的金本位制，认为此举会导致通货紧缩及国内外相对价格的失衡，从而使英国的出口品价格太高，不利于竞争，而这正是英国经济困境的根源所在。因此，他主张政府采取通货管理政策，通过价格控制（通货膨胀而非通货紧缩）来调整经济。这时，凯恩斯已开始有点脱离传统经济学的路线。20年代的失业使他觉得自由经济并非完全能够自我调节，自由放任也不足以带来经济的复兴，但他的这种脱离仍非常有限，其对经济的分析及其政策主张仍是以传统的古典经济学理论为基础。不过，面临长期的失业现象，他主张增加公共工程开支，以此来增加就业机会，减少失业，这可以说是第一次冒出“凯恩斯革命”的火花。

1929—1933年爆发了资本主义历史上最严重、最持久、最广泛的经济危机，经济萧条，失业严重，传统的经济理论已无法解释大萧条中出现的各种经济现象，更不能为摆脱危机提供“有效的”对策。就是在这种状态下，凯恩斯为了医治资本主义经济病症、寻求摆脱危机的措施，潜心于经济理论的研究，并于1936年发表了《通论》，此书问世根本动摇了传统经济理论，引起了经济理论上的一场革命。《通论》的出版，标志着凯恩斯完成了从传统的古典经济学理论向自己创立的新经济体系的过渡，标志着凯恩斯学说已发展成为一个独立的理论体系。

在《通论》中，凯恩斯否定了传统经济学的观点，他指出，以往传统经济学中所谓的均衡，是建立在供给本身创造需求这一错误理论基础上的充分就业均衡。他说，这只适合于特殊情况，而通常情况下则是小于充分就业的均衡，因而他自称他的就业理论才是一般理论，即通论，既可解释充分就业的情况，也可解释小于充分就业的情况。

凯恩斯认为，导致这种情况的根源在于有效需求不足，而一国的就业水平是由有效需求决定的。有效需求是指商品总供给价格与总需求价格达到均衡时的总需求，而总供给在短期内不会有大的变动，因而就业水平实际上取决于总需求或有效需求。

凯恩斯认为，之所以出现有效需求不足，是因为“消费倾向”、“对资本未来收益的预期”以及对货币的“灵活偏好”这三个基本心理因素的作用。他指出，总需求是消费需求与投资需求之总和，总需求或有效需求不足是消费需求与投资需求不足的结果。心理上的消费倾向使得消费的增长赶不上收入的增长，因而引起消费需求不足。心理上的灵活偏好及对资本未来收益的预期使预期的利润率有偏低的趋势，从而与利息率不相适应，这就导致了投资需求的不足。凯恩斯还认为，心理上对资本未来收益的预期即资本边际效率的作用在三个基本心理因素中尤为重要，危机的主要原因就在于资本的边际效率突然崩溃。

凯恩斯认为，资本主义不存在自动达到充分就业均衡的机制，因而主张政府干预经济，通过政府的政策，特别是财政政策来刺激消费和增加投资，以实现充分就业。消费倾向在短期内是相对稳定的，因而要实现充分就业就必须从增加投资需求着手。凯恩斯指出，投资的变动会使收入和产出的变动产生一种乘数效应，因而他更主张政府投资，以促使国民收入成倍地增长。

《通论》的出版，在西方经济学界和政界引起了巨大反响。一些经济学家把《通论》的出版称为经济理论上的"凯恩斯革命"，并把它与斯密的《国富论》及马克思的《资本论》并列为经济学说史三本同样伟大的著作。此后，凯恩斯理论逐渐取代了传统经济学成为西方经济学的正统理论，资本主义各国政府也纷纷采用凯恩斯的需求管理政策，并将凯恩斯的理论及建议作为制定政府经济政策的指导思想。20 世纪 60 年代末以前，通过其追随者的不断补充和完善，凯恩斯及其追随者的经济理论已基本上被西方经济学界看成是现代宏观经济学的同义词。所以，某些经济学家将从《通论》出版开始直到 60 年代中期这一时期称作"凯恩斯时代"。

然而，自《通论》出版以来，西方经济学界关于《通论》一书的基本思想及其政策主张的争论，也始终没有停止过。一方面，在凯恩斯学派内部，以英国罗宾逊为首的凯恩斯派和以美国萨缪尔森为首的凯恩斯派一直在进行论战。另一方面，新奥地利学派、货币学派等不停地从外部抨击凯恩斯主义；特别是，包括货币经济周期学派（曾被称为理性预期学派）和实际经济周期学派在内的新古典宏观经济学对凯恩斯主义的理论和政策主张进行了全面的攻击，严重动摇了凯恩斯主义在西方宏观经济学中的统治地位。凯恩斯主义在理论上缺乏微观基础，不能同传统的微观经济学保持一致，在实践上无法解释经济停滞和通货膨胀同时并发的现象，在滞胀面前束手无策，因而陷入了严重的危机之中。为了挽救凯恩斯主义，80 年代形成的新凯恩斯主义经济学为凯恩斯主义提供微观基础，并重新表述了凯恩斯主义的理论和政策主张。由于新凯恩斯主义的出现，目前西方宏观经济学形成了新古典宏观经济学和新凯恩斯主义经济学对峙的格局。

《通论》一书不仅在历史上对西方经济学和资本主义国家的经济政策产生过巨大影响，而且它的理论和政策观点今天仍在发生作用。因此，研究《通论》不仅有历史意义，而且也有现实意义。

目　　次

第四编 投资引诱

第五编 货币工资与物价

第六编 通论引起的几篇短论

原　　序

本书主要是为我同行经济学家写的，我希望别人也看得懂。本 ix
书主旨，乃在讨论若干理论上的困难问题，至于如何应用此理论于实际，尚在其次。因为如果正统经济学有错误的话，其病不会在其上层建筑，而在其前提之不够明白，不够普遍，——上层建筑在逻辑上总是很少可非议的。为使经济学家以批判态度，重新考虑其若干基本假定起见，我不能不用极度抽象的论据，不能不有许多争辩。我愿意后者可以少一些。但我觉得：我不仅得说明自己的观点，还得指出我的观点在哪儿方面和通行理论不符。我预测：那些与“经典学派理论”已结不解之缘者，或者认为我完全错误，或者认为我一无新见。谁是谁非，只能让别人来判断。下面争辩部分，目的就在提供若干材料，使别人判断时有所依据。为使各说俨然有别，我自己的争辩不免过于尖锐；假使有这种情形，我得请求原谅。我现在所攻击的理论，我自己也深信了好些年，我想我不至于忽视其优点。 x

我们所争执的对象，其重要性可称无以复加。不过，如果我的解释是对的，则我必先说服我同行经济学家，然后再及群众。在论争之现阶段，我们只能欢迎群众旁听，听取参加论争之一造，把经济学家之间之意见分歧点明白提出。这种意见分歧，使经济理论在目前几乎丧失了实际重要性；意见分歧一日不去，实际重要性便一日不恢复。

本书与我五年前所出版的《货币论》（*Treatise on Money*）有什么关系，恐怕我自己比别人要明白些。在我自己看来，只是历年思索之自然演化者，在读者看来，也许会觉得是观点改变，迷离无所适从。这种困难，并不因我改换名词而减轻。名词有非改不可的地方，我将在下文中指出。二书间之关系，可以简述如下：当我开始写《货币论》时，我还遵循着传统路线，把货币看作供求通论以外的一种力量。当该书完成时，我已有若干进步，倾向于把货币理论推展为社会总产量论。不过当时先入之见已深，不易摆脱，所以对于产量改变所引起的后果，并没有充分讨论。现在看来，这是该书理论
xi 部分（即第三、第四两编）之显著缺点。该书所谓“基本公式”，是在一定产量这个假定之下所得到的刹那图。在此假定之下，那些公式想指出：“何以会有若干力量，造成利润失衡，使产量非改变不可。至于动态的发展——以别于刹那图——倒反不完全，非常模糊。本书则反是：着重在研究何种决定力量使得总产量与总就业量改变；至于货币的技术细节，虽然货币在经济结构中占有重要而特殊的地位，本书却略而不论。货币经济之特征，乃是在此经济体系之中，人们对于未来看法之改变，不仅可以影响就业之方向，还可以改变就业之数量。当前经济行为，虽常受人们对于未来看法之影响，而且看法又常在改变，但我们分析当前经济行为之方法，仍不外乎供求之交互反应。如此一来，我们的分析法与价值论衔接起来了。于是我们达到了一个通论：我们所熟悉的经典学派理论，只是这个通论之一个特例而已。

写这样一本书，作者须自辟途径。事属草创，为使错误不致太

多起见，作者极端有赖于他人之批评与讨论。一个人若单独构思太久，即极可笑之事，也会暂时深信不疑。各种社会科学皆然，经济学尤其如此，因为我们往往不能以一己思想，以逻辑的或实验的方法，作决定性的试验。本书得力于卡恩（R. F. Kahn）先生之建议与 xii
批评者，较之《货币论》或犹过之，书中有好些处都是根据他的建议而改定的。又本书承罗宾逊（Joan Robinson）夫人，郝特雷（R. G. Hawtrey）先生及哈罗德（R. F. Harrod）先生校阅一过，得益甚多。书末索引则为剑桥皇家学院奔舒珊-布特（D. H. Bensusan-Butt）君所编。

本书之作，对于作者是个长时期的挣扎，以求摆脱传统的想法与说法。设作者努力不虚，则大部分读者读此书时，想必会有同感。书中所含思想，虽然表达方式甚为复杂，实在是异常简单，应当人所共知。我们大多数都是在旧说下熏陶出来的。旧说已深入人心。所以困难不在新说本身，而在摆脱旧说。

凯恩斯

1935年12月13日

第一编

引　论

第一章　正名

本书命名为《就业利息和货币通论》（*The General Theory of* 3
Employment, Interest and Money），着重在通字。命名用意，在把我的想法和结论，与经典学派[①]对于同类问题之想法与结论对照起来。无论在理论方面或政策方面，经典学派支配着统治阶级和学术界之经济思想，已经有一百余年，我自己亦是在这种传统中熏陶出来的。在下文中，我将说明：经典学派之前提，只适用于一种特例，而不适用于通常情形；经典学派所假定的情形，是各种可能的均衡位置之极限点，而且这种特例所含属性，恰不是实际经济社会所含有的。结果是理论与事实不符，应用起来非常糟糕。

---

①　经典学派是马克思造出来的名词，用来包括李嘉图、杰姆斯·穆勒和他们以前的经济学家。经典学派经济学是由李嘉图集大成的经济学。但我向来用经典学派一词，亦包括李嘉图之后继者，即那些接受李嘉图经济学而加以发扬光大的人，例如约翰·斯图亚特·穆勒、马歇尔、艾其伟斯及皮古教授；我如此用法，也许犯了文法错误。

第二章　经典学派之前提

4 大部分论价值与生产之作，主要是讨论两个问题：（一）如何把定量（given volume）资源分配于各种用途；（二）设雇用之资源适为此量，则各资源之相对报酬以及产品之相对价值如何决定。①

可用（available）资源之数量，例如可就业人口之多寡，天然财富（natural wealth）之丰瘠，资本设备之大小，一向只用叙述方法加以说明。至于在此可用数量之中，实际就业者究有多少，由何种力量决定，则极少有详明理论。说对于这种理论全无探讨，当然是过分。因为讨论就业量之变动者甚多，而一讨论到就业变动，便不免牵涉到这种理论。我并不是说这个问题被人忽略了，我是说：关于这个问题之基本
5 理论，一向被认为太简单、太容易，至多只要提一下就够了。②

---

① 这是李嘉图留下的传统。李嘉图明白表示，他对于国民所得之数量——以别于国民所得之分配——问题，毫无兴趣。他这样做，实在颇有自知之明。其后起者不察，却用经典学派理论来讨论财富之本源问题。李嘉图于1820年10月9日致马尔萨斯之信件中，有如下一段话："足下以为经济学是研究财富之性质与本源之学。鄙意以为：经济学只研究社会各阶级通力合作所产生的产物，依何种法则，分配于各阶级。关于数量，实在并无法则可言，但关于分配比例，倒可以找出一个相当正确的法则。我愈来愈觉得，追求前者是劳而无功的，后者才是经济科学之真正对象。"

② 例如皮古教授在《福利经济学》（*Economics of Welfare*）第4版第127页中说（重点是我加的）：

"在整个讨论中，除非明白声明其不如此，我们将忽略下列事实：即有些资源愿意，但事实上并未就业。这并不影响论证之实质，而可简化其说法。"两相对照，李嘉图明白放弃任何企图，讨论整个国民所得之数量问题，而皮古教授在讨论国民所得之专著中，反以为不论有无不自愿失业之存在，同一理论都能适用。

I

经典学派之就业理论，表面上简单明白，实基于两大基本前提，而对此两前提本身，则几乎毫无讨论。该二前提为：

I. 工资等于劳力之边际产物。

换言之，一就业人员之工资，乃等于因把就业人数减少一人所引起的价值之净损失。所谓净者，即将因产量减少而可避免的其他成本开支已经减除之谓也。设市场与竞争不完全，则工资不等于劳力之边际产物，但在此种情形之下，仍有原则可循。

II. 当就业量不变时，工资之效用适等于该就业量之边际负效用。

换言之，每一就业人员之真实工资，在就业人员自身估计中，适足使该实际就业人数继续工作。恰如第一前提因竞争之不完全而产生例外，同样，设可就业人员组织起来，则第二等式亦未必适用于每一劳工。此处所谓负效用，是指一切理由，使个人或团体宁愿 6
不工作，而不愿接受比某种最低效用更低的工资。

第二前提与所谓“摩擦的”失业并不冲突。因为把这个前提应用到实际生活上，总要顾虑到适应之未能尽臻完美，因之不能有连续的充分就业。例如：或由于估计错误，或由于需求之时断时续，以致各种专业化的资源之相对数量，暂时失调；或由于若干变化之未曾逆睹，以致产生时间间隔，或由于从一业改就他业，中间须隔若干时日，故在非静态的社会中，总有一部分资源，在改业过程中暂时无业；凡此种种都可引起失业。除“摩擦的”失业以外，尚有“自愿的”失业，亦与第二前提不冲突。所谓“自愿的”失业，乃因立法、社会习俗、集体议价、适应迟缓、冥顽固执等种种关系，工人拒绝或不能接受相当于其边际生产力的产物价值为其工资，以致产生失业。但“摩擦的”与“自愿的”二范畴，概括一切失业。在经典学派前提之下，不可能再有第三范畴，即我下文所谓“不自愿的”失业。

经典学派用这两个前提，来决定就业资源之数量，其例外与修正处则已如上述。第一前提产生就业之需求表格，第二前提产生就业之供给表格；就业数量则决定于一点，在该点上，边际生产物之效用恰等于边际就业之负效用。

7 由此推论，则只有四种方法可以增加就业人数：

（一）改良机构，增加远见，以减少“摩擦的”失业。

（二）减低劳力之边际负效用，以减少“自愿的”失业，前者可以用增雇一人所须提供的真实工资表示之。

（三）增加工资品（wage-goods）工业中劳力之边际生产力（用实物计算）。工资品乃皮古教授所创名词，应用起来很方便；货币工资之效用，即视工资品之价格而定。

（四）使非工资品价格之上涨程度超过工资品价格之上涨程度；再加上使非工资劳动者之开支由工资品转移到非工资品。

据我了解，以上是皮古教授所著《失业论》（*Theory of Unemployment*）一书之大旨，——该书是经典学派就业理论之唯一现存的详细说明。[①]

Ⅱ

经典学派之两种失业范畴，能够概括一切失业现象吗？事实上，

① 对于皮古教授之《失业论》，下文第十九章附录中，再有较详细批评。

总有一部分人愿意接受现行工资而工作，但无工可作。一般而论，只要有此需求，现行工资下之工作人数可以增大。[①]经典学派以为这和他们的第二前提并不冲突。理由是：在现行货币工资之下，劳力之供给量固然可能大于劳力之需求量，然而这种情形之产生，乃是 8
因为劳工间有公开协定或默契，不愿接受较低工资而工作；只要劳工们肯把货币工资减低，就业量自会增大。故此种失业，骤看似乎是“不自愿的”，实际上并不如此，应当列入由于集体议价等原因所引起的“自愿”失业范畴中。

这引起我两点观察：第一点涉及劳工对真实工资与货币工资之实际态度问题，在理论上并不重要；第二点则非常重要。

让我们暂时假定：劳工确实不愿意接受较低货币工资而工作，现行货币工资减低时，确实会引起罢工等现象，使得一部分现在就业人员退出劳工市场。但是我们是否可以由此推论：说现行真实工资率，确实是劳力负效用之准确衡量呢？不一定。因为，减低现行货币工资，固然可以引起一部分劳工退出劳工市场；但设由于工资品价格提高，以致现行货币工资所能购得的工资品，较前减少时，却不一定产生同一现象。换句话说，也许在某种范围以内，劳工所要求的乃是一个最低限度的货币工资，而不是一个最低限度的真实工资。经典学派一向暗中假定着，这点对于他们的理论没有多大关系。实则不然。因为，如果劳力之供给函数并不以真实工资为其唯一自变数，则他们的论证完全崩溃，实际就业量将非常不确定。[②]经典学派似乎并没有感觉到：除非劳力之供给，只是真实工资之函数，

① 参阅本章第 8 页附注②引皮古教授语。

② 关于这点，在下文第十九章附录中有详细的讨论。

9 否则他们的劳力供给曲线，将随每一次价格之变动而变动。因此他们的方法是和他们的特殊假定分不开的，不能用来处理通常情况。

日常经验也确切告诉我们：在某种限度以内，劳工所要求规定的，不是真实工资，而是货币工资。——这种情形，远非仅是一种可能性，而是通则。工人虽然常常抵抗货币工资之减低，但并不是每次当工资品价格上涨时，他们就不肯工作。有人说，如果工人只抵抗货币工资之减低，而不抵抗真实工资之减低，实在是不合逻辑的。我们以后（本章第三节）将举出理由，说明这倒并不像骤看那样不合逻辑；而且也亏得是如此。不过不论是否合乎逻辑，经验指出，工人实际行为确是如此。

而且，说不景气之下之失业现象，是因为工人不肯降低货币工资而引起的，也并不显然与事实相符，如果说美国一九三二年之失业原因，是因为劳工们坚持不让货币工资降低，或坚持要求一个超过经济机构生产能力所能负担的真实工资率，也不易令人置信。有时就业量变动甚大，而劳工之生产力或劳工之最低要求（以实物表示之），却无显著变动；工人在不景气时，亦不比繁荣时更为顽强，——远非如此；劳力之物质生产力，也并不在不景气时变小。这些经验中得来的事实已足构成初步理由，令人怀疑经典学派之分析是否合式。

货币工资之改变与真实工资之改变，其间关系究竟如何，统计
10 研究之结果，想必饶有兴趣。如果变动只限于一种工业，则真实工资之改变大概与货币工资之改变同一方向。设改变而及于一般工资水准，则我们大概会发现，货币工资与真实工资之改变方向不仅不相同，而且常常相反：货币工资上涨时，真实工资下降；货币工资

下降时，真实工资上涨。这是因为在短时期内，货币工资之下降与真实工资之上涨，常与就业量之减少连在一起。二者各有其相连之理由：就业量下降时，工人较肯接受减薪；当产量减少而资本设备不变时，劳力之边际生产力增大，故真实工资提高。

如果现行真实工资确实是一个最低限度，低于此时，愿意就业人数，无论如何不会大于现在实际就业人数，那么除了摩擦的失业以外，不会有不自愿的失业。不过说事实上一定如此，则亦不近情理。因为，即使工资品价格上涨，真实工资下降，但愿意接受现行货币工资而就业者，常常还比现在实际就业人数多。如果这是真的，那么现行货币工资能够购得的工资品，不能准确衡量劳力之边际负效用，因此第二前提不能成立。

不过还有一个更基本的非难。经典学派之第二前提，产生于下列观念：真实工资乃定于劳资双方之工资议价。他们当然承认，实际所议的只是货币工资；他们也承认，劳方肯接受的真实工资率，与当时货币工资之高下亦有关系。不过他们认为，劳资议价决定货 11
币工资，货币工资决定真实工资。因之他们认为，只要劳方肯让货币工资减低，真实工资亦随之减低。说真实工资常与劳力之边际负效用趋于相等这句话时，当然明白假定着，劳工可以自己决定其认为可以接受而工作的真实工资率，虽然他们不能决定在此工资下之就业人数。

总之，传统的看法，认为**劳资双方之工资议价**，**决定真实工资**。故如雇主间有自由竞争，劳工间无各种组合，设立种种限制，则只要劳工们肯这样做，他们总可以使真实工资率等于在此工资下雇主愿雇人数之边际负效用。若不然，则真实工资与劳力之边际负效用，并无理由趋于相等。

我们要注意，经典学派之结论并不只适用于个人：如果一个人肯接受他同伴所不肯接受的工资削减，则此人可以获得就业机会；经典学派是要把他们的结论应用于全体劳工身上的。他们又认为他们的结论，同样适用于闭关经济体系（closed system）或国际经济体系中之一员；而其所以适用于后者，亦不是因为后者有若干特征，或因为当一国减低其货币工资时，将影响其对外贸易。这些当然不在本书讨论范围之内。他们结论之真实性，也并不基于当货币工资总支出（total wage bill）减少时，银行制度以及信用状况会起某种反应，因而产生若干间接影响。这些将于第十九章中详加讨论。他们的结论只是基于下列信念：在一闭关机构中，当货币工资之一般
12 水准降低时，则至少在短时期内，必有若干（虽然不一定成同比例）真实工资之减低。这也许有例外，但例外并不重要。

说真实工资之一般水准，定于劳资双方之货币工资议价，——这种结论，并不一望即知其为真，历来却很少人设法证明之或否定之，实属令人诧异。这种假定，与经典学派之一般论调也扞格不入。经典学派告诉我们：价格决定于边际直接成本（marginal prime cost），而边际直接成本又大部分决定于货币工资。则当货币工资减低时，我们想，经典学派会说：价格将几乎作同比例的改变，而使真实工资与就业水准大致不变；如果对于劳工有若干得失的话，那是因为边际成本中有若干因素并未变动，致使劳工蒙受损失或获得利益。[①]经典学派之所以未曾循此思路追究下去，一部分是因为他们有根深

① 我以为这种说法含有很多真理成分在内。虽然当货币工资改变时，其全部后果，较此更为复杂，参阅下文第十九章。

蒂固的信念，认为劳工可以自己决定其真实工资率；一部分大概是因为他们有先入之见，认为物价定于货币数量。而且，劳工可以自己决定其真实工资率这一个命题，经成立，又和另一个真命题混在一起，以致真假难分，是非难辨。后一个命题是：劳工们总可以自己决定，他们愿意在何种真实工资率之下，达到充分就业（full employment）。所谓充分就业者，即在一特定真实工资率之下，所能有的最大就业量。

总结起来，对于经典学派之第二前提，我们有两点非难。第一点是关于劳工之实际行为的。当物价上涨，货币工资不变，以致真实工资下降时，一般说来，现行货币工资下之劳力供给量，不会低 13
于物价未涨前的实际就业量。说一定会低，无异是说：在现行货币工资下愿意工作而实际并未就业的人们，只要生活费用稍为提高一些，即不再愿意工作。然而这种古怪假定，却似乎贯彻于皮古教授《失业论》全书之中，[①] 而为全体正统学派所默认者。

第二点更基本的非难，将于以后数章中再加发挥。这点非难，发生于我们不能同意经典学派之假定——工资议价决定真实工资之一般水准。经典学派作此假定，实犯重大错误。因为，劳工全体也许并没有方法，可以使得货币工资之一般水准所能获取的工资品，与目前就业量之边际负效用相等；劳工全体也许并没有途径，可以借工资议价时货币工资之修改，而使真实工资率降低至某特定水准。这是我们的论点。以下我们要指出，决定真实工资之一般水准者，主要是几种其他力量。把这个问题弄清楚，将为本书主题之一。我们将说明，我们对于自己生存其中的经济制度在这方面实际上是怎

① 参阅第十九章附录。

样运用的，一向误解甚深。

Ⅲ

个人或团体间关于货币工资之争执，虽然常被认为是决定真实工资之一般水准的，其实争执对象全非如此。因为劳工之移动性不能完美，故工资与从事各业之净益（net advantage）并不趋于绝对相等；故设个人或团体，让其货币工资比别人相对减低，则其真实工资亦相对减低。这已构成充分理由，使他们抵抗前者。反之，当货币之购买力改变时，全体劳工都受影响，要对每一次由此引起的真实工资之减低都加抵抗，实属不大可能；事实上，除非由此引起的真实工资之减低，达到了极端程度，普通都不加抵抗。而且，劳工这种态度（即抵抗局部的，适用于一二工业的，货币工资之削减），对于增加总就业量所加的阻碍，其严重性远不如抵抗每次真实工资之减低那样厉害。

14

换句话说，关于货币工资之争执，主要是决定如何将真实工资总额，分配于各劳工团体，而不是决定每一个就业人员之平均真实工资：后者乃决定于另一组力量，这以后我们就会知道。劳工组织之效果，只是保障其相对真实工资，至于真实工资之一般水准，则决定于经济机构中之其他力量。

货币工资之减低，往往不能普及于全体劳工，因之劳工们加以抵抗，——虽然现行工资所能购得的实物，还超过目前就业量之边际负效用；反之，真实工资减低，而相对货币工资不改变，可以使总就业量增加，因之不加抵抗，——除非减低程度太大，使真实工资低于目前就业量之边际负效用。在这点上，劳工们自己的经济学，倒

是在不知不觉之中，比经典学派经济学更为到家。亏得是如此。每 15
个工会对货币工资之减低，不管减低程度怎样小，总要作若干抵抗。但是工会却并不想在每次生活费用稍为上涨时即行罢工，所以工会没有像经典学派指责的那样，阻挠总就业量之增加。

Ⅳ

我们现在必须对第三类失业，即严格意义的“不自愿”失业，下一定义。经典学派是不承认有这类失业之可能性的。

显然，我们所谓不自愿的失业，并不指有若干工作能力可用而并未利用。例如我们并不因为人可以每天工作十小时，而称八小时工作日为失业。如果有一群劳工，因为不肯接受低于某种限度的真实报酬，而宁可不工作，这个我们也并不作为不自愿失业。又，为方便起见，摩擦的失业也不列为不自愿失业。于是定义如下：**设当工资品之价格**——**相对于货币工资而言**——**上涨少许时，现行货币工资下之劳力总需求量与总供给量，皆形增大，则称之为有不自愿失业之存在**。下章将提出另一定义，不过二者实在是殊途同归（参阅下文第三章第一节末段）。

据此定义，则第二前提所称，真实工资等于就业之边际负效用——这一句话，可以解释为：在实际生活中，没有“不自愿”失
业之存在。此种情形，我们称之为“充分”就业。“摩擦的”与“自 16
愿的”失业，都与“充分”就业不悖。这种解释颇和经典学派理论之其他特征相吻合。经典学派理论，最好看作充分就业情形下之分配论。只要经典学派之二大前提能够成立，则此处所谓不自愿失业，

便无从发生。所有失业，不出于下列原因之一:（a）在改业过程中，暂时无工可作;（b）专业化程度极深，因此需求时断时续;（c）工会采取排外（closed shop）政策，不让工会以外的工人就业。经典学派经济学家，因为没有注意到其理论背后之特殊假定，必然会达到下列逻辑结论：一切失业，除了上述例外以外，追究到底，还是因为失业人员不肯接受一个与其边际生产力相应的工资率。当劳工们拒绝削减货币工资时，一个经典学派经济学家可以同情他们，他也会承认，为应付暂时局面，而削减工资，也许是不智之举，但他忠于学问，所以不能不说，失业之病根，还是因为工人不让（货币）工资降低。

显然，如果经典学派理论，只适用于充分就业情形，则以之应用于不自愿失业问题上，自然错误百出。但是，谁又能否认这个问题之存在呢？经典学派经济学家，正好像是欧氏几何学家，生活在非欧世界里。当他们发现，在日常经验中，二条看来是平行的直线会相交时，他们尽抱怨为什么直线不直走。在他们看来，直线直走乃是避免二线不幸发生冲撞之唯一办法。然而，除了放弃平行公理，另行创造非欧几何外，实在别无补救办法。今日之经济学也需要如
17 此改造一下。我们要推翻经典学派之第二前提，承认不自愿失业之可能存在，而另创一套经济体系之行为规则。

V

我们一方面强调异于经典学派之处，他方面却切不可忽视一个重要共同点：我们还是接受他们的第一个前提，我们对此前提所加的修正，也就是经典学派所加的修正。请先停一会，研究这个前提之含义。

这个前提是说：设组织、设备与技术不变，则在真实工资与产量之间（亦即真实工资与就业量之间）有一唯一的关系存在，故在通常情形之下，就业量增加时，真实工资率必减。这是经典学派认为不可或缺的重要事实，作者亦表同意。设组织、设备与技术不变，则一单位劳力（a unit of labour）能够赚到的真实工资，必与就业量成唯一的、相反的关系，故当就业量增加时，在短时期内，一单位劳力得到的报酬，以工资品计算，通常会减低，利润则增加。[①] 其实这不过是众所周知的另一命题之反面：在短时期内，因设备等可以假定不变，故工业常受报酬递减律之支配，故当就业量增加时，工资品工业之边际产物必减；但后者决定真实工资，故真实工资减低。18
只要这个命题能够成立，则任何增加就业之办法，皆必同时使边际产物减少；若以此产物衡量工资，则工资率也减低。

经典学派之第二前提一经推翻，则当就业量减少时，劳工固然一定可以得到一个较高的工资率（以工资品计算）；然而就业量之减少，却不一定是因为劳工要求提高工资率（以工资品计算）而引起的。即使劳工们肯接受较低货币工资，也未必是失业对策。这里牵涉到工资与就业之关系，留待第十九章及其附录，才能详加说明。

Ⅵ

从萨伊及李嘉图以来，经典学派都说：供给会自己创造自己的

① 理由如下（以农业为例）：设就业量为 n，第 n 个人之增产量为每日一斗，则每日工资之购买力亦为一斗。若第（n+1）人之增产量为每日九升，则除非谷价比工资相对提高，使得每日工资之购买力只合九升，否则就业量不能增至（n+1）人。工资总数以前为 n 斗，今则为 9/10（n+1）斗。故当就业量增加一人时，一定使得前已就业人员之一部分所得，移转于雇主。

需求（supply creates its own demand），他们用这句话，大概是说，全部生产成本，必然直接间接用在购买该产物上，不过他们没有说清楚，这句话倒底是什么意思。

约翰·斯图亚特·穆勒在《政治经济学原理》(*Principles of Political Economy*）中，对这个学说讲得很清楚：

> 所用以购买商品者，只是商品。每个人所用以购买别人之产品者，只是他自己所有的产品。就字面讲，所有卖者必然是买者。故设一国之生产力骤然增加一倍，则所有商品之供给量亦增加一倍，但购买力亦同时增加一倍。每个人的供给量与需求量都倍于往昔；每个人的购买量可以增加一倍，因为每个人所用以交换的东西，也增加了一倍。[①]

19 由此学说可得一推论。设有人可以消费而不消费，则此种行为，必然使——而且就是使——劳力与商品，不再从事于供给消费，而从事于投资，生产资本品。下列引文，系从马歇尔著《国内价值纯理论》(*Pure Theory of Domestic Values*）中选出，[②] 可以说明传统的看法：

> 个人之全部所得，乃是用来购买劳役与商品的。我们常常听说，某人把他的所得用掉一部分，储蓄一部分；但在经济学上，大家公认：他所储蓄下来的一部分所得，也用于购买劳役与商品，和他花掉的一部分，完全一样。当他购买劳役与商品，用之于获

① 《政治经济学原理》第三编第十四章第二节。

② 第 34 页。

得现在享受，则我们称之为花费；当他购买劳役与商品，用之于生产财富，希望由此财富取得未来享受，则我们称之为储蓄。

从马歇尔后期著作，[1]或从艾其伟斯或皮古教授著作中，不容易找出类似文句。这种学说不再以如此简陋形式，在今日出现。不过它还是整个经典学派理论之骨干；没有它，整个经典学派理论，就要崩溃。当代经济学家，也许要踌躇一下，不能同意穆勒，但是以穆勒学说为前提的许多结论，他们却毫不犹豫地接受。以皮古教授为例。在他绝大部分著作中，皮古教授仍相信，除了引起若干摩擦
阻力而外，有没有货币，没有多大差别；像穆勒一样，经济学可以 20
根据实物交换情形，完成生产论与就业论，然后再敷衍塞责，引入货币——这就是经典学派传统之现代说法。当代经济思想还是摆脱不了一个牢不可破的观念，认为人总要花钱，只是花钱途径不同而已。[2]战后经济学家，很少能始终保持这个观点，一方面是受了相反思潮之影响，他方面是因为经验和事实，显与旧说不符。[3]不过他们

① 霍布森（J. A. Hobson）先生于所著《工业生理学》（*Physiology of Industry*）第102页中，先引上述约翰·斯图亚特·穆勒语，然后指出，马歇尔于其《工业经济学》（*Economics of Industry*）第154页即已作下列按语："人虽然有购买能力，但不一定使用"。霍布森接着说："马歇尔没有了解此事之重要性。他似乎以为这种情形，只有在恐慌时期才会发生。"从马歇尔后期著作看来。这倒始终是一句公正评语。

② 参阅马歇尔夫妇所著《工业经济学》第17页："用不经穿的材料做衣服，对于商业是不利的。因为假使人们不把钱用在购买新衣胆上，他们会有别种用法，使劳工就业。"读者请注意，我又引用早期的马歇尔。当他写《经济学原理》（*Principle of Economics*）时，马歇尔已经有点怀疑这种说法，所以行文谨慎，语多遁词。不过他从来没有把这种旧观念从他的基本思想中剔除出去。

③ 罗宾斯（Robbins）教授倒是卓尔不群，几乎只有他一个人，还始终保持前后一致的思想体系；他的实际建议是和他的理论相符的。

还不敢充分接受由此所产生的后果；所以没有修改其基本学说。

在鲁宾逊·克鲁索（Robinson Crusoe）经济体系中，交易不存在，个人之所得，全由生产活动而来。他所消费的或所保存的，真正是——而且只是——他自己生产的实物。经典学派不察，把从鲁宾逊·克鲁索经济体系中得来的结论，用错误类比法搬到现实经济体系中来应用。这是谬误由起之一种可能解释。除此以外，产品之售价常足抵补其全部成本——这个命题之所以颇易令人置信，乃是因为另外还有一个外表类似而且无可置疑的命题，二者极难分辨；后者是：社会各分子在一种生产活动中所得到的所得，其总数恰等于该产物之值。

如果一个人可以使自己致富，而看来似乎并未损及他人，则亦
21 必使社会全体致富，这又是很自然的想法，经典学派（见上引马歇尔文句）却由此推得下列命题：个人之储蓄行为，必然引起平行的投资行为。不幸和上面一样，这个命题又和另一个貌似而又无可置疑的命题相混，后者是：个人财富之净增量之总和，恰等于社会财富总量之净增量。

然而作此想者，都是受了错视之骗，把两种根本不同的活动，混为一谈。他们误认，在决定现在不消费，与决定留备将来消费之间，有一种联系。其实决定后者之动机，与决定前者之动机，迥不相同。

相当于几何学之“平行公理”者，在经典学派经济理论中便是：总产量之需求价格恰等于其供给价格。承认这点，其他一套，例如节俭论（认节俭为美德，泽及社会）、利率论、失业论、货币数量说、国际贸易论（认自由放任有利无弊）等，便随之而来。这些我

们以后都要提出疑问。

Ⅶ

在本章各节，我们陆续指出，经典学派理论依存于下列三个假定：

（一）真实工资等于现行就业量之边际负效用；

（二）严格意义的不自愿失业，并不存在；

（三）供给会自己创造自己的需求；意思是说，不论产量与就业 22
量在何种水准，总需求价格等于总供给价格。

以上三个假定，实在是一而三，三而一。三者共存亡，任何一个，在逻辑上必然蕴含其余两个。

第三章　有效需求原则

I

23 我们先要用几个名词，其精确定义则以后再下。设技术、资源与成本三种情况不变，则当一雇主雇用某特定量劳工时，他必有两类支出：第一类是他付给生产原素（不包括其他雇主），以取得其当前（current）劳役者，可称之为该就业量之原素成本（factor cost）；第二类是他付给其他雇主，以购买其产品者，以及他因使用机器设备，不让其闲散，而蒙受的牺牲，可称之为该就业量之使用者成本（user cost）。[①] 由此所得产物之值，其超过原素成本与使用者成本部分，则为利润；利润即雇主之所得（income）。所谓原素成本，乃从雇主立场而言，当然，从原素看来，原素成本就是他们的所得。故原素成本与雇主利润二者，乃因雇主雇用该量劳工而产生的总所得（total income）。雇主在决定应该雇用多少工人时，以达到最大利润
24 为决策准绳。为方便起见，我们不妨采取雇主观点，而称由某特定就业量所产生的总所得（即原素成本加利润），为该就业量之收益（proceeds）。在雇主心目中，每一就业量有一最低预期收益，若低于

---

① 使用者成本之精确定义，见下第六章。

此数，便不值得提供该就业量；此最低预期收益，可称为该就业量所产产物之总供给价格（aggregate supply price）[①及②]。

由此，设技术、资源以及原素成本三种情况皆不变，则一厂、一业以及工业全体之就业量，乃决定于雇主们由该相应产量所能预期获得之收益。[③] 雇主们必设法使就业量达到一水准；在该水准上， 25
预期收益超过原素成本之数——利润，达到最大量。

令 Z 为雇用 N 人所产产品之总供给价格，Z 与 N 之关系，可写作 $Z=\phi(N)$，称之为总供给函数（Aggregate Supply Function）。[④] 同样，令 D 为雇主们预期由雇用 N 人所能获得之收益，D 与 N 之关系可写作 $D=f(N)$，称之为总需求函数（Aggregate Demand Function）。

---

① 不可与通常所谓一单位产品之供给价格相混。

② 读者会注意到，我用某特定产量之收益与总供给价格二词，没有包括使用者成本在内；而买者所付总数中，当然包括该项成本在内。何以如此用法比较方便，则将在第六章中说明。重要点是：假使总收益与总供给价格二词，不包括使用者成本在内，则此二名词可以有确切不移定义。反之，因为使用者成本，显然与工业之综合程度（degree of integration）以及雇主们相互间之购买量——这二者有关，故不能离开此二因素，而对包括使用者成本在内的买者所付总数，下一定义。即在规定一厂之供给价格——普通所谓供给价格——之含义时，已有类似困难；一到总产量（output as a whole）之总供给价格，则有严重复计之病。历来对此困难，却不常设法解决。如果一定要把使用者成本包括在总产量之总供给价格以内，那么要克服复计之病，只能对工业界之综合程度，作特种假定，依其产品之性质（消费品或资本品），将工业分类。不过这种办法，本身很复杂，不清楚，而且也不与事实相符。但如总供给价格不包括使用者成本在内，则这些困难便不会发生。读者最好还是等到第六章及其附录，再看较详细的讨论。

③ 当雇主决定其生产规模时，对于某特定产量之售价，并不只有一个确切预期，而是有好几个假想预期，每个之或然性与确定性不同。我之所谓雇主之售价预期者，即若此种预期毫无不确定成分在内，则由此所产生之行为，恰与该雇主在实际预期情形——一堆空泛的、程度不同的可能性——下所作决策，完全相同。

④ 在第二十章中，有一个与此关系非常密切的函数，我们将称之为就业函数。

今设当N取某特定值时，预期收益大于总供给价格，即D大于Z，则雇主们见有利可图，必欲加雇人工；必要时不惜抬高价格，竞购生产原素；直至N之值，使Z与D相等而后止。故就业量决定于总需求函数与总供给函数相交之点，盖在此点，雇主们之预期利润达到最大量。D在总需求函数与总供给函数相交点时之值，称为**有效需求**（effective demand）。此即就业通论之要旨。以下各章，大部分在探讨何种因素决定此二函数。

反之，经典学派所谓“供给会自己创造自己的需求”——这句笼统话，实在对此二函数间之关系，作了一个特殊假定。因为，“供给会自己创造自己的需求”这句话，一定是说：**不论N取何值**，即不
26 论产量与就业量在何水准，$f(N)$ 与 $\phi(N)$ 常相等。故当N增加，Z（$=\phi(N)$）增加时，D（$=f(N)$）亦必与Z作同量增加。换句话说，经典学派假定着：总需求价格（或收益）常与总供给价格相适应，故不论N取何值，收益D常与总供给价格Z相等。这就是说，所谓有效需求，不是只有一个唯一的均衡值，而是有无穷数值，每值都同样可能；故就业量变成不确定，只有劳力之边际负效用，给予就业量一个最高限度。

假设这是对的，则雇主间之相互竞争，必使就业量扩张到一点，在该点时，总产量（output as a whole）之供给，不再有弹性；即当有效需求之值再增加时，产量不再增加。显然，这就是充分就业。在上章中，我们从劳工之行为方面着想，给充分就业下了一个定义。我们现在达到了另外一个等值（equivalent）标准：所谓充分就业者，即当对劳力产物之有效需求增加时，总就业量不再增加之谓也。故萨伊定律所谓：不论产量在什么水准，总产量之总需求价格恒等于

其总供给价格，实际上等于说，社会上无阻挠充分就业之力量。不过，如果萨伊定律并不是关于总供需函数之真正定律，则经济学实在缺少了很重要的一章，一切关于总就业量之讨论，徒属辞费。

Ⅱ

在现阶段，把以后各章所要详细说明的就业理论，先作一简略 27
提要，也许有助于读者，——虽然也许不易完全了解。所用名词，以后都要细加定义。在本提要中，我们假定货币工资率不变，每雇用一人之其他原素成本亦不变。这些假定只是为行文方便而设，以后可以取消。本理论之重要特征，并不因货币工资率等之是否可以改变，而受丝毫影响。

本理论可以简述如下。就业量增加时，总真实所得也增加。但社会心理往往如斯：总真实所得增加时，总消费量也增加，但不如所得增加之大。故若整个就业增量，都用在满足消费需求之增加量上，则雇主们将蒙受损失。故欲维持某特定就业量，则当前（current）投资量必须足以吸收在该就业量之下，总产量超过社会消费量之部分。盖若投资量小于此数，则雇主们之收入，将不足以引诱彼等提供该就业量。由此，设社会之消费倾向（propensity to consume）不变，则就业量之均衡水准决定于当前投资量；所谓均衡水准者，即在该水准时，雇主们既不欲扩张，亦不欲缩小其雇用人数。当前投资量则又决定于投资引诱（inducement to invest），投资
引诱则又决定于两组势力之相互关系，第一组为资本之边际效率表， 28
第二组则为各种期限不同、风险不同的贷款利率。

故设消费倾向与新投资量不变，则只有一个就业水准，与均衡相符；在任何其他水准，总产量之总供给价格，皆与其总需求价格不相等。此均衡水准不能大于充分就业，即真实工资不能小于劳力之边际负效用。但是一般说来，我们并没有理由，可以期望此均衡水准必等于充分就业。与充分就业相吻合的有效需求，实在只是一个特例，只有当在消费倾向与投资引诱之间，有一特殊关系存在时，方能实现。经典学派即假设此种特殊关系之存在。在一种意义上说，这种特殊关系乃是最适度（optimum）关系，只有在下列情形下方能存在：或由于偶然巧合，或由于有意设计，当前投资量恰等于在充分就业情形之下，总产量之总供给价格与社会消费量之差。

本理论可以归纳为下列几个命题：

（一）设技术、资源与成本三种情况不变，则所得（货币所得与真实所得二者）定于就业量 N。

（二）一社会之所得与该社会之消费量（后者以 D_1 表示之）——这二者间之关系，定于该社会之心理特征；此种关系，可称之为消费倾向。换言之，设消费倾向不变，则消费量定于总所得量，亦即定于总就业量 N。

29 （三）雇主们决定雇用之劳工数 N，乃定于二者之和（D），即可以预期于社会之消费量 D_1，以及可以预期于社会之新投资量 D_2。D 即以上所称有效需求。

（四）因 $D_1+D_2=D=\phi(N)$，其中 ϕ 代表总供给函数，又因从上（二），D_1 为 N 之函数，可写作 $\chi(N)$，χ 定于消费倾向，故有 $\phi(N)-\chi(N)=D_2$。

（五）因此，均衡就业量乃定于（i）总供给函数 ϕ，（ii）消费

倾向 χ，与（iii）投资量 D_2。此即就业通论之要点。

（六）工资品工业中劳力之边际生产力，随 N 之增加而递减，而前者又决定真实工资率，故（五）受以下限制：当真实工资率减低至与劳力之边际负效用相等时，N 即达到其最大值。故并不是 D 可以任取何值，而货币工资皆可保持不变，故欲知就业理论之全貌，货币工资率不变这个假定，必须撤消。

（七）依照经典学派理论，则不论 N 取何值，D 皆等于 ϕ（N）；故只要 N 小于其最大值，就业量皆在中立均衡状态（neutral equilibrium）。而雇主间之相互竞争，必能使 N 达到此最大值。在经典学派看来，只有这点才是稳定（stable）均衡点。

（八）就业量增加时，D_1 增加，但不若 D 增加之甚；因为当我们所得增加时，消费量增加，但消费量之增加小于所得之增加。解决实际问题之线索，就在这个心理法则上。由此法则，故就业量愈大，30
则 Z（相应产量之总供给价格）与 D_1（雇主们可以预期从消费者身上收回部分）之差别愈大。设消费倾向不变，则除非 D_2 逐渐增加，以弥补 Z 与 D_1 间距离之逐渐扩大，否则就业量不能增加。故除非真像经典学派所假定的那样，当就业量增加时，总会有若干力量使 D_2 增加，足够弥补 Z 与 D_1 间距离之逐渐扩大，否则可能 N 尚未到充分就业水准，而经济体系已达到稳定均衡状态；N 之实际水准则定于总需求函数与总供给函数相交之点。

故劳力之边际负效用（以真实工资衡量）并不决定就业量；在某特定真实工资率之下所可能有的劳力供给量，只决定就业量之最高水准。消费倾向与新投资量二者才决定就业量，就业量又决定真实工资水准，——并不是颠倒过来。设消费倾向与新投资量所产生之有效需求不足，则实际就业量将小于现行真实工资率之下，所可能有的劳力供给量，而均衡真实工资率，将大于均衡就业量之边际负效用。

这种分析，可以解释为什么会有可富而不富（poverty in the midst of plenty）这种矛盾现象。因为只要有效需求可以不足，则就业量就可以——而且常常——在没有达到充分就业水准以前，即行中止而
31 不再增加。有效需求之不足，常常阻碍生产，——虽然劳力之边际产物，尚大于就业量之边际负效用。

而且，社会愈富，则其实际产量与可能产量之差别愈大，经济制度之弱点亦愈易暴露而令人愤慨。一个贫穷社会，往往以其产品之大部分用之于消费，故只要有小量投资，即可造成充分就业。反之，在一富裕社会中，设欲令富人之储蓄倾向与穷人之就业机会不相冲突，则投资机会必须较之贫穷社会增大许多。设在一富裕潜性极大之社会中，投资引诱甚弱，则该社会之富裕潜性虽大，但有效需求原则必迫使其减少实际产量，直至该社会达到一种贫穷程度，使其实际产量超过消费量部分，恰与其微弱的投资引诱相适应。

但事之不幸更有甚于此者。在一富裕社会中，不仅边际消费倾向[①]较弱，而且因其资本积聚量已较大，故除非利率可以迅速下降，否则继续投资之吸引性也较小。这里就牵涉到利息论，以及何以利率不能自动降到适宜水准。这些留待第四编讨论。

故消费倾向之分析、资本之边际效率之定义以及利率论，乃是我们现有知识中之三大缺陷，必须弥补。这步做到以后，价格论之

① 定义见下第十章。

地位也确定了，——价格论只是我们通论之附属品。我们将发现，在 32
利率论中，货币占有重要位置；我们将设法弄清楚，货币之所以异于他物者，其特征何在。

Ⅲ

总需求函数可置勿论，——这是李嘉图经济学之基本观念。百余年以来，我们所领教的经济学，都是以此观念为基础。李嘉图认为有效需求不会不足，马尔萨斯虽曾强烈反对，但是没有用，因为后者只能诉诸日常观察中得来的事实，而不能清楚说明：为何，以及如何，有效需求会不足或过余；他不能提出另外一个学说。李嘉图完全征服了英国，恰如异教裁判所（Inquisition）征服了西班牙。他的学说，不仅为金融界、政治家与学术界所接受，而且争辩从此终止；别的观点完全销声匿迹，不再有人讨论。马尔萨斯不能解决的有效需求这一个大疑难，从此不再在经济学文献中出现。在马歇尔、艾其伟斯以及皮古教授手中，经典学派理论已经登峰造极；然而在三氏著作中，对于有效需求，竟未提及只字。

有效需求这个概念，只能偷偷摸摸，生活在西尔维·盖赛尔（Silvio Gesell）或道格拉斯（Douglas）少校这些不入流社会中。

何以李嘉图会得到如此绝对胜利，始终有点神秘难解。大概一定是因为这个学说与社会环境很合式。这个学说所得结论，往往与
常人所预期者很不相同，这（我想）倒反而增加了它的学术威望； 33
这个学说付诸实施时，往往严酷，苦口难咽，这倒使人信为良药；以此学说为基础，可以建立起广大的、逻辑上无可非议的上层结构，

这增加了它的美；这个学说可以把社会上许多不公道处与残酷处，解释为进步过程中无可避免的意外事件，这使它受统治者欢迎；这个学说可以为资本家自由企业辩护，因此又得统治者背后社会有力分子之垂青。

虽然一直到很近，正统经济学家还不怀疑这个学说，但用这个学说来作科学预测却异常失败。因之他们的声望逐渐受到影响。从马尔萨斯以来，职业经济学家虽然并不因理论与事实不符，而有动于中，但常人却已觉察到这种不符情形，结果他们逐渐不愿意对经济学家，像对其他科学家那样尊敬；因为后者之理论结果，当应用之于实际时常可以用观察证实，而经济学则不然。

传统的经济学说向以乐观著称，经济学家被人看作是甘迪德（Candide）一流人物——离开了现实世界，垦殖自己的小园地，然后告人说：只要听其自然，则一切都在最好可能的世界中，向着最好的路上走。这种乐观态度之由来，我认为是因为他们忽视了一点：有效需求不足，可以妨碍经济繁荣。如果一个社会之运行，确如经典学派所设想的那样，则该社会资源之就业量，自有达到最适度水
34 准之趋势。经典学派理论也许代表我们冀望于经济体系者，不过如果假定现实经济体系确属如此运行，那是根本把问题都假定掉了。

第 二 编

定义与观念

第四章　单位之选择

I

在本章及以下三章中，我们想廓清若干疑难。但是这些疑难，37
对于我们现在要研究的问题并无特殊关系，所以这几章只能算是题外之文，暂时打断主要思路。我之所以提出这些疑难在此处讨论者，是因为别人的处理方法，对于我要研究的问题并不合用。

在写本书时，有三点疑难最妨碍我工作之进行，在我没有设法解决以前，我总不能把我自己的意见畅达表示出来。这三点疑难是：第一，如何选择几个单位，在处理有关整个经济体系之许多问题时可以合用；第二，如何确定预期在经济分析中之地位；第三，如何规定所得之定义。

II

经济学家通常所用单位之不能令人满意，可以用（一）国民所得，（二）真实资本之数量（stock），以及（三）一般物价水准，这三个概念为例说明之：

（一）国民所得（National Dividend），依照马歇尔及皮古教授所
38 下定义，[1] 乃衡量本期（current）产量或真实所得，而非衡量本期产量之价值或货币所得。[2] 而且，国民所得是一个净概念，必须从本期产品中，减去本期开始时已有的资本设备在本期中所蒙受的耗损，二者之差才是国民所得，才是社会资源之净增量，可以用之于消费，或留之为资本。经济学家想从这个基础上，建立起一个量的科学。不过，假使这个定义以此为目的，则我们有一严重非难：即社会所产物品与劳役乃一不齐性的复杂体（non-homogeneous complex），除非在若干特例下，严格说来，是不能衡量的。特例之一，例如所有产品都以同一比例增加。

（二）假使因为要计算净产量，而想衡量资本设备之净增量，那么困难更大；因为我们必先找出一共同基础，然后才能比较新产资本项目，与本期内耗损掉的旧项目——这二者之数量。为计算净国民所得，皮古教授[3] 减去"可以视为正常的折旧（obsolescence）等；至于何为正常，则看这些耗损是否经常发生，使人至少可以约略——如果不能详细——预料得到"。但是因为皮古教授并未以货币作计算单位，所减者也不是一笔钱，所以他实在假定着：物质虽然未变，可是物质之量已变。换句话说，他还是暗中引进了价值改变
39（changes in value）这个观念。当生产技术改变，新的资本设备与旧

① 请读皮古《福利经济学》全书，尤其是第一编第三章。

② 国民所得虽然应当包括一切真实所得，但为实际方便起见，只包括可以拿货币来购买的物品与劳役。

③ 《福利经济学》第一编第四章论"何谓维持资本完整"；以及彼在《经济学杂志》（*Economic Journal*）1935 年 6 月号一文中所加修正。

的设备不相同时，皮古教授也想不出满意办法[①]来比较新旧两种设备之价值。我相信皮古教授所追求的概念，在经济分析上是一个正当而合适的概念。但在没有采取一组满意的单位以前，要想对此概念下一精确定义，实不可能。要把一个真实产量（real output）与另一个真实产量相比，然后再用新产的资本设备项目，来抵消旧的、消耗了的项目，以计算净产量——这实在是个难题。而且这个难题实在可以说是没有什么办法解决。

（三）众所周知，一般物价水准这一个概念，含义空泛，而且亦无法使其精准，故不适用于因果分析（causal analysis）——后者应当是精确的。

不过这些困难也不过只是理论上的难题而已！工商界在作业务决策时，从未计虑及之，而且与经济事态（economic events）之因果程序（causal sequence），也没有什么关系。概念虽不明确，经济事态之因果程序，却是明确的。由此我们可以断言，这些概念不仅不精确，而且不必需。显然，数量分析（quantitative analysis）不能用数量不明的概念。而且一从事数量分析，我们就会明白，没有这些概念倒反而好些。

两堆在数量上无法比较的东西，固然不能用作数量分析之材料，但我们仍可作若干约略的、统计的比较。后者无须精确计算，只需大致不误；故在某种限度以内，统计比较（statistical comparisons）倒是有意义的、健全的。净真实产量、一般物价水准等这些东西， 40
最好放在历史的、统计的叙述里面，其目的在满足历史的、社会的

① 参阅哈耶克（Hayek）教授之批评，载《经济》（*Economica*），1935 年 8 月号，第 247 页。

好奇心。为此目的，则绝对精确既不普通，又不必需。但是因果分析则需要绝对精确——不论我们对于有关数量之实际值，知道得是否完全准确。说今日之净产量大于十年或一年以前，但物价水准则较低，这句话与另一句话之性质类似：维多利亚女王以女王论，比依利莎白女王好；以女人论，则不见得比她快乐——这句话并不是没有意义，也不是没有兴趣，但不适于作数量分析之材料。假使我们想用如此空泛的、非量的（non-quantitative）概念来作数量分析之基础，则我们的精确性是假的。

Ⅲ

我们要记得，在每一个特定场合，雇主需要决定：以何种规模，来运用某定量资本设备。当我们说，假使雇主预料需求将增大（即总需求函数提高），则总产量将增大，实在是说，厂商将在同量资本设备上，雇用较大量劳力。如果是一厂或一业，而只生产一种商品，则所谓产量之增减有确切意义。但是，如果我们把各厂生产活动，总加起来，则除非用特定资本设备上之就业量为标准，否则我们无从准确说：倒底产量是增是减。社会总产量以及一般物价水准这两个概念在这里用不着，因为我们不需要当前总产量之绝对衡量，以
41 比较当前产量与不同资本设备不同就业量所能产的产量——二者之大小。如果为叙述方便，或为作约略比较起见，我们想用产量增减这种说法，则我们必须依赖下列假定：一特定资本设备上所用劳工人数，确为由此所产产量之良好指数；换句话说，我们假定二者同时增减，虽然二者间并没有一定比例。

所以在讨论就业理论时，我只想用两种数量，即币值量（quantities of money-value）及就业量。前者是绝对齐性的（homogeneous），后者则可以变为齐性。因为，只要各种劳工以及助理员之间之相对报酬，相当稳定，则为计算就业量起见，我们可以取一小时普通劳工之就业为单位，而一小时特种劳工之就业，则依其所得报酬之大小加权。例如：设一小时特种劳工之报酬，为一小时普通劳工之两倍，则一小时特种劳工，即以二单位计。衡量就业量之单位，我们称之为劳力单位（labour-unit）；一劳力单位所得之货币工资，称之为工资单位（wage-unit）[①]。故设 E 为工资及薪金支出，W 为工资单位，N 为就业量，则 E=N · W。

各工人之特殊技能，以及对各种职业之适宜性，显然大不相同，但是这点事实，不足推翻我们的假定——即劳力供给是齐性的。因为，设工人所得报酬与其效率成比例，则因我们计算劳力供给时亦 42
依其报酬加权，故此种效率之差别已经计算在内。又设当产量增加时，一厂所增雇之人工，因其对该厂业务渐不适宜，故雇主付出一工资单位所得到的工作效率逐渐减退。设有此种情况，则亦不过是许多因素之一，使得某特定资本设备上所雇劳力逐渐增加时，该资本设备之（边际）产量，逐渐递减而已。换句话说，我们把报酬相等、效率不等这一点劳力不齐性，包括在资本设备里，看作是资本设备之性能。故当产量增加时，我们不看作是势力逐渐不适于利用一个齐性的资本设备，而看作是该资本设备逐渐不适于雇用劳力。由此，设专业技工并无剩余，故必须雇用较次劳工，致使产品之平

① 如果 X 代表以货币计算的数量，则同一数量，若用工资单位表示，可以写作 Xw。

均劳力成本提高，——这种情形乃表示：当就业量增加时，该资本设备之报酬递减之速率，较之有此类劳力剩余时更为加大。[①]设备劳工之专业化程度甚大，故各种劳力间毫无替代性，即使在此种极端情形下，亦无不便处，因为这不过表示，当专门适于使用某种资本设备之劳力，都已用尽时，则该种设备上之产品供给弹性，突降至
43 零。[②]故除非各种劳工之相对报酬非常不稳定，否则假定劳力齐性，并无困难。即使相对报酬非常不稳定时，我们也有办法处理：我们只要假定劳力供给以及总供给函数之形状，都会急剧改变。

① 这是主要理由，何以当需求增加时，即使现用资本设备，仍有搁置未用者，但产品之供给价格亦会增高。今设劳力之未就业者都集居一处，所有雇主皆有同等机会取给于此；又设一业所雇之劳工，其所得报酬至少有一部分并不严格依照彼等在该业之效率，而只依照彼等之工作时间（实际情形大都如此），则我们得一明例：当产量增加时，即使并无内部不经济（internal diseconomies），但由于所雇劳工之效率逐渐减退，亦可使供给价格提高。

② 我不知道通常所用供给曲线，如何处理上述困难，因为用此曲线者，并不说明他们所用假定。大概他们假定：使用于一业之势力，其所得报酬常严格依照彼等在该业之效率。然而这与事实不符。我之所以把劳工效率之不同，看作是属于资本设备之性能者，其主要理由，也许就是因为当产量增加时，盈余亦增，但此盈余增加量，事实上大部分归诸设备所有主，并不归诸效率较高的工人；虽然后者也许也得些好处，例如不易被斥退、升级机会较早等。这就是说，效率不同的工人，作同一工作时，其所得工资，很少与其效率成比例。不过，如果效率较高的工人，的确得到较高工资，则我的办法已经把这件事实计算在内，因为在计算就业量时，每个劳工是依照他所得报酬而加权的。在我的假定之下，当我们讨论一业之供给曲线时，必有饶有兴趣的复杂情况发生，因为一业供给曲线之形状，须视别方面对此可用劳力之需求情况而定。忽视此等复杂情况，当然与事实不符。不过当我们讨论总就业量时，如果我们假定：相应于某特定量有效需求，只有一种分配办法，将该有效需求量分配于各业，则我们可以不必考虑这些复杂情况。这个假定也许不一定对：有效需求之分配法，也许须看有效需求所以改变之原因而定。例如，设同量有效需求之增加，一由于消费倾向之增大，另一由于投资引诱之加强，则二者所面临之总供给函数也许不相同。不过这些都是把我所提出的一般观念作详细分析时所发生的问题，此处不拟再加深究。

我认为，当我们讨论整个经济体系之行为时，如果我们只用两个单位，即货币与劳力，则我们可以免去许多不必要的麻烦。但在单独分析一厂或一业之产量时，则不妨采用特种单位，以衡量该厂或该业之产量与设备。至于总产量、资本总量以及一般物价水准等这些空泛概念，则留待作历史比较时再用；因为在某种（相当宽）限度以内，历史比较本来无须精确，只要大致不错就够了。

由此，我们以后将借现有资本设备上所加工时（hours of labour） 44
（不管是用之于满足消费，或用之于生产新资本品）之多寡，来衡量当前产量之变动；技工工时则依其所得报酬加权。我们无须把这个产量与由另外一组工人以及资本设备所产的另一个产量，作量的比较。设雇主们有一特定设备，则当总需求函数变动时，彼等将作何种反应，欲对此作预测，我们无须知道：由此所产产量、生活程度以及一般物价水准，与另一时或另一国之产量、生活程度以及一般物价水准，作何比较。

Ⅳ

不论我们所讨论的是一厂、一业或整个经济体系，我们可以不问产量，只用总供给函数以及我们所选定的两个单位，来表示供给状况以及供给弹性。例如一厂之总供给函数（一业或工业全体之总供给函数亦类此），可以写作：

$$Z_r=\phi_r(N_r),$$

其中 Z_r 为预期收益（不包括使用者成本在内）；预期此数，足以引诱雇主雇用 N_r 人。设就业量与产量之关系为 $O_r=\psi_r(N_r)$，即就业

量为 N_r 时，产量为 O_r，则

$$p=\frac{Z_r+U_r(N_r)}{O_r}=\frac{\phi_r+(N_r)+U_r(N_r)}{\psi_r(N_r)}$$

即通常所谓供给曲线，其中 $U_r(N_r)$ 乃代表就业量在 N_r 时，雇主预期中的使用者成本。故设商品是齐性的（即当 $O_r=\psi_r(N_r)$ 有具体
45 意义时），则我们亦可用通常方法，估计 $Z_r=\phi_r(N_r)$；但是如此做法有一个好处：O_r 不能相加，因 ΣO_r 并非一数量，但许多N_r 却可相加。而且，如果我们可以假定：在一特定环境中，一特定总就业量分配于各业之方法，只有一个，即 N_r 为 N 之函数，则问题更可简单化。

第五章　预期与就业

I

一切生产之最后目的，都在满足消费者。不过从生产者付出成 46
本开销，一直到最后消费者购买此产品，其间要经过一段时间，——往往是很长的一段时间。经过这一段时间以后，等到生产者已经可以供给消费者时，那时消费者所愿付的代价为何，雇主（包括生产者与投资者二类）无从确知，只能尽其能力作若干预期而已。[①] 雇主不从事生产则已，假使要从事生产，而此生产又占据时间；则雇主除以此预期为依据外，别无他法。

我们可以把业务决策（business decisions）所恃以为依据的预期，分为二类。某部分人，某部分工厂专门作第一类预期；另一部分则专门作第二类。第一类是对于价格之预期，即制造者在开始一生产过程，以生产某种产品时，预测待此产品制成时（finished），其售价为何。从制造者立场看来，一件产品可以使用或可以出售于第二造时，则该
产品即已制成。第二类是关于未来报酬之预期，雇主在购买（或自己 47

① 至于如何把许多售价预期化成一个，而作用相同，则请参阅前面第 25 页附注③。

制造）制成品以增加其资本设备时作之。前者可称为短期预期（short-term expectation），后者可称为长期预期（long-term expectation）。

故在决定每日（daily）[①] 产量时，每厂之行为定于该厂之短期预期，——预测在不同生产规模之下，产品之成本与售价将为若何。

设该产品售于他人作增加资本设备之用，或售于居间商（distributors），则此处所谓短期预期，大部分定于他人之长期（或中期）预期。这种种预期，决定雇主提供之就业量。至于产销此产品之实得（actually realised）结果，则除非其能影响或修改以后的预期，否则与就业量无关。又当决定第二日之产量时，虽然当时之资本设备、半制品以及未完工原料等之存量，乃根据先前所作预期而置备者，但先前之预期，亦与第二日之就业量无关。由此，雇主在每次决策时，固然必须参酌当时所有的设备与存货，但决策乃依据当时对于未来成本与售价之预期而作成的。

设预期（不论是长期的或短期的）而有改变，则在常情下，此种改变对于就业量所生影响，须经过相当时间，始能完全发挥。故即使预期只改变一次，但预期改变后第一日之就业量与第二日不同，
48 第二日与第三日不同等等。其理如下：设短期预期趋于逆转，则此预期之改变，大概不至于太强烈或太急剧，以致雇主对已经开始之生产过程，停止不再继续；——虽然根据修正后的预期，这些生产过程是不应当开始的。设短期预期而趋于好转，则必须经过一准备时期，然后就业量始能达到一个水准，与此修正后的预期相符合。设

① 此处所谓一日，乃代表最短的期间；过此期间以后，则一厂对其以前所作关于劳工雇用量之决策，又可重行修改。换句话说，所谓一日，乃经济生活中时间之最小有效单位。

长期预期而趋于逆转，则有些设备虽然不再重新购置，但在没有损坏以前，尚须雇人在上工作。设长期预期而趋于好转，则开头时之就业量，比之资本设备已经与新环境相适应后之就业量也许会较高。

设一种预期状态已继续甚久，故此种预期对于就业之影响，已充分发挥（即在此预期状态下所应就业之人员皆已就业，所不应就业之人员皆已离业），则此种稳定的就业量，可称之为与此预期状态相应的长期（long-period）就业水准。①

由此，即使预期常在改变，以致实际就业量总没有时间，达到与现行预期状态相应的长期就业水准，但每一个预期状态必有一个具体的长期就业水准与之相应。

今设预期改变一次，改变以后，不再有新的改变与之相扰相混，
问：在此种情形下，达到长期状态之过程如何？先设新的长期就业 49
水准大于旧的。则一般说来，在开始时，只有进货（input）速率颇受影响，换句话说，受到影响的，只是新生产过程上之初期工作；至于消费品产量，以及在预期改变以前已经开始了的生产过程上之后期工作，大致与前相同。如果开始时有半制品存在，则以上结论也许须略事修改；不过开始时就业量之增加，大致仍相当温和。日子一天一天过去，就业量也逐渐增加。而且，我们很容易想象：在某阶段上，就业量可能超过新的长期就业水准。因为，在建立资本以符合新的预期状态——这段过程中，就业量与当前消费量，皆可超过长期状态达到以后的水准。故预期之改变，可使就业量逐渐上

① 长期就业水准不一定是个常数，即长期状况不一定是静态的。例如：预期财富及人口之增加速度不变，亦是不变预期之一，预期不变之唯一条件，乃是现有预期状态，在很早以前，即已先见及之。

升，达到一最高峰，然后下降至新的长期水准。即使新的长期水准与旧的相同，但设预期之改变，乃由于消费方向之改变，致使若干现有生产过程及资本设备，不合时宜，则类此情形亦能发生。又，设新的长期就业量小于旧的，则在过渡时期中就业量可以一度低于新的长期水准。故预期之改变这件事实本身，在其发展过程中，即能产生一种循环形的波动。在拙著《货币论》中，当我论及由于情
50 况改变，以致运用（working）资本及流动资本有增减时，我所讨论的，就是这种波动。

达到一个新长期状态之转变过程，即使如上所述，并无阻扰，在细节上还可较为复杂。但实际事态则更为复杂。因为预期状态可以常常改变，一个旧的改变尚未充分展开其影响以前，一个新的改变早就又加上来了。故在任何一特定时间，经济机构中有许多错综叠陈的活动存在，都是以往各种预期状态之产物。

Ⅱ

以上讨论之功用与目的何在，至此便见分晓。由上所述，可见任何时间之就业量，在某种意义上，不仅决定于现在的预期状态，还决定于过去某段时间以内的许多预期状态。虽然如此，过去预期之尚未充分展开其影响者，已定形（embodied）于今日之资本设备中；而雇主在作今日之决策时，必须参酌今日之资本设备；而且，过去的预期，只有已定形于今日之资本设备中，始能影响今日之决策。所以说今日之就业量，乃参酌今日之资本设备，依据今日之预期而决定的，——这句话还是对的。

当前长期预期，往往不能不明白提及，短期预期则常可略而不论。因为修改短期预期之过程，在事实上往往是逐渐的、连续的，大部分是依据实得结果而作的，故预期结果与实得结果之影响，相互交错。产量与就业量，固然决定于生产者之短期预期，而非决定 51
于过去结果，但最近过去之实得结果，往往有支配力量，可以决定这些短期预期。设每次在开始一生产过程时，都要重作短期预期，则未免太麻烦；而且也徒然浪费时间，因为大部分情况，从一天到另一天，并无多大改变。故除非生产者有具体理由，逆料未来将有改变，否则，如果他们预期最近实得结果仍会继续，实在是很合理的。因之在事实上，以影响就业量一点而论，当前产量之预期售价，大致就是最近过去产量之实得售价。生产者常常根据实得结果——不常根据凭空臆测——而逐渐改变其预测。[①]

虽然如此，我们不要忘了，设所产商品有持久性（durability），则生产者之短期预期，乃根据投资者之当前长期预期；而长期预期有一特性，即不能每隔很短期间，便根据实得结果而加校核。而且，长期预期会骤然修改，这点我们到第十二章较详细讨论长期预期时，会再提到。故当前长期预期这一个因素，我们不能略而不论，也不能用实得结果来代替。

---

① 这里强调雇主在决定生产时所作预期，这一点，我想可以答复郝特雷氏之论点。他认为，在价格尚未降落，或在预期与事实之不符，尚未反映为实得损失（相对于预期而言）以前，就业量与进货量乃受存货增加之影响。盖若未售存货增加或定货单减少，这正表示，前期产量之售价数字已不能贸然应用于未来，故最足使进货量减少。

第六章　所得、储蓄及投资之定义

I　所得

52 在任何一段时期内，一个雇主以其制成品出售于消费者或其他雇主，由此所入贷款，以 A 表示之。他又从别的雇主手中购买若干制成品，此项开支以 A_1 表示之。一期终了时，他有一资本设备，包括半制成品（或称运用资本）以及制成品之存货，其价值为 G。

$A+G-A_1$ 中，有一部分并不是本期生产活动之结果，而是本期开始时雇主已有的资本设备。故为求得所谓本期所得，必须从 $A+G-A_1$ 中，减去上期移交下来的资本设备之价值。只要我们能够找出一个圆满方法，计算这个减数，则所得之定义问题即告解决。

有两个可能原则，可以用来计算这个减数，每个都有若干意义；一个与生产有关，另一个与消费有关。今依次论之。

（一）在一期终了时，资本设备之实际价值 G，乃两种相反势力
53 之净结果：在一方面，雇主或从其他雇主手中添购，或自己加工，以维持并改良其资本设备；在另一方面，因为用之于生产产品，故此资本设备蒙受耗损或折旧。即使雇主不用之于生产，雇主还值得花一笔维持改良费，令此费用之最适度（optimum）数目为 B′；支出

这笔费用以后，资本设备在本期终了时之价值为 G'。这就是说，设雇主不用之于生产 A，则 $C'-B'$ 是可能从上期保存下来的最大净值。这个最大可能净值，其超过 $G-A_1$ 部分，即

$$(G'-B')-(G-A_1),$$

乃衡量因生产 A 所牺牲掉的价值，可称之为 A 之使用者成本（user cost）。使用者成本写作 U[①]。雇主付给其他生产原素之费用，以交换其劳役者，称之为 A 之原素成本；原素成本从原素之立场看来，即为原素之所得。原素成本写作 F。U 与 F 之和，称之为产量 A 之直接成本（prime cost）。

现在我们可以对雇主之所得（income）[②]下定义了。雇主之所得，乃等于其本期所售产品之价值减去其直接成本。换句话说，雇主之所得，即普通所谓毛利（gross profit）；毛利视生产规模而定，亦即雇主所设法使其成为最大量者。这个定义与常识相符。又因社会其 54
他人员之所得，即为雇主之原素成本，故总所得为 $\Sigma(A-U)$。

经此定义以后，所得是一个毫不含混的数量。而且，当雇主们决定雇用多少其他生产原素时，他们在预期之中，设法使其成为最大量者，即此所得与原素成本之差，故所得在就业理论上，有因果重要性。

当然，$G-A_1$ 有时可以超过 $G'-B'$，致使使用者成本为负数。例如（a）设我们所取时期，恰为如此：在此时期中，进货一直增加，但产品尚未达到制成及出售阶段；又如（b）工业之综合程度甚高，各厂皆自制其大部分资本设备，而投资量又为正数；以上两种情形之下，使用者成本皆可为负数。但是因为只有当雇主用自己劳工，

① 在本章附录中，还有关于使用者成本的几点观察。

② 不是净所得；净所得另有定义，见下。

增加其资本设备时，使用者成本方能为负数，故在一分业社会中，资本设备之使用人与制造人往往不属一厂，我们可以正常视使用者成本为正数。而且，我们难于想象，当 A 增加时，边际使用者成本（即$\frac{dU}{dA}$）可以不是正数。

此处不妨把本章下面要讲的东西，稍为提一提。以社会全体而论，一期之总消费（C）等于$\Sigma(A-A_1)$，总投资（I）等于$\Sigma(A_1-U)$。而且，如果不计 A_1（从其他雇主手中买来的东西），则 U 是雇主对自
55 己资本设备之负投资，负 U 为投资。故设所有工业皆集中于一人之手，则 A_1 等于零，消费等于 A，投资等于负 U，亦即等于 $G-(G'-B')$。以上所以引入 A_1，使情况稍为复杂者，其目的只在找出一个一般性的方法，在工业不集中于一人之手时，也可适用。

还有，所谓有效需求，只是雇主们从决定提供的当前就业量上，所可预期取得的总所得或收益——包括其他生产原素之所得（亦即雇主之原素成本）在内。总需求函数乃表示二者之间之关系：一方面是各种假想的就业量，另一方面是由此假想的就业量所产产品之预期收益。有效需求是总需求函数上之一点，这一点之所以成为有效，因为如果就业量在该水准，则供给与需求二种情况，恰使雇主之预期利润成为最大量。

有些经济学家忽略了使用者成本，或假设其为零，于是供给价格①即等于边际原素成本，因此得到边际收益（或所得）等于边际原

① 如果忽视使用者成本之定义问题，则供给价格一词，亦定义不全。这些在本章附录中再讨论。在本章附录中，我将说明：在讨论总供给价格时，有时固然可以把使用者成本，排斥于供给价格以外，但在讨论一厂产物（每单位）之供给价格时，这是不行的。

素成本——这一类命题；我们这一组定义有一个好处：如果我们用他们的假定，则亦可得同类命题。[1]

（二）兹进而讨论以上提及的第二个原则。资本设备之价值，在期终与期始不同。这种价值改变，一部分是由于雇主为追求最大利润，而自愿决定者，这一部分在上面讨论过了。但另外有一部分却并不出于雇主自愿，而由于雇主所不能控制的理由，例如由于市场价值改变、折旧、时耗（wastage by the passage of time）、战事、地震等天灾人祸——这种种原因，资本设备蒙受不自愿的增值或贬值。在此不自愿损失之中，有一部分固然不可避免，但倒并不是不可逆料，例如时耗及正常折旧，后者如皮古教授所说，“经常发生，使人至少可以约略——如果不能详细——预料得到”。此外社会上还有他种损失，亦经常发生，故通常亦被认为是“可保风险力”（insurable risks）。这些预期损失之大小，当然须看预期在什么时候形成而定。让我们暂时忽略这件事实，而称不自愿但非不可逆料的资本设备之折旧——预期折旧超过使用者成本部分——为补充成本（supplementary cost），写成 V。我想用不着指出，此处补充成本之定义，与马歇尔所下者不同；不过我们二人，都想处理不在直接成本 56

---

① 例如，设以总供给函数写作 $Z_w=\phi(N)$，或写作 $Z=W\cdot\phi(N)$，其中 W 为工资单位，$W\cdot Z_w=Z$，则因在总供给曲线之每一点上，边际产物之收益皆等于边际原素成本，故有

$$\Delta N=\Sigma\Delta A_w-\Sigma\Delta U_w=\Delta Z_w=\Delta\phi(N)$$

此即表示，$\phi'(N)=1$；以上是假定原素成本与工资成本之间，有一不变比例，又假定每厂之总供给函数（厂数亦假定不变），不受其他工业所雇人数之影响，故上述公式中之各项，适用于每一雇主，以之相加起来，则适用于全体雇主。这就是说，设工资不变，其他原素成本又与总工资支出成常比，则总供给函数为一直线，其坡即为货币工资。

以内的那部分预期折旧，这一点基本观念是相似的。

57 在计算雇主之净所得及净利润时，通常须从其所得及毛利（定义见上）中，减去一笔估计的补充成本。因为当雇主考虑可以用掉或储蓄多少时，他已经在心目中，把补充成本从毛利中减去了。当他以生产者资格，决定要不要用此设备时，直接成本及毛利是重要概念；但当他站在消费者立场上时，则补充成本在其心目中之地位，恰如直接成本。故设在规定总净所得之定义时，把补充成本与使用者成本同时减去，使总净所得等于 Σ（A−U−V），则总净所得这个概念，不仅与习俗用法最相符，而且与消费量之多寡有关。

设资本设备之价值，因有未曾逆料的市场变化，或有异乎寻常的折旧耗损，或有天灾人祸之破坏，以致蒙受损失，则这种价值改变，既非自愿的，又未——一般说来——事前料及。这一项实际损失，我们称之为不虞之失（windfall loss），列入资本账，而不列入（净）所得账。

净所得之所以有因果重要性，乃是因为 V 之大小，在决定当前消费量时，颇有心理影响——净所得即通常所谓可用所得（available income），乃普通人决定其当前消费之多寡时之准绳。当然，在决定消费多少时，净所得并不是唯一因素；资本账上有多少不虞之得或不虞之失，也很有关系。不过补充成本与不虞之失，有这么一个差别：补
58 充成本改变时，其影响消费，恰如毛利之改变，因为与雇主之消费量有关的，乃是当前产量之售价，减去直接成本及补充成本之和——这一个差数；反之，不虞之得失，虽然也影响雇主之消费决定，但程度不同，设不虞之失与补充成本之数量相同，则前者之影响小。

现在我们再回到补充成本与不虞之失之划分问题，换句话说，

何种不可避免的损失，应当记在所得账上；何种则应作为不虞之失，记在资本账上。这个分界线，一部分只是惯例的（conventional）或心理的，随通用的估计补充成本之标准而异。估计补充成本，并无一定原则可循，故其大小，亦视所选会计方法而定。当资本设备刚生产出来时，其预期补充成本，乃一具体价值量，但以后重行估计时，则该设备在剩余寿命中之补充成本，可以因为预期状态已有改变，而与原估计者不同。根据原来预期，则有一串未来的U+V，根据修正后的预期，则又有一串新的未来的U+V，这二串之差，折成现价，即为资本之不虞之得或失。在商业会计上有一非常普遍采用的原则，且经英国内地税务机关赞同者，即在取得一资本设备时，便对该设备之补充成本与使用者成本之和，定一数目，不管以后预期有无改变，皆维持此数于不变。设为如此，则任何一时期之补充成本，即为此数与实际使用者成本之差。这个方法有一个好处，即在该设备之整个寿命中，不虞之得或失为零。但在某种情形下，每经过一特定会 59
计期间（例如一年），便根据当前市价及当前预期，重行估定补充成本，亦未可厚非。事实上，两种方法都有人采用。资本设备在刚购置时，原来所预期的补充成本，可以称之为基本补充成本；以后根据当前市价以及当前预期重行估定者，可以称之为当前补充成本。

补充成本之定义问题，只能到此为止，无法更为精确。补充成本者，乃一典型的雇主，在以宣布股息（设雇主为一公司）或决定其当前消费量（设为一私人）为目的，而计算其净所得时，应该从所得中减去之项目也。因为我们不能把资本帐上之不虞之得或失，完全抹杀，故设一项目有可疑处，则应将该项目列入资本帐；只有很明显属于补充成本者，才算在补充成本之内。设资本账所记太多，则亦可酌量情形，加重资本账对于当前消费量之影响，而设法矫正之。

读者会看到，此处净所得之定义，与马歇尔之所得定义非常接近。马歇尔援用所得税司（Income Tax Commissioners）所用惯例，大致说来，凡该司根据历来经验认为所得者，马歇尔亦认为所得；因为该司在此方面所作决定，可说是对于通常所谓净所得是什么——这一个问题，经过最审慎最广泛的调查以后，所下的判断。我之所谓净所得，又相当于皮古教授最近所谓国民所得之货币价值。[1]

60 虽然如此，净所得这个概念，因为根据一个模棱两可的标准，各家对此标准之解释又不一，所以到底不刻画分明。例如，哈耶克教授曾经说过，一个资本品所有主，也许设法维持其投资所得于不变，故如有任何理由，使其投资所得有降低趋势，彼必先提出一笔款项，抵消这种趋势，所余所得，他才觉得可以自由用之于消费。[2]我怀疑有没有这种人存在；不过如果以此作为计算净所得时之一种可能的心理标准，在理论上亦无可非难。哈耶克教授由此推论，认为储蓄及投资二概念也因之而含混。如果他指的是净储蓄及净投资，那么他是对的。但与就业量有关的，是储蓄与投资，这两个概念没有这种毛病，而且（像下节所述）可以有客观的定义。

净所得只与消费决定有关，且与影响消费之其他因素，亦不易划分界线；与当前生产决策有关者，乃所得本身。因之忽视所得这一个概念（以往一直如此），而把所有着重点都放在净所得这个概念上，实在是一种错误。

---

① 《经济学杂志》，1935 年 6 月号，第 235 页。

② 《资本的保存》（The Maintenance of Capital），载《经济》，1935 年 8 月号，第 241 页以下。

以上对所得及净所得所下定义，竭力设法与通常用法相符。我得提醒读者，拙著《货币论》中之所谓所得，意义很特殊。其所以特殊之原因，乃因为当我对总所得中雇主所得这一部分下定义时，既未取雇主当前生产活动之实得利润（不论是毛利或净利），又未取他们在决定从事当前生产活动时之预期利润，而取了一种可谓正 61
常或均衡利润。现在回想起来，假使生产规模可以改变，则所谓正常或均衡利润之意义，亦未充分规定。依照《货币论》中所下定义，储蓄超过投资之数，便是正常利润超过实际利润之数。我恐怕我把名词如此用法，已经引起许多混乱，因为有许多结论（尤其是关于储蓄与投资之差额者），只有把我所用名词依我的特殊意义来解释才是对的；但流俗不察，往往引用我的结论，以为我所用名词之意义就是常人熟悉的意义。因为这个理由，又因为我现在已经不必借助于我以前所用名词，来正确表达我的思想，所以我决定从此弃而不用。对于那已经引起的许多混乱，我觉得非常抱歉。

Ⅱ　储蓄与投资

在名词用法非常分歧之中，有一点倒是大家同意的。据我所知，大家都同意，所谓储蓄是所得减去消费开支。因之，设对于**储蓄**之意义尚有疑虑处，其故不出二途，即或对于**所得**或对于**消费**之意义，尚有疑虑。**所得**一词，我们在上面已经下过定义。一期之消费支出，一定等于该期售与消费者之货品价值。于是问题是：何为消费购买者（consumer-purchaser）？任何划分消费购买者与投资购买者（investor-purchaser）之界线，只要合理，都一样可用，但一经

选定，便须始终遵守。我们是否应当把购买汽车作为消费购买，把购买住宅作为投资购买，这类问题常常有人讨论，我也没有多少可
62 补充。这个问题之答案，当然须看我们用何种界线来划分雇主与消费者。故设我们已经规定 A_1 为一雇主从另一雇主手中所购货物之价值，则我们已经暗中把这问题解决了。因此，消费支出可以毫不含混地规定为 $\Sigma(A-A_1)$，其中 ΣA 为一期中之总售价，ΣA_1 为该时期中雇主与雇主之间互相卖买之总值。以后为方便起见，我们将省去 Σ 号，以 A 代表所有总售价，A_1 代表雇主与雇主之间互相卖买之总值。U 代表全体雇主之总使用者成本。

所得与消费之意义既经规定，储蓄又为所得与消费之差，故储蓄之意义亦随之而定。因所得等于 $A-U$，消费等于 $A-A_1$，故储蓄等于 A_1-U。同样，净储蓄为净所得与消费之差，故等于 A_1-U-V。

由所得之定义，又可得本期（或当前）投资（current investment）之定义。所谓本期投资，一定等于资本设备（由于本期生产活动）在本期中之价值增益（addition to the value of the equipment），这显然等于我之所谓储蓄，因为储蓄是一期之所得之并未作消费之用者。上面说过，在一期之中，由于生产活动之结果，雇主售得货款 A，但为生产并出售 A，其原有资本设备蒙受损失 U，$(U-A_1)$ 乃资本设备之价值损失（value-loss）。$(U-A_1)$ 之负数，即 A_1-U，乃资本设备之价值增益——投资。换一种说法，在同一时期中，流为消费之用之产物，其价值为 $A-A_1$、$A-U$ 与 $A-A_1$ 之差，即 A_1-U，乃
63 资本设备因本期生产活动而得之价值增益——投资。同理，A_1-U-V 乃本期之净投资（net investment），换言之，即资本设备之价值之净增益——如果资本帐上不虞之得失不计，而只计及正常的，但不由

于使用而起的资本耗损。

因此，虽然储蓄量是消费者消费行为之总结果，投资量是雇主投资行为之总结果，但二者必然相等，因为二者都等于所得减消费。而且此结论之由来，并不系乎所得之定义有什么特异，或有什么奥妙。只要大家同意：所得等于本期产品之价值，本期投资等于本期产品中未作消费之用者——那一部分产品之价值，储蓄等于所得减消费；只要大家同意这些用法（这些既与常识不悖，又与传统相符的用法），则投资与储蓄自然相等。总之，

所得＝产品价值＝消费＋投资

储蓄＝所得－消费

故　储蓄＝投资

故任何一组定义，只要满足上述条件，都会得同一结论。只有否认上述条件之一为真时，结论才会不同。

储蓄与投资之所以相等，乃是因为生产者与消费者，或生产者与资本设备购置者之间之交易，有双重性质。上面说过，生产者之产品售价减去使用者成本谓之所得；但整个产品不售于消费者，即 64
售于其他雇主；每个雇主之本期投资，又等于其从其他雇主手中所购之设备，减去其自己的使用者成本。因之，就社会全体而论，所得超过消费部分（即我们所谓储蓄者），不能不与资本设备之价值增益（即我们所谓投资者）相同。净储蓄与纯投资之关系，亦复如此。事实上，储蓄是一个余数。投资决策与消费决策二者，决定所得。设投资决策得告实现，则或者消费削减，或者所得增大，二者必居其一。故投资行为本身，一定使得储蓄这个余数以同量增加。

当然，人们对于投资若干，储蓄若干所作决定，可能过于不正

常，以致不能产生一个均衡价格，按此价格交易。在这种情形之下，产品既然不再有一个一定的市场价值，而价格又在零与无穷大之间，找不到一个静止点，故我们所用名词也不再适用。经验告诉我们，事实上并不如此。社会上有种种心理反应习惯，可以使得均衡实现，愿卖愿买之数量相等。产品有一个一定的市场价值，乃是货币所得有一个具体价值之必要条件，同时又是使储蓄者决定储蓄之总数，与投资者决定投资之总数——二者相等之充分条件。

65　要思路清楚，恐怕最好从决定消费与否着想，而不从决定储蓄与否着想，因为决定消费与否，或决定投资与否，的确是在个人控制范围之内。总所得与总储蓄二者，都是人们自由选择之结果，即选择消费与否以及投资与否之结果，二者都不能离开消费决定及投资决定而独立，而受另一组决策之支配。根据这个原则，故我们以后用*消费倾向*这个概念来替代储蓄倾向。

附录：论使用者成本

I

66　使用者成本在经典学派价值论上之重要性，我想一向被人忽略了。关于使用者成本，还有许多话可说，但恐非此处篇幅所宜，与本书主题之关系亦较浅。但作为题外之文，本附录拟对使用者成本，作进一步研讨。

依照定义，一雇主之使用者成本为

$$A_1+(G'-B')-G$$

其中 A_1 代表该雇主购自其他雇主之货物价值，G 代表其资本设备在期终时之实际价值；如果雇主不使用此资本设备，而反支出一笔最适度的维持改良费 B'，则该资本设备在期终时可能有的价值，可用 G' 代表之。$G-(G'-B')$ 乃雇主之资本设备，在超过其由上期移交下来的净价值以外，所增加之价值；此即在本期中雇主对其资本设备之投资，可写作 I。故销售量 A 之使用者成本 U，等于 A_1-I，其中 A_1 为该雇主购自其他雇主者，I 为彼在本期中对其资本设备所投资者。稍为想一想就会知道，这不过是常识而已：一雇主购自其他雇主者，一部分变为本期中对自己资本设备之投资；剩下的一部分，代表他因出售产量 A，在生产原素之开支以外，所蒙受之损失。假使读者想把本处所说内容，用别种方法表达，他就会知道，本处所用表达法之好处，乃在可以避免许多无法解决的（而且是不必需的）会计问题。我想，没有别的方法，可以毫不含混地分析当前生产之收益。设工业皆集中于一人之手，或雇主并未从其他雇主手中购买任何货物，则 A_1 等于零，使用者成本即等于因使用该设备而引起的 67
本期负投资。即在此种情形下，我们的分析方法还剩下一个好处，即我们从来毋须划分原素成本，何者应归产品（出售于他人者）负担，何者应归设备（保留自用者）负担，而可以把一厂——不论该厂之综合程度如何——提供之就业量，看作由一个通盘的决策决定。事实上亦属如此，因为在当前生产与整个生产之间，往往有连锁性质存在。

使用者成本这个概念，又可使我们对一厂产物之短期供给价格，下一个比较清楚的定义。盖短期供给价格，乃边际原素成本与边际使用者成本之和。

在现代价值论中，往往就把边际原素成本作为短期供给价格。

显然，只有当边际使用者成本等于零，或供给价格之意义，特别规定为不包括边际使用者成本在内时，这个办法才行。我在上面第三章对“收益”（proceeds）及“总供给价格”下定义时，即未包括总使用者成本在内。这种用法，在讨论社会总产量时，偶一用之，固然很方便，但在讨论一厂或一业之产量时，如果经常把使用者成本不包括在“供给价格”之内，则经济分析完全与现实脱节，因为如此意义之“供给价格”，与平常所谓“价格”之意义，完全不同。如此用法恐怕会引起误会。经济学上似乎一向假定着，“供给价格”一词，当用之于一厂之产量时，有明显意义，毋庸讨论。然而一厂从他厂所购货物，以及该厂之资本设备因生产边际产量而受之损失，这二者如何处理——这一个问题就会引起所得定义问题所引起的一切困难。即使我们假定：当一厂之销售量增加一单位时，为求得该厂之供给价格起见，必须从该产量之每单位之售价中，减去购之于他厂之边际成本。即使假定如此，我们还得要顾到：该厂之资本设备，因生产此边际产量，而有负投资发生。即使所有生产都集中于一厂之手，我们还不能假定边际使用者成本为零；换句话说，一般说来，我们不能忽视因生产边际产量，资本设备所蒙受的边际负投资。

68 使用者成本及补充成本这两个概念，又可以使我们能够在长期供给价格与短期供给价格之间，建立一个比较清楚的关系。长期成本中必须包括一笔数目，可以抵补基本补充成本以及预期直接成本；二者都以适当方法，分摊于各年，年限即资本设备之寿命。这就是说，一个产量之长期成本，乃等于直接成本与补充成本二者之预期和。而且，设欲产生一正常利润，则长期供给价格必须在长期成本之外再加上一项，等于当前放款利率乘设备成本之积；当然，此种放款之时期及风险，必须与投资于该设备之时期及风险相类。如果我们喜欢用“纯”利率（pure rate of interest）作标准利率，则长期成本之中，必须包括一第三项，可称之为风险成本（risk cost），来抵补实际报酬与预期报酬发生不同之种种未知可能性。故长期供给价格等于直接成本、补充成本、风险成本以及利息成本之和；即长期供给价格可以分析成这几种构成分子。在另一方面，短期供给价格则等于边际直接成本。故当雇主购买或建造资本设备时，在其预期之中，直接成本之边际值与其平均值之差，足以抵补补充成本、风险成本以及利息成本三者。换言之，在长期均衡中，边际直接成本超过平均直接成本之部，适等于补充成本、风险成本及利息成本之和。[①]

设在某产量上，边际直接成本恰等于平均直接成本及补充成本之和，则该产量有特殊重要性，因在此点，雇主既不赚亦不赔，换言之，在此点之净利润为零；设产量小于此点，则雇主有净损失。 69

在直接成本以外，补充成本所须弥补之程度，因设备之类型而异。以下为二极端情形：

（一）有一部分设备维持费，必须与使用该设备之行为，同时发生，例如机器加油。这种开支（除了由外面购买者以外），应包括在

① 以上说法，实基于一个假定：即不论产量如何改变，边际直接成本曲线总是连续的。但这个假定往往与事实不符。该曲线可能有一二不连续点，当产量达到一种程度，已相当于资本设备之技术的充分能力（technical full capacity）时，尤其容易产生不连续点。设有此种情形，则边际分析要部分崩溃，边际直接成本须用产量减少少许时，总直接成本减少多少来计算，故短期供给价格可以超过边际直接成本。同样，当产量低于某点时，也常常会产生不连续点。当我们讨论长期均衡中之短期供给价格时，这一点很重要，因为在讨论此问题时，如果有不连续点存在，则此不连续点必须包括在边际直接成本曲线内。故长期均衡中之短期供给价格，也许必须超过边际直接成本（后者就产量减少少许时之情形计算之）。

原素成本之内。设由于物质上理由，本期所有全部折旧，必须以如此方法弥补，则使用者成本（除了由外面购买者以外）等于补充成本，但符号相反；在长期均衡中，边际原素成本超过平均原素成本之部，须等于风险成本及利息成本之和。

（二）资本设备之价值损失，有一部分只有在使用该设备时才能发生。如果这种损失没有在使用时即行弥补，则应算在使用者成本之内。设资本设备之价值损失，只有如此才能发生，则补充成本等于零。

这里有一点值得指出，即雇主并不仅仅因为使用者成本低，而先用最旧最坏的设备；因为，使用者成本虽低，也许还抵不过效率之低，即抵不过原素成本之高。雇主所愿意使用的设备，乃在该设备上，每单位产品之使用者成本加原素成本——二者之和为最低者。[①] 故设某物之产量已定，则有一使用者成本与之相应，[②] 但在此总使用者成本与边际使用者成本之间，并没有一律的（uniform）关系。

Ⅱ

现在与未来之间，有许多连系，使用者成本即其中之一。盖在
70 决定其生产规模时，雇主须在现在使用其设备，与保留此设备留待
将来之用——二者之间，有所抉择。使用者成本之大小，即决定于

① 使用者成本又随人们对未来工资水准作何预期而有改变，故设人们预料当前工资单位之减低，只是暂时的，则原素成本与使用者成本之改变程度不同，因之影响到所用设备之种类，也许更影响到有效需求之水准，因为使用者成本与原素成本，在决定有效需求这一方面，其影响也许不同。

② 最先用的资本设备之使用者成本，未必与总产量无关（参阅下文）；换句话说，在整个使用者成本曲线上，使用者成本也许随总产量之改变而改变。

因现在使用，而牺牲掉的未来预期利益。而边际使用者成本、边际原素成本以及边际预期售价——三者，决定雇主之生产规模。然则雇主用什么方法，计算一生产行为之使用者成本呢？

上面说过，使用者成本，乃使用与不使用相比，资本设备所受之价值损失。至于不使用此设备时，尚值得支出的维持改良费，以及购自其他雇主之物品，皆应于相应处计及。故使用者成本之计算法，一定是先计算：设现在不使用资本设备，则在未来某时，预期收入可增加若干；然后再把此数折成现值。设现在不使用资本设备，则至少可把该设备之重新购置（replacement）期延迟；延迟购置之利益，折为现值，乃使用者成本之最低限度，也许大于此数。[①]

设无过剩存货，故每年皆有新产的同类资本设备，作增补之用，则边际使用者成本可依据（a）因使用此设备，以致该设备之寿命缩短若干，或效率减低若干，以及（b）现在重新购置所需之成本，计算出来。如果资本设备有剩余，则使用者成本又视（a）从现在到剩余设备因折旧损失等原因而被吸收完毕——这一段时期中之利率，及（b）当前（即重估的）补充成本二者而定。由此，利息成本及当前补充成本二者，间接影响使用者成本之计算法。

当原素成本为零时，此种计算法最简单易解。今以拙著《货币论》第二册第二十九章所举原料铜之剩余情形为例。先以一吨铜在未来各日期之预期价值，作成一列数。铜之剩余量逐渐减少，则铜之价值逐渐接近其正常生产成本，故该列数每一项之值受剩余铜量 71

① 大于此数，如果雇主预期在未来某时，收入可以超过正常数，但此种情况又不能维持长久，故不值得——或没有时间——生产新的资本设备。把每一个可能的未来预期收入折为现值，其中最大者即等于当前的使用者成本。

之吸收速率之影响。再从该列数之每一项中，减去当前补充成本以及从现在到该日每吨铜之利息成本，其中最大数，即为一吨剩余铜之现值或使用者成本。

同样，设船只、工厂或机器有剩余时，则一船、一厂或一架机器之使用者成本，乃等于该设备在剩余量可以预期吸收完毕之日之预期重置成本，减去当前补充成本以及从今日到该日之利息成本。

以上乃假定当资本设备不堪再用时，即以原物替补。设替补者并非原物，则计算现在所用设备之使用者成本时，须依据此设备不堪再用时，代之而起的新设备之使用者成本；其数量视两种设备之比较效率而定。

Ⅲ

读者想会注意到，设资本设备并非不合时宜，而只是暂时过剩，则实际使用者成本与正常使用者成本（即设备并不过剩时之使用者成本）之差别，须看过剩设备在什么时候可以预期吸收完毕这段时期之长短而定。故设资本设备之年龄参差不齐，每年皆有一部分设备达到不堪再用之地步，则除非过剩量异常庞大，否则边际使用者成本不会大跌。在一般性的经济衰颓时期，边际使用者成本之大小，须看雇主们对不景气可以持续多久这一点作何预期而有改变。故经济情况开始好转时，供给价格之提高，也许一部分即由于雇主们修改其预测，以致边际使用者成本急剧增加。

有人说，设雇主们联合起来毁灭过剩设备，则除非把全部过剩设备都毁灭，否则不会达到所求结果——提高价格。雇主们之意见则反是。但使用者成本这一个概念可以说明：如果把剩余设备毁灭一半，则也许可以立刻把价格提高；因为此种政策可以缩短过剩设备吸收完毕之时期，故可提高边际使用者成本，因之增加当前供给 72
价格。故雇主们心目中，似乎隐隐有使用者成本这个观念存在，虽然他们并没有把这个观念明白说出来。

设补充成本甚重，则当资本设备有过剩时，边际使用者成本将甚低。又当资本设备有剩余时，使用者成本及原素成本之边际值，似不至于太超过其平均值。设以上二条件皆满足，则过剩设备之存在，很容易使雇主们净赔，也许净赔甚大。事实上并不是当过剩设备吸收完毕时，净赔即一跃而变为正常利润；而是当过剩设备逐渐减少时，使用者成本逐渐增加，边际原素成本与使用者成本之和，与平均原素成本与使用者成本之和，二者之差，亦逐渐增加。

Ⅳ

马歇尔在《经济学原理》（第 6 版第 360 页）中，把一部分使用者成本，用“设备之额外折旧”这一个名义，包括在直接成本之内。但他并没有指出，这一项如何计算，其重要性又如何。皮古教授在《失业论》中明白假定：在通常情形之下，边际产量所引起的资本设备之负投资可以忽视。他说（第 42 页）：“设产量不同，则设备之折旧以及职员之开支亦可随之而不同，但我们忽视这些差异，因为一般说来，这些差异是次要的。”[①] 在生产边际上，资本设备之负投资为

① 郝特雷先生指出，皮古教授所谓供给价格，实即边际劳力成本，见《经济》1934 年 5 月号，第 145 页。郝特雷认为这点对于皮古教授之论证颇为不利。

零，——这一个观念，实为近来许多经济理论所共有。但如果想要说明，一厂之供给价格，到底是什么含义，问题便随之发生了。

由上所述，如果资本设备搁置不用，则此设备之维持费往往可以减低边际使用者成本；——当雇主们预期不景气可以持续很久时为尤然。但是，很低的边际使用者成本，却并不是短时期必有的特征，而是（a）由于资本设备之性质特殊，如果搁置不用，其维持
73 费甚高；（b）由于该短时期不在均衡状态，故资本设备很快趋于不合时宜，或过剩甚多。设有一大部分设备尚相当新，则过剩之严重性更加剧。

设为原料品，则使用者成本之必须计及，乃人所共知；设一吨铜在今日用完，明日便不能再用，故该吨铜留待明日使用所可能有的价值，必须计算在边际成本之内。但铜只是一个特例而已，凡使用资本设备从事生产时，皆有类似情形发生。把原料与固定资本严格划分，使用原料所引起的负投资必须计及，但使用固定资本所引起的负投资则可忽略，——这个假定与事实不符，尤其是在正常情形之下。因为在正常情形之下，每年皆有若干设备，陈旧不堪再用，必须重置；设备之使用，即所以缩短必须重置之日期。

使用者成本与补充成本这两个概念，有一个优点，即二者同样适用于运用资本（working capital）、流动资本（liquid capital）与固定资本（fixed capital）。原料与固定资本之重要差别，不在于二者对使用者成本及补充成本之感应性不同，而在于下列事实：流动资本之收益只有一次，而固定资本因为有持久性，只能逐渐用完，故其收益为一列数，此列数之各项，由各期之使用者成本与所获利润构成之。

第七章　再论储蓄与投资之意义

I

在上一章中，我们已对储蓄与投资二者下了定义；根据我们定 74
义，二者必然相等，因为从社会全体看来，二者只是同一事物之两面。但有若干当代学人（包括写《货币论》时代的作者本人在内），对此二名词下了特殊定义，依照他们定义，二者不一定相等。更有些人先假定二者也许不相等，但在讨论之前，根本未对这两个名词下过定义。兹为使以上讨论与他人对此二名词之讨论发生联系起见，乃将这两个名词之种种流行用法加以分类，也许有助于读者。

据我所知，大家都同意，所谓储蓄是等于所得减消费。如果储蓄之意义不是如此，一定非常不方便，而且容易引起误解。对于何谓消费支出这一点，各家意见亦并无多大出入。故各家名词用法之所以不同，不出二途：或由于投资一词之意义不同，或由于所得一词之意义不同。

II

先论投资。在通俗用法中，所谓投资，往往指一个私人或一个

75 法人购买一件新的或旧的资产。偶而投资一词，专指在证券市场上购买一件资产，不过我们对购买房产、购买机器或购买一批制成品或半制品，都一样称为投资。一般说来，所谓新投资（以别于再投资），是指从所得之中，购买一件资本资产（capital asset）。如果我们把出售一件投资作为负投资，则我的定义与通俗用法相符，因为旧有投资之交换，一定互相抵消。我们固然必须顾及债务之产生与清偿（包括信用或货币数量之改变），但从社会全体而论，总债权之增加或减少一定恰等于总债务之增加或减少，故在讨论总投资时，这个因素已经互相抵消掉了。由此，如果通俗所谓所得相当于我之所谓净所得，则通俗所谓总投资相当于我之所谓净投资，——净投资乃一切资本设备之净增益；至于旧有设备之价值损失，凡属净所得之计算范围者，皆已扣除净尽。

投资之意义，既包括一切资本设备之增益，不论所增者是固定资本、运用资本或流动资本；故除了投资与净投资之区别以外，如果投资之定义仍有重大差异处，则必由于有人之所谓投资，并不包括一切资本设备之增益在内。

今以郝特雷氏为例。郝氏对流动资本之改变，即对未出售存货量之意外的增加或减少，非常看重。他提出了一个投资之定义，把
76 这种变动摈斥于投资之外。在这种情形之下，所谓储蓄超过投资，实即未出售存货量之意外增加，亦即流动资本之增加。郝氏未能使我服膺：何以应该着重这个因素。郝特雷氏之说，把所有着重点都放在如何矫正不测之变这一点上，而忽视意中（不论预测是否正确）之变。郝氏认为雇主在决定其生产规模时，今日产量之所以与先一日不同，即参酌其未出售存货量之变动而定。设为消费品，则未出

售存货量之变动，对雇主所作决策，自然有重大影响。但是影响雇主之决策者还有其他因素，我看不出有什么目的摈斥后者。故我宁愿着重于有效需求之全部改变，而不仅仅着重于有效需求之局部改变——反映上期未出售存货量之增减者。而且，设为固定资本，则未用能力（unused capacity）之增加或减少，就影响生产决策这点而论，其效果与未出售存货量之增减相当。我看不出郝特雷氏之法，如何处理这至少是同样重要的因素。

也许奥国学派所谓资本形成与资本消费，其意义与以上所谓投资与负投资，或净投资与净负投资之意义不同。在某种情形之下，如果根据我们定义，则资本设备之价值，显然并未减少，但在奥国学派看来，据说可以发生资本消费。无论如何，我尚未发现有任何地方，把此二词之意义明白说明。例如，生产时期延长时，即有资本形成之发生，——这一句话，实在并没有把我们的知识推进多少。

Ⅲ

设所得之意义不同，则储蓄（等于所得减消费）之意义亦因之 77
而不同；兹进而讨论由于所得之定义不同，所引起的储蓄与投资之不相等。我自己在《货币论》中对这些名词之用法，即是一例。我在上面（第六章第一节末段）解释过了，《货币论》中所谓所得，与我现在所谓所得不同，因为在计算前者时，我并不以实得利润作为雇主之所得，而用（某种意义的）“正常利润”作为他们的所得。因之《货币论》中所谓储蓄超过投资，实在是指：在其当前生产规模之下，雇主从资本设备之所有权上可以取得的利润，少于正常利润。

《货币论》中所谓储蓄超过投资之数扩大，意思是指：实际利润正在减低，故雇主们有缩小其产量之动机。

我现在认为：就业量（亦即产量与真实所得）由雇主决定，雇主之动机，乃在设法使其现在的及未来的利润成为最大量（雇主有某种设备，该设备有某种寿命，雇主设法在此寿命年限之内，从该资本设备上取得最大报酬，使用者成本即由是而定）；可以使雇主利润成为最大量之就业量，则定于总需求函数；后者则又定于雇主在种种假设之下，预料从消费及投资二者，可以取得之收益（proceeds）。在《货币论》中，所谓投资减储蓄（二者皆依彼处所下定义）之差额改变，实指利润改变，但在该书中，我没有明白划分预期结果与实得结果。[①] 当时我认为，如果投资与储蓄之差额改变，
78 则产量亦随之改变，前者为后者之原动力。我现在的新说，虽然我自以为比较正确，比较有启发性，实在只是旧说之自然演进。如果用我《货币论》中所用语言表达，则我的新说是：设以前的就业量与产量为已知，又设雇主预期，投资减储蓄之差额将增加，则雇主将增加其就业量与产量。旧说与新说都想指出，就业量乃决定于雇主所预期的有效需求；《货币论》中所谓投资减储蓄之差额扩大，亦即有效需求增加之一种指示。有了新说以后，再回首过去，觉得当时那种说法非常纷乱，非常不完全。

依照罗伯森（D. H. Robertson）氏定义，则今日之所得等于昨日之消费加昨日之投资，故彼所谓今日之储蓄，乃等于昨日之投资，再加昨日消费与今日消费之差。故在他定义之下，所谓储蓄超过投

① 我在该书中，认为雇主对利润之当前预期，乃决定于当前之实得利润。

资，在我的定义之下，就是昨日之所得超过今日之所得。故他所谓储蓄超过投资，与我所谓所得正在降低，意义完全一样；换句话说，他之所谓储蓄过多，恰等于我之所谓所得降低。设今日之预期，常决定于昨日之实得结果，则今日之有效需求，将等于昨日之所得。故罗伯森氏所用方法，虽然和我不同，但是我们二人，都想区别所得与有效需求二者，[①]——在因果分析上，这是异常重要的区别。 79

Ⅳ

现在我们要讨论另一个名词——强迫储蓄（forced saving），以及与之相连的许多更空泛的观念。从这些观念中，可以发现什么明确意义吗？我在《货币论》中，曾经提及这个名词之初期用法，并且认为这些用法，和我当时所谓投资与储蓄之差别，有点接近。现在我不再敢确言，二者之接近性，有没有像我当时设想那么大。无论如何，“强迫储蓄”以及近人（例如哈耶克教授或罗宾斯教授）所用类似名词，和我在《货币论》中所谓投资与储蓄之差，并没有一定关系，——这一点我觉得很确定。虽然这些学人没有明白说明其所用名词之意义，但是我们可以知道，他们所谓“强迫储蓄”，是由于货币数量或银行信用之改变，所直接产生的一种现象，而且即以此种改变之大小，来衡量强迫储蓄之多寡。

（a）当产量及就业量改变时，会引起所得（以工资单位衡量）改

① 参阅罗伯森:《储蓄和贮钱》(Saving and Hoarding)，载《经济学杂志》，1933 年 9 月号，第 399 页；以及罗伯森、郝特雷及我三人之间之讨论，载《经济学杂志》，1933 年 12 月号，第 658 页。

变;（b）当工资单位改变时，会引起债务者与债权者之间所得之重分配，又会引起总所得（以货币衡量）改变;（a）、（b）二者都会改变储蓄量。货币数量之改变，既可以影响利率，从而改变所得之数量与分配（以后将加说明），故货币数量之改变，可以间接引起储蓄量之改变。不过此种储蓄量之改变，并不较之由于其他环境之改变所
80 引起者，更有“强迫”性。故除非我们用某种情形下之储蓄量作为标准，否则我们没有方法，区别强迫储蓄与非强迫储蓄。而且（我们以后会知道）当货币数量增减某数时，总储蓄量将增减若干，实异常不定，还系乎许多其他因素。

故在没有规定一标准储蓄量以前，“强迫储蓄”没有意义。设我们以充分就业状态下之储蓄量为标准（这似乎是合理的标准），则可下定义如下:“如果实际储蓄量，大于长期均衡中充分就业状态下之储蓄量，则谓之有强迫储蓄。”这个定义有意义，不过依照这个标准，则强迫的储蓄过度，将是非常稀少、非常不稳固的现象，强迫的储蓄不足，倒是常态。

哈耶克教授在“强迫储蓄说之发展”[①]一文中，指出这是这个名词之本义。“强迫储蓄”或“强迫节俭”（forced frugality），原来是边沁（J. Bentham）之概念。边沁明白说明，他先假定“各人都已就业，而且所就之业，对于社会最有利”。然后设想：如果在这种状态之下，货币数量相对——相对于可以出售的商品数量而言——增加，则将发生什么后果。[②]边沁指出，在这种情形之下，真实所得不会增

① 《经济学季刊》（*Quarterly Journal of Economics*），1932年11月号，第123页。
② 同上书，第125页。

加，故过渡时期中之额外投资，将引起强迫节俭，“因而牺牲生活程度（national comfort），违反正义（national justice）”。十九世纪学 81
者，凡讨论此问题者，心目中都有同样观念，虽然不一定明白说出。不过要把这个非常清楚的概念，推广之于非充分就业状态，则有若干困难。当然，设就业量增加，而资本设备不增加，则由于报酬递减律，已就业者之真实所得，会因之减少；但是要想把这种损失，与就业增加时可能有的投资增加，联系起来，恐怕不会有多大结果。无论如何，我还不知道近代学人之对“强迫储蓄”发生兴趣者，曾想把这个概念，推广之于就业渐增时情况。一般而论，他们似乎忽略了一点：要把边沁氏之强迫节俭概念，推广之于非充分就业情况，须有若干说明或若干修正。

V

储蓄与投资之意义甚为直截了当，但相信储蓄可以与投资不相等者仍大有人在，这个道理我想可以用光学上的错视来解释：存款者与其银行之关系，实在是一种两面的（two sided）交易，而却误认为是一种一面的交易。一般人以为存款者与其银行，可以互相串通，变一手法，一变以后，储蓄即消失于银行体系之中，不再用之于投资；或者以为银行体系可以使投资发生，而没有储蓄与之相应。不过，如果一个人要储蓄，则他必须取得一件资产，不论是现金、债权或资本；一个人要取得一件他以前没有的资产，则亦不出二途：或者社会上新产了一件资产，价值和他的储蓄相等；或者有人把他
原有的、价值相等的一件资产脱手。在第一种情形下，有储蓄即有 82

新投资与之相应；在第二种情形下，有人储蓄，有人负储蓄，二者价值相等。第二人之所以损失其财富，一定是因为他的消费超过了所得，而不是因为他的资本蒙受了资本帐上的损失。因为现在问题，并不在他资产之原有价值是否受了损失，而是在他依当前价值，出售其资产以后，并不以之转购其他财富，而却用之于消费；这就是说，他的当前消费超过了当前所得。而且，设银行体系把一资产脱手，则一定有人把现金脱手。故第一人与他人之储蓄总量，必定等于本期新投资。

说银行制度可以创造信用，产生投资，而没有真正的储蓄与投资相应，这种说法，只看到了银行信用增加时，所生后果之一部分，而未见及全部。设银行体系并不减少其现有信用量，而创造额外信用，授与一雇主，该雇主则以之增加其本期投资；又设如无此额外信用，即无此额外投资；——设属如此，则所得一定增加，在正常情形之下，所得之增量常**超过**投资之增量。而且，除非在充分就业情形之下，否则真实所得与货币所得皆同时增加。公众可以“自由选择力，如何把所得之增量分配于储蓄与消费；雇主实现其意旨——举债以增加投资——之速度，亦不能大于公众决定增加其储蓄之速度，——除非该雇主之投资，仅系替代其他雇主之投资者，故此增
83 彼减，总投资并未增加。而且，如此产生之储蓄，其真实性与他种储蓄毫无二致。设银行体系增加其信用，则货币数量必增，但除非一人自愿持有货币，而不持有其他形式之财富，否则没有人可以强迫其持有此新增货币。但就业量、所得及价格不能不变，互相适应，故在新情况之下，自然有人愿意持有此新增货币。我们承认，如果某方面投资之增加，事先未曾逆料，则在总储蓄与总投资方面，也

许会有不规则现象发生；而若事先已充分料及，便无此类现象。我们也承认，当银行信用增加时，可以引起三种趋势：（a）产量增加，（b）边际生产物之价值——以工资单位计算——增加（由于报酬递减律关系，此乃产量增加时必有之现象），以及（c）工资单位——以货币计算——增加（此常与就业情况之改善相伴俱来）。这三种趋势，可以影响社会各集团间真实所得之分配。不过这种种趋势，都是产量增加这件事实本身之特征，设产量之增加，并非由于银行信用之增加，而由于别种原动力，则以上三种趋势仍然存在。要避免这种种趋势，只有不让就业状况改善。以上所述，有许多是以后讨论中得到的结论，此处提前应用了。

旧说认为储蓄常常引起投资，新说认为可以有储蓄而无投资，或有投资而无“真正的”（genuine）储蓄，二说相比，旧说虽然不完全，容易引起误解，但比之新说，在形式上尚较为健全。旧说之误，在于由此推论，如果个人储蓄，则总投资亦必作同量增加。个人储蓄可以增加其一己之财富，这是不错的；但由此推论，以为亦可增 84
加社会全体之财富，则忽视了一个可能性：一人之储蓄行为，可以影响他人之储蓄，因之影响他人之财富。

储蓄与投资恒等，而个人似乎又有“自由意志”，可以任意储蓄，不论他自己或别人是否投资，投资于什么。这二者之所以能调和，主要是因为储蓄与消费相同，也是一件双面的事情。他一己之储蓄量，虽然对于他本人之所得，不致有重大影响，但他的消费，一定影响他人之所得，故不能每个人都同时储蓄一特定数目。如果每个人都想减少消费，增加储蓄，则因所得一定受到影响，故这种企图必自招失败。同样，社会全体之储蓄量也不能少于当前投资；

若有此种企图，则所得一定会提高到一种水准，使得各人愿意储蓄之数，相加起来，恰等于投资量。

以上所述，与另一个命题非常相似：每人都有自由权，可以随时改变其持有之货币量，但各人持有之货币量，相加起来，其总数又恰等于银行体系所创造之现款数量。后者之所以相等，是因为一人所愿意持有之货币量，与其所得之多寡以及商品（主要是证券）之价格有关，——购买商品即不持有货币。故所得与物价必然改变，达到一新水准，使得各人所愿意持有之货币量，其相加总数，恰等
85 于银行体系所创造之货币数量。这是货币理论上之基本命题。

这两个命题都从一个事实推演出来：有一买者必有一卖者，或有一卖者必有一买者。个人一己之交易量，在市场上甚为渺小，故可忽视需求之双面性而无碍，但如在讨论总需求时，亦如此忽略，实为大谬。社会全体行为之经济理论，与个人一己行为之经济理论，其重大区别就在这里：在后者，我们可以假定当个人改变其一己之需求时，其所得并不受到影响。

第 三 编

消 费 倾 向

第八章　消费倾向：（一）客观因素

I

在第一编终了时，因为要讨论若干关于方法与定义上的问题，89
故把主题打断，现在我们回到主题。本书分析之最终目的，乃在发现何者决定就业量。到现在为止，我们只建立了一个初步结论，即就业量定于总供给函数与总需求函数之交点。总供给函数主要系乎供给之物质情况，其中道理大都已为人熟知。函数之形式也许有点生疏，但函数之基本因素则并不新奇。在第二十章中，我们还要回到总供给函数，用就业函数（employment function）这个名义讨论其反函数。不过一般而论，一般人却忽视了总需求函数之地位，故本书第三、第四两编专论总需求函数。

总需求函数之自变数为就业量，依变数为由此就业量所可预期获得之"收益"（proceeds）。所谓"收益"乃二量之和——其一为该就业量之下之消费量，其二为该就业量之下之投资量。决定此二量之因素，大致划分得很清楚。本编专论前者：当就业量在某特定水准时，90
何者为决定消费量之因素。第四编则进而讨论决定投资量之因素。

此处问题是：设就业量在某一水准，则用之于消费者将为若干？故严格说来，我们所讨论的函数应当是把消费量（C）与就业量（N）联系起来。但为方便起见，不妨以 C_w（以工资单位计算的消费量）代替 C，以 Y_w（相当于某就业水准 N 之所得量，亦以工资单位计算）代替 N，而讨论略为不同的一个函数。后一种办法有一点可以非难，即 Y_w 未必总是 N 之唯一函数。Y_w 与 N 之关系，也许须看该就业量之性质如何而受影响——虽然程度不深。换句话说，如果总就业量 N 相同，但在各业之分配方法不同，则因各业之就业函数之形状不同（此点在以下第二十章中再讨论），故 Y_w 之值可能不同。在某种情况下，我们要特别顾及这个因素。不过一般而论，如果说 Y_w 受 N 所唯一决定，大致还差不多，故可下定义如下：所谓消费倾向者，乃 Y_w（以工资单位计算的所得水准）与 C_w（该所得之用之于消费支出者，亦以工资单位计算）之函数关系 χ，写作

$$C_w=\chi(Y_w) \text{ 或 } C=W\cdot\chi(Y_w)。$$

一社会之消费量，显然系乎下列因素：(a) 所得数量；(b) 其他
91 客观环境；(c) 该社会各组成分子之主观需要、心理倾向、心理习惯，以及相互之间分配所得之办法（产量增加时，分配办法也许略有变动）。消费之各种动机互相影响，要想以之分类，不免有强为划分之嫌。但为廓清思路起见，可以分为两大类讨论，称之为主观因素与客观因素。主观因素包括人性之心理特征、社会习俗与社会制度；后二者虽然可以更动，但除非在反常的、革命的状态之下，在短时期内，大概不至于有重大改变。下章将对主观因素作较详细讨论。设欲作一历史的研究，或以一社会体系与另一不同类型之社会体系相比，则必须顾及：这些主观因素之改变，如何可以影响消费倾向。但在下文中，我们大致将假定主观因素不变；因之假定：消

费倾向仅随客观因素之改变而改变。

Ⅱ

可以影响消费倾向之客观因素，其主要者如下：

（一）工资单位之改变。显然，消费量（C）与其说是货币所得之函数，不如说是（某种意义的）真实所得之函数，更为确当。设技术、嗜尚以及决定所得分配之社会条件不变，则一人之真实所得，随其能够支配的劳力单位（labour-units）之增减而增减；换言之，随其以工资单位计算的所得之增减而增减：——虽然当总产量增加时，由于报酬递减律关系，一人之真实所得之增加，不若其以工资单位计算的所得之增加之甚。故大致而论，我们可以假定：设工资单位 92
改变，就业量不变，则消费支出——与物价一样——将作同比例的改变。在某种情形下，我们必须顾到：当工资单位改变时，某特定真实所得量在雇主与固定收入阶级（rentiers）间之分配办法，随之改变，因此可能影响消费；但除此以外，我们已经计及工资单位之改变，因为在规定消费倾向之意义时，所用自变数与依变数，都是用工资单位来衡量的。

（二）所得与净所得之差别之改变。以上已经指出，消费量与其说是定于所得，毋宁说是定于净所得；因为依照定义，当一人决定其消费之多寡时，他心目中想到的，主要是他的净所得。在一特定状况之下，二者之间也许有一相当稳定的关系，即有一唯一函数，联系所得与净所得二者。但如果不是如此，则设所得改变而并不影响净所得，则该部分所得之改变与消费无关，必须忽视；同理，设净所得改变，但并不反映于所得中，则该净所得之改变亦必须计及。但除非在例外状态下，否则我怀疑这个因素有多少实际重要性。在本章第四节中，我们还要回头详细讨论这个问题：所得与净所得之差别对于消费有何影响？

（三）在计算净所得时并未计及的资本价值之不虞之变。这些不虞之变，在修改消费倾向这一点上，其重要性较之所得与净所得之差，实有过之；因为在这些不虞之变与所得之间，并没有稳定的或
93 规则性的关系存在。资产阶级之消费量，也许对于其财富之货币价值之不虞之变，非常敏感。这个应当算作是短时期内可以使消费倾向改变的重要因素之一。

（四）时间贴现率——现在物品与未来物品之交换比例——之改变。时间贴现率与利率，并不完全一样，因为前者计及货币购买力之改变——只要能够预料得到；又须计及各种风险，例如没收性的赋税，寿命不长，不及享受未来物品等等。但作为第一接近值，我们可以用利率替代时间贴现率。

这个因素，对于一特定所得量中之消费量，到底有多少影响，实在很可怀疑。经典学派认为利率可使储蓄之供需相等，[①]故由此推论：设其他情况不变，则消费支出与利率变动之方向相反，换句话说，利率增加时，消费会显著减少。不过大家都承认，利率变动对于当前消费之影响，是很复杂而不确定的，须看几种相反力量之大小强弱而定。例如当利率提高时，有人之储蓄意愿加强，有人之储蓄意愿削弱。在长时期中，如果利率改变甚大，则或者颇能改变社会习惯，因而影响主观的消费倾向；——虽然影响之方向如何，则

① 参阅下第十四章。

除非有实际经验，否则仍难断言。至于利率之短期变动，如果变动范围不大，大概不至于直接影响消费：既不至于使其增，亦不至于
使其减。只要其总所得仍与前相同，大概很少有人因为利率从五厘 94
降至四厘，因而改变其生活方式。在间接方面，影响也许要多一些，但方向也不一定尽同。利率影响消费之最主要途径，也许是当利率改变时，证券以及其他资产不免有增值或贬值现象。设一人之资本有意外增值，则彼自趋于增大其当前消费；反之，设彼蒙受资本损失，则彼自趋于缩减其当前消费——虽然就所得而论，其资本之价值仍与前相同。但这种间接影响，我们已在（三）中计及。除此以外，实际经验可以昭示我们：如果个人之所得不变，则短期间利率之变动，大概不大影响其消费量——除非利率之改变异常庞大。设利率降至极低程度，则某笔款项所可购得之年金，与由该款项所可收取之利息（年息），二者之比例增大，故一般人趋向于购买年金，以作防老之用，故为负储蓄之重要源泉。

有时因为未来发展极度不确定，故消费倾向大受影响，这种反常状态，亦应归入本类。

（五）财政政策之改变。如果个人之储蓄动机，确受其对未来收益所作预期之影响，则影响个人之储蓄者，除利率以外，还有政府之财政政策。所得税（尤其是歧视“不劳而获”之所得者）、资本利润税、
遗产税等，都和利率一样，与储蓄有关。而且在一般人心目中，财政 95
政策之可能变动范围，至少要比利率大。如果政府故意用财政政策，作为平均所得分配之工具，则财政政策对消费倾向之影响自然更大。①

① 财政政策对于财富增加到底有什么影响，许多人不免有重大误解；但在未达到第四编利率论之前，我们不能对此点作充分讨论。

设政府从平常赋税中，用偿债基金（sinking fund）法偿付国债，则其对于总消费倾向之影响亦必须顾及。盖政府之偿债基金，乃集体储蓄之一种；故在一特定情况中，大量的偿债基金必定减少消费倾向。因为这个理由，故设政府从借债政策改为提出偿债基金政策（或从后者改前者），则影响所及，将使有效需求剧烈缩减（或显著增加）。

（六）个人对其未来所得之多寡，忽改变其预期。为完备起见，我们必须提及这个因素。不过这个因素对于个人之消费倾向，固然许有重大影响，但从社会全体而论，大概是互相抵消。而且一般而论，这个因素太不确定，故不会有多大影响。

因此我们得到一个结论：在一特定情况之下，设我们取消工资单位（以货币计算）之改变，则消费倾向大概是一个相当稳定的函
96 数。资本价值之不虞之变，利率与财政政策之重大更动，固然皆可改变消费倾向，但除此以外，其他可以影响消费倾向的客观因素，虽然不可忽视，但在通常情形下，大概不至于有多大重要性。

设一般经济情况不变，则消费开支（以工资单位计算）主要是决定于产量与就业量，因为这个理由，故可以用一个笼统的“消费倾向”函数，总括其他因素。其他因素固然可以改变（这点不能忘记），但在通常情形之下，总需求函数中之消费部分，确以总所得（以工资单位计算）为其主要变数。

Ⅲ

消费倾向是一个比较稳定的函数，故一般而论，总消费量主要是决定于总所得量（二者皆以工资单位计算），消费倾向本身之改变

可以看作是次要的；如果承认这点，然则此函数之正常形状为何？

无论从先验的人性看，或从经验中之具体事实看，有一个基本心理法则，我们可以确信不疑。一般而论，当所得增加时，人们将增加其消费，但消费之增加，不若其所得增加之甚。这就是说，设以 C_w 代表消费量，Y_w 代表所得（二者皆以工资单位计算），则 ΔC_w 与 ΔY_w 同号；但小于 ΔY_w，换句话说，$\frac{dC_w}{dY_w}$ 是正数，但小于一。

设我们所研究者为短时期，例如就业量之循环性变动，则因在 97
短期以内，人类习惯——以别于比较永久的心理倾向——尚没有充分时间，与客观环境之改变互相适应，故以上所述法则尤其适用。个人往往先维持其习惯的生活标准，然后再以其实际所得与为维持该标准所需费用之差，储蓄起来。即使消费开支随所得之改变而调整，但在短时期以内，调整程度不会臻于完美。故所得增时，储蓄亦增，所得减时，储蓄亦减；储蓄之增减程度，初大后小。

除了所得水准之短期变动以外，还有一点也很明显：一般而论，所得之绝对量愈大，则所得与消费间之罅隙（gap）亦愈大。盖满足个人及其家属之目前基本需要，乃第一要着，等到生活已达到相当舒适程度，行有余力，才积聚资本。故一般而论，设真实所得增加，则储蓄在所得中所占之成数（proportion）增加。但不论储蓄所占成数是否增大，任何现代社会大概都适用下述基本心理法则：当一社会之真实所得增加时，其消费量不会以同一绝对量增加，故储蓄之绝对量增大——除非同时在其他因素方面，有异常重大之变发生。我们以后可以知道，[①] 经济制度之所以能够稳定，主要是因为有此基

① 参阅下第十八章第三节。

本法则之存在。换句话说，当就业量——亦即总所得——增加时，毋须把所有就业增量，都用来满足消费增量。

98 反之，当所得因就业量之减低而减低，而且减低之程度甚大时，则不仅若干个人或若干机关，可以用其在境况较佳时所积聚下来的后备金（financial reserves）作消费之用，使其消费超过所得，即政府亦能如此；因为政府也可以有意无意造成超支（budgetary deficit），或用举债筹款救济失业。故当就业量降至一低水准时，或由于个人之习惯性行为，或由于政府采取行动，总消费量之减低，不若真实所得之减低之甚。这可以解释，为什么新的均衡位置，在相当温和的变动范围以内，即可达到。否则就业与所得之降低，一经发动，便将继续降低到极端程度。

这个简单原则又可达到以前结论：除非消费倾向改变，否则就业量只能随投资之增加而增加。盖当就业量增加时，消费者对消费之增加，将小于总供给价格之增加，故除非投资增加，补足这个罅隙，否则增加就业量将无利可图。

Ⅳ

有一件事实，我们切不可低估其重要性，即：就业量固然是预期消费与预期投资之函数，但设其他情形不变，消费量却是净所得之函数，亦即净投资之函数（因为净所得等于消费加净投资）。换句话说，设在计算净所得时，准备基金（financial provision）提得愈多，
99 则一特定投资量对于消费之有利影响愈小，亦即对于就业量之有利影响愈小。

设此全部准备基金(或补充成本),事实上确在目前用之于维持现有资本设备,则此点不致被人忽略。但设所提基金超过当前实际维持费,则此种行为对于就业量之影响,往往未为人充分了解。盖此超过部分,既不直接引起当前投资,又未能用之于当前消费,故此超数必须由新投资抵补;但新投资之需求,与当前旧设备之耗损,几乎毫无关系,而准备基金乃为后者而设,结果是:新投资之可以用于产生当前所得者为之减少,故设欲维持一特定就业量,则新投资之需求必须加强。以上所论,亦适用于使用者成本中之耗损,只要该耗损在实际上并未弥补。

设有一屋,在未拆毁或放弃以前,继续可用。房主于每年租金中,提出一笔款项作为折旧基金,但既不用之于修缮房屋上,又不视之为净所得作消费之用;则此种基金,不论是属于U或V,在此房屋之整个寿命中,总是对于就业不利;但在此房屋需要重建时,则前愆尽赎。

在静态经济体系中,这些都不值得提。因为在静态经济体系之内,每年旧屋之折旧,恰等于该年新屋之建置费;旧屋寿终之速度,恰与新屋添建之速度相等。但在非静态经济体系中,尤其是在对长寿资产之投资狂热刚过之后——这段时期内,这些因素可以非常严 100
重,盖在此种情形之下,雇主对其现有资本设备,将提出一笔较大的折旧基金,而此种设备,虽随时间之消逝而有所损失,但以其全部基金用之于修理补充之日,则尚未到临,故有一极大部分之新投资为此基金所吸收,于是所得只能甚低,以与总净投资相适应,而不能提高。故在旧设备需要重置(提出折旧基金之目的即在此)之前,很长一段时间内,折旧基金这一项,便将消费能力从消费者手中夺去；换句话说，折旧基金减少当前有效需求，只有在旧设备真正需要重置之年，方才增加有效需求。除此以外，如果再加上所谓“财政稳健政策”（financial prudence），即提出之折旧基金远超过该设备之实际折旧率，则累积影响可以非常严重。

以美国为例。在1929年时，由于过去五年中资本之急剧扩张，故偿债基金及折旧基金皆甚大，而设备则并不需要重置，于是极大部分之新投资，皆为此种基金所吸收；当时几乎没有希望找出更多新的投资，为一个富裕社会在充分就业情形之下所愿意提供的新储蓄谋求出路。仅仅这一个因素，也许就可以引起不景气。而在不景气时期，还有许多大公司，只要力之所及，仍实行财政稳健政策；这也给予早日复兴一个严重障碍。

101 又以今日（1935年）英国情形为例。战后大量的住宅建筑以及其他新投资，使今日所有偿债基金远超过当前实际所需修理费与重置费。设从事投资者为地方当局或公共机关，则因拘泥于所谓“健全”财政（sound finance）原则，往往于重置之日尚未到临以前，即将原来成本全部提清，故此种情形更为加强。结果是：即使私人愿意以其全部净所得完全用之于消费，但是因为同时在另一方面，此等官方或半官方机关正在依法提出大量偿债基金（不论有无新投资与之相应），故充分就业极难恢复。地方当局每年所提出的偿债基金，我想是[①]超过其每年投资支出之半数。[②]不知当卫生部（Ministry

① 实际数字被认为无关宏旨，故在两年或两年以后，始行发表。

② 从1929年4月至1930年3月这一年中，地方当局用之于资本支出者，共为87,000,000镑，其中偿债基金却占去了37,000,000镑。1932年4月至1933年3月这一年中，其相应数字为81,000,000镑及46,000,000镑。

of Health）坚持地方当局必须呆板地提出偿债基金时，是否知道此种政策会使失业问题更加严重？设建筑协会（Building Societies）垫款于个人，助其建筑房屋，则房主因想在房屋尚未到不堪再用地步，即将债务清偿，故储蓄量常较平常为多。不过，这个因素之所以减少消费，大概是因为它直接减少消费倾向，而不是因为它减少净所得。举几个实际数字，建筑协会垫款偿还数，在 1925 年为 24, 000, 000 镑，至 1933 年增为 68, 000, 000 镑；而 1933 年之新垫款则为 103, 000, 000 102
镑。今日垫款偿还数想来更大。

由产量统计能够得到的，是投资而不是净投资，这件事实，考林·克拉克（Colin Clark）在所著《国民所得 1924—1931》（*National Income, 1924—1931*）一书中，已经说得很明白。他又指出：折旧等项，经常在投资值中占极大成数。例如他估计 1928 年至 1931 年大不列颠之投资与净投资如下[①]（但他所谓毛投资，也许包括一部分使用者成本，故较我所谓投资大；又他所谓净投资与我所谓净投资，到底相应到什么程度，亦不明白）：

年份	毛投资（单位：百万镑）	旧资本之折旧	净投资
1928	791	433	358
1929	731	435	296
1930	620	437	183
1931	482	439	43

库兹涅茨（Kuznets）先生计算美国 1919 年至 1933 年之**毛资本形成**（gross capital formation）（即我所谓投资）时，亦得到类似结

① 参阅所引书第 117 页及第 138 页。

论。从产量统计中能够得到的，一定只是毛投资，而不是净投资。库兹涅茨氏也发现从毛投资变为净投资之困难，他说：“从毛资本形成变为净资本形成，其困难即在如何矫正现有持久品之每年耗蚀量。而此困难之起，不仅只是材料缺乏，亦因为持久品之每年耗蚀
103 量——这一个概念本身，就不够明白”。[①] 因之他只能假定：“商号簿籍中所记折旧与折耗，确能正确代表该商号现用持久品之耗蚀量”。但在另一方面，私人手中之房屋及其他持久品，他并不设法减除其耗蚀量。库氏之计算结果，可用下表总括之（单位百万美元）：

年份	毛资本形成（商业存货之净改变，已计算在内）	雇主之加工、修理、维持、折旧与折耗	净资本形成（库兹涅茨的定义）
1925	30, 706	7, 685	23, 021
1926	33, 571	8, 288	25, 283
1927	31, 157	8, 223	22, 934
1928	33, 934	8, 481	25, 453
1929	34, 491	9, 010	25, 481
1930	27, 538	8, 502	19, 036
1931	18, 721	7, 623	11, 098
1932	7, 780	6, 543	1, 237
1933	14, 879	8, 204	6, 675

104 由上表可以清楚看出：1925—1929 年五年之中，净资本形成非常稳定，即在经济繁荣之后期，也不过增 10%。雇主之修理、维持、折旧、折耗等减数，则即使在不景气最深刻时期还是很高。库兹涅茨所用方法，大概过于低估每年折旧等项之增加数，盖所增者尚不及

① 录自国家经济研究局（National Bureau of Economic Research）“公报”（第 52 号）。该公报将库氏即将出版之书中内容，择要预先披露。

每年净资本形成之 $1\frac{1}{2}$%。自 1929 年后，净资本形成一落千丈，1932 年数字，比之 1925—1929 年五年平均数字，低 95% 以上。

以上所论，在某种限度以内，确是题外之文。但我们必须强调一点：设社会已有大量资本，则在计算净所得时，必先从所得中减去一大笔，余数始可作消费之用。故即使群众愿意以其净所得之极大部分用之于消费，消费倾向还是不免趋低。

再重复一遍：消费乃是一切经济活动之唯一目的，唯一对象。就业机会必受总需求量之限制，总需求只有两种来源：（a）现在消费，（b）现在准备未来消费。在有利可图这个条件之下，现在可以着手准备的未来消费，不能推至极远；而且从社会观点看来，要供给未来消费，不能从理财上打算，只能在现在实实在在生产东西。故设当前社会经济组织，可以允许财政上准备未来消费与物质上准备未来消费两相分离，获得前者之努力未必即引起后者，则财政稳 105
健政策可使总需求减少，因而损害公共福利。例证甚多，不胜枚举。而且，已经预先准备好了的未来消费愈大，则愈难找寻更多的未来消费来预先准备，而我们依赖现在消费以作需求之源之程度愈深。不幸所得愈大，则所得与消费之差亦愈大。设无新奇策略，问题将无法解决——除非让失业增加，社会贫穷到一种程度，使得所得与消费之差，恰等于在目前有利可图这个条件之下，为准备未来消费而生产的产物价值。

问题又可作如下观。消费一部分可以用当前所产物品来满足，一部分可以用以往所产物品来满足，即用负投资来满足，设消费用后者来满足，则当前（消费）需求亦随之而减，盖一部分当前支出，不再返为净所得。反之，设有一物在本期出产，而此物之目的乃在满足未来消费，则当前需求为之增大。一切资本投资，迟早总要变成负投资，故如何使新的资本投资，常常超过资本负投资，以弥补净所得与消费之罅隙，乃成为一大问题，——而且此问题随资本之增加而愈来愈难。只有当人们预期未来消费支出会增加时，当前新投资才会超过原有资本之负投资。每次我们以增加投资来取得今日之均衡，便增加取得明日均衡之困难。今日之消费倾向减低，而尚与公
106 共福利不悖者，因为人们预期消费倾向将有提高之日。我们不禁想到“蜜蜂寓言”——明日之欢乐，乃是今日可以严肃之必不可少条件。

有件很奇怪的事情值得一提。如投资者为政府机关，例如政府建筑道路或住宅，则一般人似乎意识到有这道最后难关之存在。一般人之所以反对政府用投资方式来增加就业，其常用理由之一，就是因为这类计划将为未来增加困难。他们常常提出这样一个问题：“如果你把一个静止人口能够需要的住宅、道路、市政厅、水电厂等，都建造起来以后，你还做什么呢？”不过一般人却不大容易了解，私人从事投资，或私人从事扩张工业，也有同样困难。尤其是后者，因为对于厂房设备等之需求，比之对于住宅之需求，还要容易满足，而且只能吸收每个人很少一点款项。

在这些地方（其他关于资本之学术上讨论，亦复如是），我们思路之所以不容易十分清楚，乃是因为我们不太充分了解：资本不能离开消费而独立存在，反之，如果消费倾向一经减低，便成为永久习惯，则不仅消费需求将减少，资本需求亦将减少。

第九章　消费倾向：（二）主观因素

I

设总所得（以工资单位计算）不变，又设上述客观因素不变， 107
则尚有第二类因素，亦能影响一特定量所得中之消费量。——这就是若干决定消费多寡之主观的、社会的动机。分析这些因素并没有什么新奇处，故只须列举其中较重要者，不必再加申论。

一般说来，有八种主要的动机或对象。每种都带有主观色彩，可以使人不以其所得用之于消费。这八种动机是：

（一）建立一准备金，以防不测之变。

（二）预防未来所得不若今日所得之宽裕，而一己及家庭之用费，则未来大于今日；例如由于年迈、子女教育费、亲属扶养费等，所得与需要之关系，今日与未来不同。

（三）享受利息及增值，即有人愿意牺牲一个较小的现在消费，而享受一个较大的未来消费（二者皆以实物计算）。

（四）使以后开支可以逐渐增加，盖人类本能，总希望生活程度 108
逐渐提高，而不希望逐渐下降——虽然享受能力也许逐渐减低。

（五）享受独立感及有能为力感，虽然心目中不一定有什么特殊用途。

（六）获得从事投机或发展事业之本钱。

（七）遗留财产与后人。

（八）满足纯粹吝啬欲：一贯遏制消费，节约到不合理程度。

以上八种动机，可以称为谨慎、远虑、计算、改善、独立、企业、自豪与贪婪。相应的消费动机，则为享受、短见、慷慨、失算、炫耀与奢侈。

除了个人积聚储蓄以外，还有大量所得，约占现代工业国家（如英美）中总储蓄量之三分之一至三分之二，则由各级政府机关、各种社团及公司等储蓄起来，其动机与个人之储蓄动机相类，但不相同，其主要者有四：

（一）企业动机——可以不必在市场招集资本或举债，而有能力从事更多的资本投资。

（二）流动动机——取得流动资源（liquid resources），以应付不虞之变难及不景气。

109 （三）改善动机——使得所得逐年增加；能够办到这点，则经理可以免受批评，因为一般人很少能够分辨：所得之增加，到底是由于过去积蓄，或由于当前效率提高。

（四）谨慎动机——财政上持谨慎稳健态度，故多提基金（financial provision），大于使用者成本以及补充成本，以便债务之清偿速度或原成本之划销（write off）速度，超过资产之实际耗蚀率与折旧率。这个动机之强度，主要是定于资本设备之数量与性质，以及生产技术之改变速率。

以上这些动机，都使得一部分所得不用之于消费；与之相应者，有时亦有若干动机，使消费超过所得。上举私人储蓄动机中，有些在以后有负储蓄与之相应，储蓄动机之出于防老或家庭需要者，即属此类。用借债来办理失业救济，最好看作是负储蓄。

这些动机之强度，当然随我们所假定的经济制度与经济组织，随种族、教育、成规、宗教及流行道德观念等因素所形成的习惯，随现在希望与过去经验，随资本设备之多寡与技术，又随目前财富分配办法，以及社会各阶层已经确立的生活程度，而大有不同。但除了几处偶然的题外之文以外，本书将不涉及重大社会改革所产生的后果，或长期进步中慢慢发生的影响；这就是说，我们把主观储蓄动机以及主观消费动机之主要背景看作是已知数。财富之分配办 110
法，既决定于社会结构，而后者又有相当永久性，故前者亦只能在长时期中慢慢改变，故本书亦视之为已知。

Ⅱ

主观的与社会的动机之主要背景，既改变甚慢，而利率以及其他客观因素之变动，在短期内又影响不大，则我们自可得一结论：短期内消费量之变动，主要是由于所得（以工资单位计算）之改变，而不是由于一特定所得量之下消费倾向之改变。

有一个误解，我们必须免除。以上是说：相当温和的利率变动，对于消费倾向之影响不大；却并不是说：利率变动对于实际储蓄量与实际消费量之影响甚小。很相反。利率变动对于实际储蓄量之影响，非常重要，但与一般人所设想的方向相反。即使提高利率确有减低消费倾向之作用，但我们可以断言：利率增高之结果，乃减少实际储蓄量。盖总储蓄乃定于总投资，而提高利率适足减少投资——除非投资之需求表变动，抵消利率上涨之影响。故利率增高之结果，必定是把所得压低到一个水准，使得储蓄减至与投资相等。
111 又因所得之减少程度（就绝对数量而言），一定大于投资之减少程度，故提高利率可以减少消费——这句话也是对的，然而这并不是说，提高利率以后，可以储蓄之数量扩大；恰恰相反，储蓄与消费二者都减少。

故就整个社会而言，即使提高利率，确可增加一特定所得量中之储蓄量，但我们很可以断言：如果投资需求表不变，则提高利率一定减少实际总储蓄量。不仅如此，在其他情形不变这个假设之下，我们还可以知道，利率提高时，所得将减低多少。盖若利率提高，而资本之边际效率不变，则投资将减，是以所得必须减少，从而减少现有消费倾向之下之储蓄数量，使与减少后的投资数量相等。所得应行减少之数，即可由此算出。下章将详细讨论这个问题。

如果我们的所得可以不变，则提高利率，也许可以引诱我们多储蓄一些。但如果提高利率可以妨碍投资，则我们的所得不能不变。所得一定要下降，从而减低储蓄能力，抵销高利率对于储蓄意愿之刺激。故德行愈美，节俭之决心愈强，个人与国家之财政愈坚守正统办法，则当利率相对——相对于资本之边际效率——增加时，所得之减少愈大。这些结果是不可避免的，冥顽不灵者，只会得到罚，不会得到赏。

如此说来，难道实际总储蓄量以及总消费量，与谨慎、远见、计算、改善、独立、企业、自豪及贪婪等动机毫无关系吗？难道美德与失德（virtue and vice）都不相干；一切只看利率与资本之边际

效率二者，对于投资之有利程度如何而定吗？[①] 不。这倒又不免言之 112
过甚。设利率常与充分就业不悖，则美德又恢复其地位；在充分就业之下，资本之积聚速率，乃定于消费倾向之减低速率。我们又可以看出，经典学派之所以称扬节俭为美德者，因为他们暗中假定着：利率的确与充分就业不悖。

① 本节中有若干段，已经预先利用了本书第四编所述若干观念。

第十章　边际消费倾向与乘数

113 在第八章中，我们已经确立了一点：除非消费倾向改变，否则
就业量只能随投资之增加而增加。现在我们可以把这个思路再推进
一步。在一特定情况之下，我们可以在所得与投资之间，确立一个
一定比例，称之为乘数（multiplier）；如果再加上若干假定，使问题
简单化，则又可在总就业量与直接用之于投资之就业量（称之为第
一级就业量（primary employment）之间，建立如此一个比例。这一
步是我们整个就业理论中不可或缺的一步。有了这一步，设消费倾
向不变，则我们可以在总就业量、总所得与投资量之间，建立一个
确切的关系。乘数这一个概念，卡恩（R. F. Kahn）氏首先创用，见
卡氏著《国内投资与失业之关系》（The Relation of Home Investment
to Unemployment）一文（载《经济学杂志》1931 年 6 月号）。卡氏
之主要论点如下：设在各种假设情况之下，消费倾向以及其他条件
不变，又设金融机关或其他政府机关设法刺激或阻挠投资，则就业
量将随投资数量之净增减而增减。该文目的，乃在建立几个一般原
114 则，用来估计投资净增量与由此引起的总就业增量——二者之间之
实际数量关系。但在未论乘数以前，最好先引入边际消费倾向这一
个概念。

I

在本书范围以内，真实所得之变动原因，仅限于一特定资本设备上就业人数之增减，故真实所得随就业人数之增减而增减。设在一特定资本设备上增雇劳力时，有报酬递减现象发生，则用工资单位计算的所得，其增加比例，将大于就业量之增加比例；后者又大于用产物计算（假设这是可能的话）的真实所得之增加比例。但在短时期内，因资本设备之改变，微小不足道，故用产物计算的真实所得与用工资单位计算的所得，二者增则俱增，减则俱减。真实所得因为要用产物来计算，也许不能有精确的数字表示，故最好用 Y_w（以工资单位计算的所得）之变动，指示真实所得之变动。一般而论，Y_w 之增减比例大于真实所得之增减比例，这一点事实，在某种场合，固然绝不能忽视，但因为二者常常增则俱增，减则俱减，故可以互换。

上面说过，当社会之真实所得增减时，其消费量亦随之增减，但后者之增减常小于前者。Y_w 既可替代真实所得，故这个正常心理法则，可以译为下列命题（这种译法并不绝对正确，尚须有若干修正，但修正点非常明显，设为求形式上完备起见，要把这些修正点列入也不是难事）：ΔC_w 与 ΔY_w 同号，但 $\Delta Y_w > \Delta C_w$，其中 ΔC_w 代 115
表用工资单位计算的消费量。这只是把以上已经建立的命题（第三章第二节命题 8），重复一遍而已。兹称 $\frac{dC_w}{dY_w}$ 为**边际消费倾向**。

$\frac{dC_w}{dY_w}$ 这一个数量相当重要，它可以指出，当产量再增加一些时，这个增量将如何分配于消费与投资。因为 $\Delta Y_w = \Delta C_w + \Delta I_w$，其中 ΔC_w 代表消费增量，ΔI_w 代表投资增量，故有 $\Delta Y_w = k\Delta I_w$，其中 $1-\frac{1}{k}$ 即

为边际消费倾向。

我们称 k 为**投资乘数**（investment multiplier）。这个乘数告诉我们，当总投资量增加时，所得之增量将 k 倍于投资增量。

Ⅱ

卡恩先生之乘数与此稍为不同，我们可以用 k′ 表示之，称之为**就业乘数**（employment multiplier）。因为卡恩先生之乘数，乃衡量投资品工业中第一级就业量之增量，与由此引起的总就业之增量——二者所成之比例。这就是说，设投资之增量为 ΔI_w，投资品工业第一级就业量之增加为 ΔN，则总就业量之增加为 $\Delta N=k'\Delta N_2$。

一般说来，我们没有理由假定 k=k′，因为我们未必能够假定各业之总供给函数，在其有关部分，恰有以下特征：需求增量与由此
116 引起的就业增量所成之比例，在各业皆相同。[①] 我们很容易想象，如

① 更精确一些，令 e_e 为工业全体之就业弹性，e'_e 为投资品工业之就业弹性，N 为全体工业中之就业量，N_2 为投资品工业中之就业量，则有

$$\Delta Y_w=\frac{Y_w}{e_e N}\Delta N$$

又 $$\Delta I_w=\frac{I_w}{e'_e N_2}\Delta N_2,$$

故 $$\Delta N=\frac{e_e}{e'_e}\ \frac{I_w}{N_2}\ \frac{N}{Y_w}k\cdot\Delta N_2,$$

即 $$k'=\frac{I_w}{e'_e N_2}\cdot\frac{e_e N}{Y_w}\cdot k.$$

设工业全体之总供给函数，与投资品工业之总供给函数，并无重大不同。

故 $\dfrac{I_w}{e'_e N_2}=\dfrac{Y_w}{e_e N}$，则 $\dfrac{\Delta Y_w}{\Delta N}=\dfrac{\Delta I_w}{\Delta N_2}$，故 k=k′。

果边际消费倾向与平均消费倾向相差甚多，则$\frac{\Delta Y_w}{\Delta N}$大概不等于$\frac{\Delta I_w}{\Delta N_3}$，盖在此时，消费品需求之比例改变，与投资品需求之比例改变，将大不相同也。两组工业之总供给函数，在有关系部分，其形状可能不同——如果我们要顾到这点，而把以下论证写成更一般的形式，则亦没有什么困难。但为阐明基本观念起见，最好先讨论一个简单情况，而令 k=k′。

故设社会之消费心理使社会消费其所得增量之十分之九，[①] 则k 等于 10。据此，设别方面投资不减，而政府增加其公共投资（public works），则由此引起的总就业量之增加，将十倍于该公共投资本身 117
所提供之第一级就业量。设当就业量增加，真实所得增加时，社会仍维持其消费量于不变，则在此种情形下，且只有在此种情形下，总就业量之增加仅限于该公共投资本身所提供之第一级就业量。反之，设社会消费其所得增量之全部，则物价将无限制增高而无稳定点。故在正常社会心理之下，只有当就业量增加时，同时消费倾向发生改变，然后就业量之增与消费量之减，才会同时发生，例如在战时，人民受宣传之影响而减少其消费。只有在这种情况下，增加投资工业之就业量，才会不利于消费工业之就业量。

以下所说，实在只是把读者应该已经明了的东西，再用简单语句总结起来而已。除非公众愿意增加其储蓄，否则投资不能增加（二者皆以工资单位计算）；一般说来，除非总所得增加，否则群众不会增加其储蓄。群众想以其所得增量之一部分作消费之用，因之刺激产量，增加所得，改变所得之分配，使得储蓄之增加恰与投资之增加相符。乘数告诉我们，就业量须增加若干，方可使真实所得

① 以下所用数量，皆用工资单位计算。

之增加，恰足引诱公众作必须的额外储蓄；故乘数为群众心理倾向
118 之函数。① 设以储蓄为药丸，消费为果酱，则额外果酱之多寡，须与额外药丸之大小成比例。故除非公众之心理倾向与我们设想者不同，否则我们已经建立了一个法则：增加投资品工业中之就业量，一定可以刺激消费品工业，因之使得就业之总增量大于投资品工业中就业之增加量。

由上，故设边际消费倾向之值与一相差不多，则投资之小量变动可以引起就业量之大量变动，故只须投资量增加少许，便可达到充分就业。反之，设边际消费倾向之值比零大不了多少，则因投资之小量变动也只引起就业量之小量变动，故为达到充分就业计，投资须增加许多。在前者情形之下，不自愿的失业若任其发展，固然很麻烦，但很容易补救。在后者情形之下，就业量之变动虽小，但很容易停留在一个低的水准，而且除非用猛剂补救，否则处理很感棘手。实际上边际消费倾向之值，似乎在此二极端之间，但接近一之程度大，接近零之程度小，结果是我们把两种情形下之坏处，兼而有之：就业量之变动相当大；但为达到充分就业所需的投资增量，则又太大，不易办到。不幸得很，变动之大，使得我们对疾病之性质不易明了；而疾病为害之烈，又使我们在未明了病情以前，无从下药。

设在充分就业已经达到以后，再想增加投资，则不论消费倾向
119 为何值，物价将无限制上涨；换句话说，我们达到了真正的通货膨胀。② 但在该点以前，则总真实所得随物价之涨而增。

---

① 如更推广一步，则乘数也是投资工业与消费工业之生产情况之函数。

② 参阅下文第二十一章第五节。

Ⅲ

以上专就投资之净增量立论。设应用以上所论，不加修正，讨论政府增加公共投资之影响时，则必须假设二者：（a）别方面投资不减，（b）消费倾向亦未更动。上引卡恩氏论文之主旨，即在探讨何种抵消因素比较重要，不容忽视；并设法对之作数量的估计。盖在实际情形之中，决定最后结果者，除了某种投资增加若干以外，尚有其他因素。故设政府在公共投资上，增雇 10 万人，又设乘数为 4，但我们却不能贸然就说，总就业量将增加 40 万人；因为这个新政策也许对于别方面投资有不利影响。

卡恩氏认为，在现代社会之中，以下各因素大致最不容忽视（第一、第二两因素在未读本书第四编以前，也许不容易完全了解）：

（一）如果政府要把政策付诸实施，则必须筹款；又当就业量增加时，物价随之而涨，故周转资金（working cash）之需求亦增。二者皆可提高利率，故除非金融机构设法压低利率，否则将妨碍其他方面之投资。同时因为资本品之成本增加，故从私人投资者看来，资本之边际效率减低，要抵消这个因素，利率必须**低于**以前——政 120
府未实施公共投资政策以前。

（二）社会心理往往离奇莫测，故当政府实施公共投资政策时，也许会影响公众之"信心"，因之增加灵活偏好（liquidity preference），或减少资本之边际效率。后二者如不设法抵消，亦将妨碍投资。

（三）设一国与他国有贸易关系，则一部分投资增量之乘数作用，将由他国之就业量享其利，因为一国之贸易顺差（favourable balance），将因本国多消费舶来品而减少。故设我们只讨论本国——而不讨论世界——就业量所受之影响，则我们必须降低乘数之值。在另一方面，他国之乘数作用在增加该国之经济活动时，对于我国产生有利影响。我们失此得彼，二者可以抵销一部分。

又设投资之增减量甚大，则我们必须顾及：当边际之位置逐渐移动时，边际消费倾向逐渐改变，因之乘数亦逐渐改变。边际消费倾向并不是不论就业在什么水准，都是一个常数。大概当就业量增加时，边际消费倾向有减少之趋势，换句话说，真实所得增加时，社会愿意以之作消费之用之成数渐减。

以上是通则。除此以外，还有其他因素，也可以改变边际消费倾向，因之改变乘数。一般而论，这些其他因素似乎是加强，而不
121 是抵消通则之趋势。因为第一，短期间有报酬递减现象，故当就业量增加时，雇主所得在总所得中所占之成数增大，而雇主之边际消费倾向，大概小于社会全体之平均边际消费倾向。第二，当有失业现象存在时，大概同时会有另一部分人（私人或政府）作负储蓄行为，盖失业者维持生活之道，不外依赖其一己或亲友之储蓄，或仰仗政府救济，而救济金之来源，一部分又靠政府举债。当失业者重行就业时，此种负储蓄行为逐渐减少。故设有两种方法，增加社会之真实所得，其一乃使失业者重新就业，其二乃除此以外之其他方法，设真实所得之增量相同，则边际消费倾向之减低速度，在前者情形之下大，在后者情形之下小。

无论如何，当投资净增小量时，乘数之值大；净增大量时，乘数之值小。故设投资增减甚大，则我人必须以乘数之平均值为依据；

乘数之平均值则又基于在该段投资增量中，边际消费倾向之平均值。

卡恩氏曾设想若干特例，然后研讨此种种因素之或然数量。当然，此处很难有一般性的结论，但有几点却可得而言，例如，一个典型的近代社会，大概会把真实所得增量之 80% 左右用之于消费；故设该社会为一闭关体系，失业者之消费又从转移别人之消费而来，则在计及抵消因素以后，乘数之值大概不至于比 5 小许多。但设一国与他国有贸易关系，舶来消费品占总消费之 20%，失业者从举债（或其他类似方式）得来的消费，约占其平日有工可作时正常消费之 50%，则乘数之值，可能低至 2 或 3。故设有二国，其一国际贸易占 122
重要地位，失业救济金之主要来源又依赖政府举债（例如 1931 年时之英国），其二则此类因素较不重要（例如 1932 年时之美国），[①] 又设投资量之变动在两国相等，则由此引起的就业量之变动，在前一国小，在后一国大，二者相差甚多。

投资只占国民所得中之较小部分，但当投资数量变动时，却能使得总就业量与总所得之变动程度，远超过投资量本身之变动。这种现象，有了乘数原则以后，就得到了解释。

Ⅳ

以上讨论都基于一个假定：总投资量之变动事先已为人料及，故消费品工业可以与资本品工业同时增产，消费品价格之变动，只是因为当产量增加时，消费品工业有报酬递减现象。

① 参阅本章下文第五节中美国方面之估计。

但是我们也必须注意到：有时资本品工业中产量之增加，并未为人充分料到。设有此种情形，则此原动力对于就业量之影响，只有在经过一段期间以后，始能全部发生。这样一件很明显的事实，却使得有些人把两件事情混起来了：其一是乘数理论本身，这是在任何时间都适用的，没有时间间隔（time lag）；其二是资本品工业扩
123 张时所产生的后果，这只有在经过一段时期后，始能逐渐产生，而且有时间间隔。

为澄清这两件事情之间之关系起见，我们愿意指出两点：第一，设资本品工业之扩张，并未为人料到，或预料得不完全，则总投资之增加量并不即刻等于资本品工业之增产量，而是逐渐增加；第二，边际消费倾向之值，也许暂时与其正常值不同，然后逐渐回到其正常值。

故设资本品工业扩张，而此扩张事先未为人充分料及，则在某一段时间以内（over an interval of time），投资增量在各期（in successive periods）之值，构成一列数，边际消费倾向在各期之值，亦构成一列数，此二列数之值，既与该资本品工业之扩张事先为人料及——这种情形之下之值不同；又与该社会之总投资已经稳定于一个新水准以后之值不同。但在任何一段时间中，乘数理论都适用，即总需求之增加，乃等于总投资增量与乘数之积，乘数则定于边际消费倾向。

今设资本品工业中就业量之增加，事先完全未为人料及，故消费品之产量，开始时毫无增加，此种极端情形，最易说明上文。盖在此种情形之下，资本品工业中之新就业者，想以其一部分所得用之于消费，于是消费品之价格提高。消费品价格提高之结果，乃有（a）一部分消费暂时延期；（b）利润增高，所得重分配，有利于储蓄
124 阶级；（c）存货量减少。有此三者，故消费品之供需达到暂时均衡。

均衡之恢复，一部分既由于消费之暂时延期，故边际消费倾向及乘数皆暂时降低，更有一部分既由于存货减少，故总投资之增量，暂时小于资本品工业中投资之增量，换句话说，被乘数之增加，小于资本品工业中投资之增量。时间逐渐过去，消费品工业亦逐渐适应新需求，故当延期下来的消费得到满足时，边际消费倾向之值暂时超过其正常值，其超过程度适与以前不足程度相抵，最后则回到正常值；当存货量恢复原状时，总投资之增量暂时大于资本品工业中投资之增量（当运用资本随产量之增而增时，暂时亦有同样效果）。

不测之改变，只有经过一段时间以后，始能对就业量发生全部效果，这件事实在某种场合很重要，——尤其在分析商业循环时（像我在《货币论》中依循的思路那样）。但这件事实，毫不影响本章乘数理论之重要性；乘数这个概念，还是可以用来指示：当资本品工业扩张时，就业量可以预期收到多少好处。而且，除非消费品工业已经达到其生产能力之极限，要增加产量，不能只在现有生产设备上增雇劳工，而须增加设备——除非这样，否则只要经过很短一段时间以后，消费品工业之就业量，即将与资本品工业中之就业量同 125
时增加；乘数之值亦与其正常值相去不远。

V

由上所述，则边际消费倾向愈大，乘数之值愈大，一特定量投资变动所引起的就业变动亦愈大。由此似乎可得一似是而非的结论：在一贫穷社会中，储蓄在所得中所占之成数甚小，在一富裕社会中，储蓄在所得中所占之成数较大，因之乘数之值在前一国大于后一国，故就业量之变动在前者亦甚于在后者。

但是这个结论没有把边际消费倾向之影响，与平均消费倾向之影响，划分清楚。设投资改变之百分比为已知，则高度的边际消费倾向，固然引起较大的相对影响（proportionate effect），但设平均消费倾向亦高，则绝对影响仍小。今以下列数字为例说明之。

设社会之消费倾向如下：真实所得不超过 5, 000, 000 人在现有资本设备上工作能够得到的产量时，则社会以其全部所得用之于消费；以后增雇第一个 100, 000 人时，社会消费其增产量之 99%；增雇第二个 100, 000 人时，消费其第二批增产量之 98%；增雇第三个 100, 000 人时，消费其第三批增产量之 97%；以下依此类推。则当就业量为 $5,000,000 + n \times 100,000$ 人时，边际上乘数之值为$\frac{100}{n}$，投资量则占国民所得中百分之$\frac{n(n+1)}{2\cdot(50+n)}$。

126 故设就业量为 5, 200, 000 人时，乘数之值甚大，等于 50，但投资在所得中所占成数则微乎其微，为 0.06%；故即使投资减低甚大，例如减低 $\frac{2}{3}$，但就业量只减至 5, 100, 000 人，约减低 2%，设就业量为 9, 000, 000 人，则边际乘数之值比较甚少，只是 $2\frac{1}{2}$，但投资在所得中所占之成数则相当大，为 9%，故设投资亦减低$\frac{2}{3}$，则就业量将减至 6, 900, 000，即降低 23%。设投资量降为零，则就业量之减少，在前者为 4%，在后者为 44%。①

① 以上所谓投资量，乃用投资品工业中之就业量衡量。设就业量增加时，劳力之报酬递减，则若以劳力计算，投资增加一倍，用物品（假使可以的话）计算，将不到一倍。

上举例中，一国之所以较穷，乃因其就业量不足。设贫穷而由人工技术窳劣，或生产技术幼稚，或设备不良，则以上论证只要稍加修正亦可适用。故乘数之值在贫穷社会虽较大，但设在富裕社会中，当前投资在当前产量中所占之成数，较在贫穷社会中大许多，则投资之变动对于就业量之影响，亦在富裕社会中大许多。[①]

由上所论，则增雇一特定量劳工于政府投资，其对于总就业量 127
之影响，在失业问题非常严重时，较之在几乎达到充分就业时要大得多，这亦显而易见。在上举例中，设就业量已降至 5, 200, 000 人，则增雇 100, 000 人于政府投资上，可使总就业增为 6, 400, 000 人。但设就业量已为 9, 000, 000 人，则增雇 100, 000 人于政府投资上，只能使总就业量增至 9, 200, 000 人。故即使该政府投资本身有何效用，颇成疑问，但只要我们能够假定，当失业问题严重时，储蓄在所得中所占之成数较小，则仅就节省失业救济支出这一项而论，已远超该政府投资之费用。但当充分就业逐渐接近时，则该政府投资是否值得举办，就成问题。又因在充分就业限度以内，边际消费倾向随就业量之增加而减少，故欲用增加投资这种方法，使就业量增加一特定量，其困难亦愈来愈大。

只要有此材料，则不难从总所得及总投资之统计中，作成一表，

① 更一般地说来，总需求之比例的改变与投资之比例的改变所成之比例为

$$\frac{\Delta Y}{Y}\Big/\frac{\Delta I}{I}=\frac{\Delta Y}{Y}\cdot\frac{Y-C}{\Delta Y-\Delta C}=\frac{1-\dfrac{C}{Y}}{1-\dfrac{dC}{dY}}.$$

财富增加时，$\frac{dC}{dY}$减低，但$\frac{C}{Y}$也减低，故此分数可增可减，须视消费之增减比例小于或大于所得之增减比例。

列出在商业循环各阶段中，边际消费倾向之值。但我们现有统计不够正确，或当收集统计时，并未充分顾到这个目的，故我们只能作很约略的估计。据我所知，关于这方面最好的数字，还推库兹涅茨氏之美国数字（第八章第四节中已经提及），但也很不确定。从这些数字以及关于国民所得之估计，能够得到的投资乘数之值，比我
128 预料的要低、要稳定。假使把各年单独观看，则结果有点不近情理，但若把各年配成一对一对，则乘数之值似乎小于 3，而常徘徊于 2.5 左右。由此，边际消费倾向之值，似乎不超过 60% 至 70%。这个数字，在经济繁荣时期固然还说得过去，但在经济衰颓时期则低得出奇，有点不近情理。可能解释之一，也许是美国公司财政在不景气时期仍非常保守。换句话说，如果因为不修补设备，以致投资降落甚大，但设备之折损基金仍照常提出，则结果将阻止边际消费倾向之上升；如果没有这种情形，边际消费倾向之值，势必上升。我恐怕这个因素，很加深了最近美国经济衰颓之程度。但在另一方面，统计资料可能过于夸大投资之降落程度。据说 1932 年之投资量，较之 1929 年减少 75% 以上，而净“资本形成”则减少 95% 以上，这恐怕不免言之过甚。如果这些估计稍为改变一下，乘数之值就会改变很大。

Ⅵ

设有不自愿失业存在，则劳力之边际负效用，一定小于边际产物之效用，——也许小得很多。盖一人若失业已久，则作若干劳动，不仅没有负效用，也许还有正效用。如果我们接受这一点，则由此可以

推出：举债支出（loan expenditure）[①] 虽然“浪费”，但结果倒可以使社会致富。如果政治家因为受经典学派经济学之熏染太深，想不出更好 129
办法，则建造金字塔，甚至地震、战事等天灾人祸，都可以增加财富。

有件很奇怪的事情：人们依据常识，想摆脱经典学派之谬论，往往宁可选择全部“浪费”的举债支出，而不选择部分浪费的举债支出，盖后者既不全属浪费，自不免要讲生意经（business principles）。例如人们比较肯接受用举债来办理失业救济，但设政府要举债兴办改良事业，而此改良物之收益小于现行利率，人们就不太肯接受了。所有办法之中，人们最肯接受者，莫过于在地上挖窟窿，号称采金，但开采金矿，对于世界之真正财富，毫无增加，且反引起劳力之负效用。

设财政部以旧瓶装满钞票，然后以此旧瓶，选择适宜深度，埋于废弃不用的煤矿中，再用垃圾把煤矿塞满，然后把产钞区域之开采权租与私人，出租以后，即不再问闻，让私人企业把这些钞票再挖出来，——如果能够这样办，失业问题就没有了；而且影响所及，社会之真实所得与资本财富，大概要比现在大许多。当然大兴土木要比较合理些，但设有政治上或实际上困难，使政府不能从事于此，则以上所提对策，也聊胜于无。

这个办法与现实世界中所谓采金完全相仿。经验告诉我们，当黄 130
金之埋藏深度适于开采时，则世界之真实财富急剧增加，但当可采之金甚少时，则财富或停留不进，或竟下降。故金矿对于文明非常重要，

① 我们用“举债支出”一名词，包括政府用举债方式来兴办的投资事业，以及其他用举债来维持的经常支出。严格说来，后者应当算作负储蓄，但政府作负储蓄之动机，与私人储蓄之心理动机，并不相同。故“举债支出”是一个很方便的名词，包括一切政府举债净额，不论举债目的是为兴办资本事业，或为弥补预算不足。前者增加投资，后者增加消费倾向。

非常有贡献。恰如从事战争，乃是政治家认为大量举债支出之唯一正当用途；故借口采金，在地上挖窟窿，乃是银行家认为不违健全财政原则之唯一活动。金矿与战争都对人类进步有贡献——因为没有更好办法。有一个小枝节可以在此一提：在经济衰退时期中，金价（用劳力和实物来衡量）趋于上升，这个趋势可以帮助经济复兴，因为经济上值得开采的金矿，其矿床可以由是加深，其矿质可以由是减低。

金之供给增加，也许可以促使利率下降。在此以外，如果我们不能用其他办法，既增加就业，又增加有用财富，则开采金矿是非常切实的投资形式。其理有二：第一，采金有赌博性质，故从事采金者不太注意现行利率。第二，采金固使黄金增加，但黄金与其他物品不同，其量虽增，其边际效用却不减。房屋之值，定于其效用，故多建一屋，房租即将下降，故除非利率同时减低，否则继续投资于房屋建筑之利益，亦将逐渐减低。采金没有这种缺点；只有当工资单位（用黄金计算）提高时，采金才受了牵制，但只有当就业状况已大为改善时，工资单位（用金来衡量）才会提高。而且，设为
131 较不持久之物品，则以后提出使用者成本与补充成本时，可以产生不利反应；采金也没有这种缺点。

上古埃及可称双重幸运，因为埃及有两种活动（建筑金字塔与搜索贵金属），其产物不能作人类消费之用，故不会嫌其太多。一定是由于这个缘故，上古埃及才如此之富。中古则造教堂，做道场。造两个金字塔，做两场道场，其利倍于一个金字塔，一场道场。但在伦敦和约克间造两条铁路则不然。现在我们变得合理了，我们把自己训练得像一个谨慎的理财家，为后世建造房屋时，会审慎考虑到加于后世的财政负担，所以我们已经没有简便方法，可以逃避失业之痛苦。私人致富之道，应用于国家行为上，失业乃成为不可避免的结果。

第四编

投资引诱

第十一章　资本之边际效率

I

设一资本资产之寿命为 n 年，在此 n 年中，该资产可以生产产 135
物，由此产物之价值中减去为取得此产物所付出之开支，则得一组年金，以 Q_1，Q_2，…… Q_n 表示之。我们可称此组年金为投资之**未来收益**（prospective yields）。当一人购买一投资品或资本财产时，实即购买取得此组未来收益之权利。

与投资之未来收益相对立者，则为该资本资产之**供给价格**（supply price）。所谓供给价格，并不是实际在市场上购买该资产所付之市场价格，而是适足引诱厂家增产该资产一新单位所需之价格，故资本资产之供给价格，有时被称为该资产之**重置成本**（replacement cost）。从一种资本资产之未来收益与其供给价格之关系，可得该类**资本之边际效率**（marginal efficiency of capital）。说得更精确些，我之所谓资本之边际效率，乃等于一贴现率，用此贴现率将该资本资产之未来收益折为现值，则该现值恰等于该资本资产之供给价格。
用同样方法，可得各类资本资产之边际效率，其中最大者，可视为 136
一般资本（capital in general）之边际效率。

读者应注意，此处所谓资本之边际效率，乃就资本资产之预期收益及其当前供给价格来下定义的。故资本之边际效率，乃以钱投资于新产资产，所可预期取得之酬报率（rate of return），而与历史陈迹——在该资产寿命告终以后，回顾既往，原投资成本所得之酬报率——无关。

在任何一时期中，设对某类资本之投资增加，则该类资本之边际效率，因投资之增加而减少。其故，一部分是因为当该类资本之供给增加时，其未来收益下降；一部分则因为当该类资本之产量增大时，其生产设备所受之压力加大，故其供给价格提高。短时期内之所以能达到均衡，主要是靠第二类因素，但时间愈长，则第一类因素之重要性愈大。故可为每类资本建立一表，表中列示：若欲使其边际效率降至某特定数，则在一时期中，对该类资本之投资须增加若干。以此类表格总加起来，则得一总表，总表指示二者之关系：其一为总投资量，其二为与该总投资量相应并由其建立的一般资本之边际效率。我人称此总表为投资需求表（investment demand-schedule），或资本之边际效率表（schedule of the marginal efficiency of capital）。

当前之实际投资量，一定会达到一点，使得各类资本之边际效率，皆不超过现行利率。这个道理应当很明显。换言之，投资量一
137 定会达到投资需求表上之一点，在该点上，一般资本之边际效率适等于市场利率。[①]

同一事实，可以换一种说法。设 Q_r 为一资产在 r 时之未来收益，

① 为行文简单起见，我将忽略以下一点：资本资产之寿命不同，故为实现各类资本之未来收益所需之时期不同，故利率及贴现率不同；换言之，不是只有一个利率及贴现率，而是有一个利率体系及贴现率体系。但我们不难将以上论证略加修改，包括此点。

又设 d_r 为 r 时之一镑，按当前利率折现后之值，则 $\Sigma Q_r d_r$ 为投资之需求价格。投资量一定会达到一点，使得 $\Sigma Q_r d_r$ 等于该投资之供给价格（定义见上）。设 $\Sigma Q_r d_r$ 而小于供给价格，则当前对该资产无投资。

故投资引诱（inducement to invest），一部分定于投资需求表，一部分定于利率。至于决定投资量之因素，实际上如何复杂，则须至本编终了时方能得窥全貌。但我要求读者立刻注意一点，即仅知一资产之未来收益以及该资产之边际效率，尚无从得知利率为何，或该资产之现值为何。我们必须从其他方面决定利率，然后以该资产之未来收益按该利率还原（capitalising），而求得该资产之现值。

Ⅱ

上述“资本之边际效率”之定义，与通常用法有何关系呢？资产之边际生产力（Marginal Productivity），或边际报酬（Yield），或边际效率（Efficiency），或边际效用（Utility），都是我们常用而熟悉的名词。但欲在经济文献中，找出很明白的一段，说明经济学家用 138
此等名词时，通常究竟是什么意义，却不是易事。

至少有三点模糊不明之处，须加辨别。第一是物质与价值之别。我们到底是讨论产物之物质增量呢？还是讨论产物之价值增量呢？前者是由于在某一段时间内，资本之使用量增加一物质单位（physical unit）而引起的，后者是因为资本之使用量增加一价值单位所引起的。但前者有“什么是资本之物质单位”这种种困难；我相信这些困难是无法解决的，而且是不必须的。当然我们可以说，设十人所耕之土地面积不变，而增用若干机器，则所产麦子必增；但如果要把这种说法，化成算术比例，则除非引进价值观念，否则无法了解。然而许多关于这方面的讨论，大都着眼于资本之物质生产力，至于何谓资本之物质生产力，则又往往不加说明。

第二是绝对数与比例数之别。所谓资本之边际效率，是一个绝对量呢，还是一个比例呢？通常以为资本之边际效率之维度（dimension），与利率之维度相同，由此推论，以及由上下文观之，似乎资本之边际效率必须是一个比例。然而这个比例之两项是什么，往往缺乏明白说明。

第三是一项与多项之别。我们要明辨二者：其一是增用资本少许，在**目前**情形下，可以取得的价值增量，其二是在该新添资本资产之**整个寿命**中，所可预期取得的一列价值增量；此即 Q_1 与整个 Q_1，Q_2，……Q_n 列数之别。此点分别不明，恒为混乱与误解之源。这就引起预期（expectation）在经济理论中之地位问题。大多数讨论资本之边际效率者，似乎除了 Q_1 以外，对于整个列数之其他各项，
139 全不注意；然而这种办法是不通的——除非是静态理论，盖在静止状态下，诸 Q 皆相等。分配论中常说：资本在**目前**得到的报酬，等于其边际生产力（不论边际生产力之定义如何），这种说法，只有在静止状态下才对。资本之目前收益之总和，与资本之边际效率，并无直接关系；而在生产边际上，资本之目前收益（即产物之供给价格中所含的资本报酬），乃等于该资本之边际使用者成本。边际使用者成本亦与边际效率无密切联系。

上面说过，以往对于这个问题，极少有清楚说明。但我相信，我以上所下定义，与马歇尔用此名词之意义相当接近。马歇尔本人有时用资本之“边际净效率”一词，有时则称之为“资本之边际效

用”。以下引文，由其《经济学原理》(第6版，第519—520页)选出，乃该书中对此问题最有关系、最紧凑的几段。为表达马歇尔氏要旨，我把原书中不相连接的几句连接在一起。

> 今设有一工厂，可以增用价值100镑之机器，而不增加其他开支；增用该机器以后，该工厂每年净产量之值(即除去该机器本身之折损以外)，增加3镑。设投资者以其资本尽先投于利益优厚之处，设经此程序达到均衡以后，投资者尚觉值得——而且仅仅值得——雇用该机器，则我们由此事实，可以推断年利为3%。但此种举例，不过指出价值决定因素之一部分而已。若以此类例证作为利息论，或作为工资论，则必犯循环推理之病……设在毫无风险之证券上，利率为年利3%，设制帽业吸收资本100万镑，此即表示制帽业可以善用此100万镑之资本，宁可对之付年息3厘，而不愿弃此资本而不用。设年息为2分，则也许仍有若 140
> 干机器，制帽业不能不用。年息为1分时，所用之机器增多；年息为6厘时，更多；4厘时，更多；最后，因为年息为3厘，故更多用机器。令最后这个数量为x。则当机器之数量为x时，其边际效用——仅仅值得使用的那个机器之效用——为3%。

由上所引，可知马歇尔很明了，如果我们想沿着以上思路来决定实际利率，则必犯循环推理之误。[①] 在这一段里，马歇尔似乎接受上文观点：设资本之边际效率表不变，则利率决定新投资之数量。如利率为年息3厘，当然没有人愿意出100镑购一机器，——除非他

① 但他以为工资定于边际生产力说，亦犯循环推理之误，不是错了吗？

希望在除去成本及折旧以后，他每年净产量之值可以增加3镑。但在以下第十四章中，我们可以看到，在另外几段中，马歇尔可没有如此谨慎，但每当论证即将发生破绽时，他即裹足不前。

费雪（Irving Fisher）教授于所著《利息论》（*Theory of Interest*）（1930年出版），一书中，虽未用"资本之边际效率"这一个名词，但他所谓"报酬超过成本率"（rate of return over cost），与我所谓"资本之边际效率"，完全相同。费雪教授说，"所谓报酬超过成本率者，乃是一种利率，用此利率来计算所有成本之现值，以及所有报酬之现值，恰使二者相等"。[①] 他更进而说明：任何一方面投资之多寡，乃定于报酬超过成本率与利率之比较。要引诱新投资，则"报
141 酬超过成本率必须大于利率"。[②]"这个新因素，在利息论之投资机会方面，占有重要地位。"[③] 故费雪教授用"报酬超过成本率"一词，与我用"资本之边际效率"一词，不仅意义相同，目的亦完全相同。

Ⅲ

资本之边际效率，不仅定于资本之现在收益，亦定于资本之未来收益，失察此点，最易对资本之边际效率之意义与重要性发生误解。要明白这点，最好说明：如果在人们预期之中，或由于劳力成本（即工资单位）之改变，或由于新发明新生产技术之引入，未来生产成本将有改变时，则资本之边际效率将受什么影响。今日所产

① 上引书，第168页。
② 上引书，第159页。
③ 上引书，第155页。

机器之产物，在该机器寿命以内，须与以后所产机器之产物相竞争；而以后问世的机器，或由于劳力成本减低，或由于生产技术改良，故即使其产物之价格，较今日为低，亦值得生产。不仅如此，其数量亦必增大，其产物之价格亦必下降。以后产物之价格既将减低，则届时雇主由新旧机器设备所可得之利润（以货币计算）亦将减低。只要人们预测这种发展是或然的，甚至只要人们预测这种发展是可能的，则今日所产资本之边际效率即因而减低。

由于这个因素，故若人们预测货币之购买力，未来与今日不同，亦足影响当前产量。若预测币值下降，则可以刺激投资，增加一般就业，因为此种预测乃提高资本之边际效率表，亦即提高投资需求 142
表。反之，若预测币值上涨，则对当前之投资及就业有不利影响，因此种预期乃降低资本之边际效率表。

费雪教授原先所谓“增值与利息”论（theory of Appreciation and Interest），其真义亦即在此。费氏分别货币利率（money rate）与真实利率（real rate）二者，后者乃等于前者矫正币值变动。但费雪氏之说不易了解，因为他没有说清楚，到底币值之改变，是在人们意料之中呢？还是不在人们意料之中呢？这里有个两难论，无法避免。设不在意料之中，则对于当前行为毫无影响。设在意料之中，则现有物品之价格将立即调整，故持有货币与持有物品之好处又复相等；利率亦不必变动，持有货币者亦无从因贷款期间币值之变动而受损或得益。皮古教授假定币值之改变，乃在一部分人意料之中，但为另一部分人所意料不及，他想用这个方法来躲避这个两难论，但亦不成功。

错误之起，是由于他们误认未来币值之改变乃直接影响利率，其实则影响一特定量资本之边际效率。现有资产之价格，常随人们对未来币值之预期改变而即调整；此种预期改变之重要性，乃在其可以影响资本之边际效率，因而影响新资产之生产。今设人们预期物价将上涨。此种预期之所以刺激新资产之生产者，不在其提高利率（提高利率而可刺激产量倒是奇闻，事实上，若利率上升，则刺
143 激作用即因而削弱），而在其提高一特定量资本之边际效率。设利率之上涨，与资本之边际效率之提高，程度相同，则物价之上涨预期对产量不发生刺激作用。要有刺激作用，则利率之上涨程度必须较小，资本之边际效率之提高程度必须较大。的确，费雪教授之说，最好用“真实利率”这个观念重写一遍；“真实利率”是一种利率，在该利率之下，人们对未来币值之预期虽然改变，但不影响当前产量。[①]

有一点值得注意：设人们预期未来利率将下降，则亦足降低资本之边际效率表。其故：今日所产机器之产物，在该机器未来一部分寿命中，须与以后所产机器之产物相竞争，而以后所产机器，可以安于较低收益。然而这点并没有多大不景气作用，因为今日对未来利率体系之预期，一部分会反映在今日之利率体系中。话虽如此说，大概多少总有些不良影响，理由是：今日所产机器，在其寿命快终了时所产产物，也许会和届时问世的机器之产物相竞争，而届时所产机器可以只要求一较低收益，因为在今日所产机器寿命告终以后之利率亦低于今日。

一特定量资本之边际效率与预期之改变有关——这一点非常重
144 要。因为有这种关系，资本之边际效率才会有急剧变动，商业循环才会产生。在以下第二十二章中，我们将指出，繁荣之后所以有不

① 参阅罗伯森：《经济波动与自然利率》（Industrial Fluctuations and the Natural Rate of Interest），载《经济学杂志》，1934年12月号。

景气，不景气之后所以又有繁荣，可以用资本之边际效率与利率之相对变动来分析与说明。

Ⅳ

有两类风险，可以影响投资数量。这两类风险，应当——但普通不加——分辨。第一类是雇主或借者之风险（entrepreneur's or borrower's risk），起因于借者心目中有些怀疑，不知道他是否真能得到他所希望得到的未来收益，得到之或然性有多大。设一人用其自有资金投资，则只须考虑这类风险。

设有借贷制度存在，则又有第二类风险，亦与投资数量有关，可称之为贷者之风险（lender's risk）。所谓借贷制度者，即借者提供若干担保（动产或不动产），而贷者则据此放款之谓也。贷者风险之起因有二：（a）道义上之不测，例如借者有意不履行债务，或用其他方法——可能是合法方法——规避；（b）担保品不足。后者乃由事实与预期不符所引起的，并非故意不履行债务。此外还有第三类风险，即币值可能变动，对于贷者不利，故贷款不若真正持有资产之安全。但这第三种风险之全部或大部，应当已反映于——而且包含于——持久性资产之价格中。

第一类风险，固然亦有减低之道，例如平均分摊，或增加预期之正确性等，但确是真正的社会成本（real social cost）。第二类风险则不然，设贷者与借者为同一人，则此类成本即不存在，故第二类风险是投资成本以外的额外增加。不仅如此，有一部分贷者之风险，与有一部分雇主之风险，互相重复，故在计算最低限度的未来收 145

益，决定是否值得投资时，这一部分贷者之风险，会在纯利率（pure rate）之上，复计两次。其理如下：设有一事业，其风险性甚大，则自借款者观之，必须在预期收益与利率之间有一较大差额，方值得借款；根据同一理由，自贷者观之，必须在实际利率与纯利率之间有一较大差额，方值得放款——除非借款者异常富有，地位巩固，可以提供许多担保。如果借者希望结果非常良好，固可抵消借者心目中之风险，但却无从袪除贷者心目中之不安。

有一部分风险，会被复计两次，这一件事实，虽然（据我所知）一向未受重视，但在某种情况下，也许很重要。在繁荣时期，一般人情绪乐观，不免轻率，往往低估贷者风险与借者风险二者之大小。

V

资本之边际效率表非常重要。主要通过这个因素，人们对未来之预期才能影响现在；其维系现在与将来之力，较之利率大许多。静态社会一仍不变，无从有未来改变来影响现在。只有在静态状态下，方才能把资本之边际效率看作是资本设备之目前收益，然而这种看法，却断送了今日与明日之间之理论上的联系。就是利率，主
146 要[①]还是一个现时现象（current phenomenon）；如果我们把资本之边际效率也化成现时现象，则在分析目前均衡状态时，将无法直接计及未来对于现在之影响。

现有经济理论常以静态状况为前提，因之经济理论与现实很脱

① 不完全如此；因为利率之高低，一部分乃反映未来之不确定性。又，期限不同，利率亦不同，这各种利率之间之关系，须视人们对未来作何预期而定。

节。引入使用者成本以及资本之边际效率这两个概念（定义见前）以后，经济理论又有了现实性，同时又把经济理论需要修改适应之处，减至最低限度。

因为有持久性设备之存在，所以未来与目前在经济上发生联系。人们对未来之预期，亦先影响持久性设备之需求价格，再影响现在。这种说法，是与我们的一贯思路相符不悖的。

第十二章　长期预期状态

I

147 前章说明，投资量之大小，乃定于利率与资本之边际效率表之关系，——有一个当前投资量，即有一个资本之边际效率与之相应。资本之边际效率，则又定于资本资产之供给价格与其未来收益之关系。本章将对决定资产之未来收益之种种因素作进一步探讨。

人们用以推测未来收益者，一部分为现有事实，关于这一部分，大概多少总知道得相当确定；另一部分为未来发展，未来发展只能预测，作此预测之信心亦有大小之不同。前者中可得而言者，则有（a）目前各类资本资产以及一般资本资产之数量，（b）目前有何种消费品工业，需要更多资本才能有效满足消费者之需求。属于后者，则为未来资本之类型与数量、消费者之嗜尚、有效需求之强度、工资单位（以货币计算）之大小——这种种因素，在目前考虑中的投资品之寿命这段时间以内，可能有些什么变化。我们可以把这些心
148 理预期状态总称之为**长期预期状态**（state of longterm expectation），
以别于短期预期；所谓短期预期，乃是生产者据以推测：设彼今日用现有设备生产商品，待此商品制成时，彼所能得之售价为何——

那种预期。短期预期在第五章中已探究过了。

Ⅱ

设在作预期时，把非常不确定[①]的成分看得很重，当然是不智之举。故设有两类事实，其一我们知道得很少，很不清楚，但对于我们要考虑的问题，却关系非常重大；其二对于我们要考虑的问题，关系没有如此重大，但我们觉得很有把握；设在作预期时，用第二类事实作为重要南针，也不能说是不合理。因为这个道理，故在某种意义上说，现有事实对于长期预期之影响，与其重要性不成比例。通常习惯，往往以现在推测未来，除非有相当具体理由预测未来会有改变，否则总假定将来与现在一样。

故长期预期状态，即我们据之以作决策者，不仅须看何种预测之或然性最大，亦须看我们作此预测之信心（confidence）如何。换句话说，亦须看我们自己认为自己所作预测之可靠性如何。设我们预期未来会有大变，但很无把握，不知这种变化会取何种方式，则我们的信心甚弱。

这就是工商界所谓信任状态（state of confidence）。实际从事工商业者，对此都密切注意。经济学家倒反而对此不作仔细分析，大致只作很空泛的讨论，塞责了事。经济学家尤其没有弄明白，信任 149
状态之所以与经济问题发生关系者，是因为它对资本之边际效率表有重大影响。信任状态不能和资本之边际效率表并列，成为影响投

① 所谓“非常不确定”（very uncertain），并不就是“或然性很小”（very improbable）。参阅拙著《或然论》（*Treatise on Probability*），第六章，论“论证之权重”。

资量之两个独立因素；反之，前者之所以有关，乃是因为前者是决定后者之重要因素之一，而后者乃投资之需求表。

然而关于信任状态，从先验方面，没有许多可说的。我们的结论，必须从观察实际市场以及商业心理得来。故以下所论，不像本书其他部分那样抽象。

为说明方便起见，我们以下讨论信任状态时，将假定利率不变。换句话说，我们将假定投资品之价值之改变，只是因为预期中的投资品之未来收益起了变化，而不是因为用来把此未来收益资本还原化（capitalising）之利率有什么更动。如果信任状态与利率同时变动，则不难把两种变动所生影响加在一起。

Ⅲ

有一件事实很明显：我们据以推测未来收益的一点知识，其基础异常脆弱。若干年以后，何种因素决定投资之收益。我们实在知道得很少，——少到不足道。打开天窗说亮话，我们不能不承认，如果我们要估计10年以后，一条铁路、一座铜矿、一个纺织厂、一件
150 专利药品之商誉、一条大西洋邮船、一所伦敦市中心区之建筑物之收益是什么，我们所根据的知识，实在太少，有时完全没有。即使把时间缩短为5年以后，情形亦复如此。事实上，真正想作如此估计者，常常是极少数，其行为也不足左右市场。

在过去，企业常由发起人或其友好自行经营，故投资之多寡，须看有多少人热心、乐观，想建立一番事业；这些人以经营企业为

安身立命之道，并不只是盘算未来利润。所以经营企业，有些像购彩票——虽然最后结果，还是看经营者之才品是否在平均以上，或在平均以下。有些人失败，有些人成功。即使在事后，我们还不知道所有投资相加起来之总平均结果，到底是超过、等于或低于通行利率。假使把开发自然资源或独占事业除去，则投资之实际总平均结果，即使在进步繁荣时期，大概还不及事先之期望。企业家是玩一种既靠本领又靠运气之游戏，局终以后，全体总平均结果如何，参加者无从得悉。设人性不喜欢碰运气，或对建设一厂、一铁路或一矿本身（即除了利润以外）不感乐趣，而仅靠冷静盘算，则恐怕不会有多少投资。

旧式的私人投资，一经决定，大体便不可复追（irrevocable），这不仅对于社会全体如此，即对于私人亦复如此。但今日流行情形，乃业主不自兼经理，投资又有专门卖买市场，有此二者，故多添一个重要新因素，有时固然使得投资方便，有时却使得经济体系变成很不稳定。如果没有证券市场，则在资本已经投下以后，再把所投 151
之资，常常重新估价，并没有什么用处。但证券交易所却把许多投资，每天重新估价一次。这种重新估价，使得私人——但不是社会全体——常有机会变更其已投之资。这好像是一个农人。在用毕早餐，看了气候表以后，可以在上午10时与11时之间，决定把资本从农业中抽调回来，然后再考虑，要不要在本周中把资本再投进农业中去。故证券交易所之每日行情，其初衷固在便利人与人之间旧有投资之转让，但势必对于当前投资量发生重大影响。如果建设一新企业，较购买一同样现成的为贵，则当然弃造而购。在另一方面，如果有一新事业，费用很奢，但只要能以其股票在证券交易所发出去，而即刻有利可图，则亦未尝不可从事。[①] 故有若干类投资，与其说是决定于职业企业家之真正预期，无宁说是决定于股票价格。股票价格乃代表证券市场之平均预期。[②] 证券交易所中现有投资之每日行市，甚至是每小时行市，既如此重要，然则此种行市如何决定的呢？

Ⅳ

152 一般而论，我们都默契，遵守一条成规（convention）。这条成规之要旨是（实际上运用起来，当然没有如此简单）：除非我们有特殊理由预测未来会有改变，否则我们即假定现存状况将无定期继续下去。这并不是说，我们真相信现存状态会无定期继续下去，我们从许多经验中知道，这是顶难得的事情。在一段长时期当中，投资之实得结果，极少与原来预期相符合。我们也不能说，设一人处于无知状态，则过与不及之机会均等，过与不及之机会既均等，故预期适得其中。这种说法是不通的。因为这等于说：不论现有市价是如何达到的，就我们现有知识——关于影响投资收益之事实者——而论，这个市价是唯一正确的市价；当此知识改变时，市价才会改变。但从哲学上说，这个市价不会是唯一正确的市价，因为我们的

① 在拙著《货币论》（第二卷，第 195 页）中，我指出，设一公司股票之市价甚高，则该公司可以依有利条件，用增股方法募集资本，其效果与该公司低利借款同。同一件事实，我现在则说：设现有证券之市价高，此即表示该类资本之边际效率大，故其效果与利率之降低同，盖投资量乃定于资本之边际效率与利率之比较也。

② 有若干类企业，不容易转手，或没有可以转让的证券与之相应。对于这类企业，以上所说当然不适用。然而这类企业之范围，现在逐渐缩小，其在新投资总值中所占比例，亦缩减甚速。

现有知识，不足以算出一个正确预期（mathematical expectation）。事实上，决定市价之因素甚复杂，有许多与未来收益毫无关系。

虽然如此，**只要我们信赖这条成规会维持下去**，则上述因循办法倒使我们经济体系有了相当连续性与稳定性。

盖设有有组织的投资市场之存在，又设我们信赖这条成规会维
持下去，则投资者很可自慰，认为他唯一所冒之险，乃是在**近期未** 153
来，形势与情报确有真正改变；然而这种改变不会很大，至于其发生之或然性如何，他还可以自下判断。但如果这种成规仍为大家遵守，则只有这类改变才会影响其投资之价值；故他不必因为不知道10年以后其投资将值几何而闹得失眠。故以个别投资者而论，只要他能信赖这条成规不致打破，使他常有机会，在时间还过得不多、改变还不太大之时，可以修改其判断，变换其投资，则他觉得他的投资在短期间内相当"安全"（safe），因此在一连串短期内（不论有多少），也相当安全。于是从社会看来是"固定的"（fixed）投资，在个人看来却是"流动的"（liquid）。

我相信世界上几个主要投资市场，都是根据这种方式发展出来的。从绝对观点看，这条成规既毫无道理（arbitrary），自然不免有弱点。如何使投资充足这个当前问题，一大部分是由这条成规之变幻多端（precariousness）所造成的。

V

有几个因素加强了这种变幻多端，可简述如下：

（1）有些业主并不自己经理其业务，对其所操业之情形，不论

是目前的或未来的，亦并不特别熟悉。这些人之投资量，在社会总投资量中所占比例逐渐加大。因之，不论是已经投资者或现在考虑投资者。在估计其投资之价值时，真知实学所占之成分非常狭小。

（2）现有投资之利润不免时有变动，此种变动，虽然显然是暂
154 时的，无关宏旨的，但对于市场却有过度影响——过度得甚至荒谬。举几个例，据说美国制冰公司之股票在夏日之市价较冬日为高，因为受季节影响，夏日制冰业之利润较高，而冬天大家不用冰。又如遇有全国性假日，则英国各铁路公司之证券市价，可以提高几百万镑。

（3）循此成规所得市价，只是一群无知无识者群众心理之产物，自会因群意（opinion）之骤变而剧烈波动。且此使群意改变之因素，亦不必真与投资之未来收益有关，盖群众对此市价并未确信其可以稳定。尤其在非常时期，大家更不相信目前状态会无定期继续下去，故即使无具体理由可以预测未来将有变动，市场也会一时受乐观情绪所支配，一时又受悲观情绪所弥漫。此种情形，可以说是未加理智考虑，但在一种意义上，又可说是合理的，因为既无事实根据，自然无从作理智盘算。

（4）有一特征特别值得我们注意。也许有人以为：有些人以投资为业，他们是专家，他们所有的知识与判断能力超出一般私人投资者以上；若听凭无知无识者自己去从事，固然可使市场变化多端，但专家之间互相竞争，也许可以矫正这种趋势。然而事实上则不然。这批职业投资者与投机者之精力与才干，大都用在别一方面。事实上这批人最关切者，不在比常人高出一筹，预测某一投资品在其整个寿命中所产之收益如何，而在比一般群众稍为早一些，预测决定市价之成规本身会有什么改变。换句话说，他们并不关心：设有人

购一投资，不再割让，则该投资对此人值几何；他们所关心者，乃 155
是3个月或1年以后，在群众心理支配之下，市场对此投资之估价为何。他们所以有这种行为，并不是因为他们性情怪僻。投资市场之组织方式既如上述，则此乃不可避免之结果。设有一投资，你相信若就其未来收益而论，则值30元，但你也相信，3个月以后，此投资在市场上只值20元，如果你现在出25元购买，实为不智之举。

根据以往经验，有几类因素，例如某种消息或某种空气，最足影响群众心理。职业投资者乃不能不密切注意，预测在最近将来，这类因素会有何种改变。设投资市场之设，以“流动”为目的，则此乃不可避免之结果。在所有正统派理财原则之中，以“流动性”崇拜（fetish of liquidity）最于社会不利。其说以为从事投资之机关，应以其资源集中于持有热股（liquid securities）。可是这个学说忘了，就社会全体而论，投资不能有流动性。从社会观点看，要使得投资高明，只有增加我们对于未来之了解；但从私人观点，所谓最高明的投资，乃是先发制人，智夺群众，把坏东西让给别人。

斗智之对象，不在预测投资在未来好几年中之收益，而在预测几个月以后，由因循成规所得市价有何变化。且此种斗智战，也不须外行参加以供职业投资者鱼肉，职业投资者相互之间就可以玩起来。参加者也不必真相信，从长时期看，因循成规有任何合理根据。从事职业投资，好像是玩“叫停”（game of Snap）、“递物”（Old
Maid）、“占位”（Musical Chair）等游戏，是一种消遣，谁能不先不 156
后说出“停”字，谁能在游戏终了以前，把东西递给邻座，谁能在音乐终了时，占到一个座位，谁就是胜利者。这类游戏，可以玩得津津有味，虽然每个参加者都知道，东西总在传来传去，音乐终了时，总有若干人占不到座位。

稍为换一种比喻。从事职业投资，好像是参加择美竞赛：报纸上发表一百张照片，要参加竞赛者选出其中最美的六个，谁的选择结果与全体参加竞赛者之平均爱好最相接近，谁就得奖。在这种情形之下，每一参加竞赛者都不选他自己认为最美的六个，而选他认为别人认为最美的六个。每个参加者都从同一观点出发，于是都不选他自己真认为最美者，也不选一般人真认为最美者，而是运用智力，推测一般人认为一般人认为最美者。这已经到了第三级推测，我相信有些人会运用到第四、第五级，甚至比此更高。

读者也许要插言非难：如果有人不惑于此种流行的消遣游戏，而尽其所能，作真正的长期预测，再根据此种预期继续购买投资，则在长时期中，此人必能从其他参加者手中获得大利。对于这种非难，我们作答如下：世固不乏此种持身严谨之人，而且如果他们的力量真能超过从事游戏者，投资市场必大为改观，但我们须补充一
157 句，在现代投资市场上，有几个因素使得这种人不能占优势。根据真正的长期预期而作投资，实在太难，几乎不可能。凡想如此从事者，较之仅想对群众行为比群众猜得略胜一筹者，其工作较重，其风险较大。而且，设二人智力相等，则前者容易出大错。经验也不能证明：凡于社会最有益的投资政策，亦即于私人最有利的投资政策。要击破时间势力，要减少我们对于未来之无知，其所需智力多；要仅仅设法先发制人，其所需智力少。而且，人生有限，故人性喜欢有速效，对于即刻致富之道最感兴趣，而于遥远未来能够得到的好处，普通人都要大打折扣。玩这种职业投资者所玩把戏，对于毫无赌博兴趣者，固然觉得厌腻，太紧张；但有此兴趣者则趋之若鹜。

还有，设投资者而欲忽视短期间市场之波动，则为安全起见，必须有较雄厚之资力，而且不能用借来资金大规模投资，——这又是一个理由，为什么如果二人智力相等，资力相等，从事消遣之戏者反可得较大报酬。最后，从事长期投资者固然最能促进社会利益，但设投资基金而由委员会、董事会或银行经管，则此种人最受批评。[①]因为他的行为，在一般人眼中，一定是怪僻，不守成规，过分胆大。设彼幸而成功，一般人更说他鲁莽胆大；设彼在短期间不幸而不成 158
功（这是很可能的），则一般人不会对他有多少怜悯与同情。处世之道，宁可让令誉因遵守成规而失，不可让令誉因违反成规而得。

（5）到现在为止，我们心目中仍以投机者或投机性投资者之信任状态为主，我们似乎暗中假定，只要他自己认为前途有利可图，他就可以依照市场利率无限制借款。事实上当然不然。因此我们必须顾及信任状态之另一面，即贷款机关对于借款者之信任心，即所谓信用状态（state of credit）者是也。证券价格之崩溃，可以起因于投机信心之减低，也可以起因于信用状态之逆转。有一于此，已足使证券价格崩溃，而对资本之边际效率发生非常不利影响；但要使证券价格回涨，却非二者都复元不可，盖信用之减低，固足引起崩溃，但信用之提高，却只是经济复苏之必要条件，而非充足条件。

Ⅵ

以上所论，经济学家都不应忽视，但应知其轻重缓急。假使我

① 投资信托公司或保险公司，不仅常计算其投资之所得，且计算该投资在市场上之资本值。一般人认为这种行为很谨慎。也许因为有这种行为，故使一般人对于投资资本值之短期变动过分注意。

可以用投机（speculation）一词，代表预测市场心理这种活动，用企业（enterprise）一词，代表预测资产在其整个寿命中之未来收益这种活动，则投机亦未必常常支配企业。但投资市场之组织愈进步，则投机支配企业之危险性愈大。纽约为世界最大投资市场之一，在此
159 市场上，投机（依照以上所下定义）之势力非常庞大。但即使在理财领域以外，美国人也过分喜欢推测一般人对于一般人之看法，这个民族性弱点，亦表现于证券市场。据说美国人极少为所得而投资（目前许多英国人还是如此）；除非他希望以后会有资本增值，否则他不会十分愿意购买一投资。这就是说，当美国人购买一件投资品时，希望所寄，主要倒不在该投资之未来收益，而在该投资之市价（因循成规的市价）波动于他有利，换句话说，他就是以上所谓投机者。投机而仅为企业洪流中之一点小波，也许没有什么害处；但设企业而为投机漩涡中之水泡，情形就严重了。设一国之资本发展变成游戏赌博之副产品，这件事情大概不会做得好。如果认为华尔街之正当社会功用，乃在引导新投资入于最有利（以投资之未来收益为标准）途径，则华尔街之成就，不能算是自由放任式资本主义之辉煌胜利。这亦不足为怪，因为——假使我的看法是对的——华尔街之最佳智力，事实上也志不在此，而用在另一方面。

只要我们把投资市场组织得非常灵活，则这类趋势几乎是不可避免的。大家都同意，为公众利益着想，游戏赌博场所应当收费昂贵，不容易进去。恐怕证券交易所亦应如此。伦敦证券交易所之罪恶，所以较华尔街为少者，恐怕倒不是因为两国国民性之不同，而是因为前者对于一般英国人，比之华尔街对于一般美国人，取费甚昂，不容易进去。要在伦敦证券交易所交易，须付介绍费，高额经

纪费，又须向英国财政部纳转手税，税额甚重，凡此种种，皆足减 160
少该交易所之流动性，故有很大一部分华尔街上之交易，在伦敦证券交易所没有。[1] 但在另一方面，伦敦证券交易所每二星期结账一次，则又增加该市场之流动性。在美国，要想不让投机掩盖企业，最切实的办法，恐怕是由美国政府对一切交易征收高额转手税。

现代投资市场允称奇观。我有时简直想，假使把购买投资变成像结婚一样，除非有死亡或其他重大理由，否则是永久的，不可复分的，也许是补救当代种种罪恶之切实办法。因为这样一来，可以使得投资者把他的心思，专门用在预测长期收益。然而再仔细一想，这个办法也有困难之处，因为投资市场固然有时阻挠新投资，但亦常常便利新投资。假使每一个投资者都自以为他的投资有流动性（虽然对于投资者全体而论，这是不可能的），他便可以高枕无忧，愿意多冒些险。但设个人还有别种方法，可以保存其储蓄，又设个人一经投资，便周转不灵，则亦可以阻碍新投资。困难就在这里：只要个人可以用财富来贮钱（hoard money）或放款，则除非有投资市场，可以把资产随时脱手，变成现款，否则谁都不大肯购买真正资本资产；那些不自己经管资本资产者，或对资本资产所知甚少者， 161
尤其如此。

信任心之崩溃，对现代经济生活打击甚大，要医治此病，唯一根本办法，只有让私人只有两条路可走，其一是把所得消费掉，其二是选择一件他认为前途最有希望，同时他又有能力购买的资本资产，向别人订货。当然有时他对于未来疑虑甚多，因之他觉得无所

① 据说当华尔街交易旺盛时，至少有半数投资卖买，卖买者想在当天就脱手。物品交易所亦然。

适从，只能多消费，少投资。即使这样，还比当他对于未来感觉疑虑时，既不消费又不投资为好，因为后者对于经济生活，会有重大的、累积的、非常糟糕的影响。

有人以为贮钱对于社会不利，强调此说者，其心目中所持理由当然即如上述。不过他们忽视了一个可能性：即使贮钱数量不变，或改变甚小，但不利现象还能发生。

Ⅶ

除了投机以外，还有其他不稳定因素起因于人性特征。我人之积极行为，有一大部分，与其说是决定于冷静计算（不论是在道德方面、苦乐方面或经济方面），不如说是决定于一种油然自发的乐观情绪。假使做一件事情之后果，须过许多日子之后方才明白，则要不要做这件事，大概不是先把可得利益之多寡，乘以得此利益之或然性，求出一加权平均数，然后再决定。大多数决定作此事者，大概只是受一时血气之冲动——一种油然自发的驱策，想动不想静。
162 不管企业发起缘起做得如何坦白诚恳，假使说企业之发起，真是因为缘起上所举理由，则只是自欺欺人而已。企业之依赖精确较量未来利益之得失者，仅较南极探险之依赖精确较量未来利益之得失者，略胜一筹。故设血气衰退，油然自然的乐观情绪动摇，一切依据盘算行事，企业即将委顿而死；——虽然畏惧损失与希图利润，二者同样缺乏合理基础。

一般而论，设企业之起，乃由于发起人对于未来存希望，则该企业对于社会全体有利。但设企业要靠私人主办，则必须在冷静盘算以外，再有血气来补充，来支持。有此血气，则虽依据以往经验，这件事业以后是要亏本的，但发起人把亏本一念束之高阁，恰如一个健康人把死亡一念束之高阁一样。

不幸的是：上述种种，不仅加深不景气之程度，而且使得经济繁荣与社会政治空气之关系太密切：要经济繁荣，必须社会政治空气与一般工商界相融洽。故若因为怕工党政府或怕实施新政（New Deal），而使企业不景气，这倒未必起因于理智盘算，也未必起因于政治阴谋，而只是因为油然自发的乐观情绪，非常脆弱，容易颠破。故在估计未来投资之多寡时，我们必须顾及：那些想从事投资者之神经是否健全，甚至他们的消化是否良好，对于气候之反应如何，因为这种种都可影响一人之情绪，而投资又大部分定于油然自发的情绪。

但是我们不应由此结论，以为一切都受不讲理智的心理波浪所支配。相反，长期预期状态往往很稳定，当其不稳定时，亦有其他因素发挥其稳定作用。我们只是要提醒自己，设今日之决策可以影响未来，则此种决策（不论是个人的、政治的或经济的），不能完全依据严格的冷静盘算，——事实上也没有方法作此种计算。社会之 163
所以周运不息，就是因为我们有一种内在的驱策想动。理智则在各种可能性之中，尽力设法挑选，在可以计算之处，也计算一下；但在需要原动力之处，理智不能不依赖想象、情绪或机缘。

Ⅷ

我们对于未来虽然知道得很少，但是因为有其他因素，倒也不太要紧。由于复利关系，又因资本设备常随时间之消逝而变成不合时宜，故有许多投资，若投资者在估计未来收益时，不顾及全部未来收益，而只注意最先几项，也未尝不合理。房产是极长期投资中最重要的一类，但房产投资者往往可以把风险转让给住户，或至少可以用长期契约方式，由投资者与住户共同分担；住户亦乐于如此，因为在住户心目中，分担风险以后，使用权便有了保障，不会随时中止。公用事业又是长期投资中很重要的一类，但投资于公用事业者，因为有独占特权，又可以在成本与收费之间，保持一规定差额，故其未来收益已有实际保障。最后，还有一类日趋重要的投资，由政府从事，由政府负担风险。从事此类投资时，政府只想到对于未来社会之好处，至于商业上之利益如何，则在所不计；政府也不必要求此种投资之预期收益率（依精密估计），至少须等于现行
164 利率，——但政府须出多少利率才能借得款项，对于政府投资活动之多寡不免仍有决定性影响。

由此，长期预期状态在短期以内之改变（以别于利率之改变），固然不能不充分顾及，但在顾及此种改变以后，我们还可以说，利率之改变，对于投资量至少在经常情形下仍有极大影响——虽然不是决定性影响。至于在何种程度以内，操纵利率可以继续鼓励适量投资，则有待以后事实证明。

就我自己而论，我现在有点怀疑，仅仅用货币政策操纵利率到底会有多大成就。国家可以向远处看，从社会福利着眼，计算资本品之边际效率，故我希望国家多负起直接投资之责。理由是：各种资本品之边际效率，在市场估计办法之下（办法已如上述），可以变动甚大，而利率之可能变动范围太狭，恐怕不能完全抵消前者之变动。

第十三章　利率通论

I

上面第十一章中曾经指出：虽然有种种力量使得投资量涨落，165
以保持资本之边际效率与利率之均等，但资本之边际效率本身却并不就是通行利率。我们可以这么说：若用借来款项从事新投资，则资本之边际效率表乃表示借款者愿付之代价，而利率则表示贷款者所要求之代价。要使我们的理论完整，我们必须知道，何者决定利率？

在第十四章及其附录中，我们将检讨历来对此问题之答案。一般说来，他们以为利率乃资本之边际效率表与心理上的储蓄倾向二者交互影响之结果。他们认为，所谓储蓄之需求，乃一特定利率下所有之新投资，而在该利率下储蓄之供给，则定于社会之储蓄倾向；所谓通行利率，乃决定于储蓄供需相等之点。但只要我们一发觉仅仅由储蓄之供需不能得出利率，则该学说即告崩溃。

然则我们自己的答案又如何？166

Ⅱ

个人心理上之时间优先观（time preference），如果要全部完成，必须要有两组各别的决定。第一组决定就是我以上所谓消费倾向。决定消费倾向之种种动机，已列举于第三编。在此种种动机之影响之下，消费倾向所决定者，乃个人将以其所得之几分之几作消费之用，几分之几以某种方式保留为对于未来消费之支配权（command）。

下了这个决定以后，还须下另一个决定。他到底以何种方式，持有他从当前所得或过去储蓄中保留下来的对于未来消费之支配权。用即期的（immediate）、流动的方式（例如货币或其相等品）呢，还是愿意把这即期支配权，放弃一些时候（定期或不定期），听任未来市场情况决定：他可以依何种条件，把对于一类特定物品之延期支配权（deferred command），变作对一般物品之即期支配权呢，换句话说，他的灵活偏好（liquidity preference）之程度如何，一人之灵活偏好，可以用表格表示，表中列出：在各种不同环境下，有多少资源（用货币或工资单位计算）该人愿意用货币形式来保持。

我们将发现，以往许多利率学说之错误，乃在彼等想从心理上时间优先观之第一种构成分子得出利率，而忽视了第二种。现在我们必须补救这个缺陷。

很明显，利率不能是对于储蓄本身或等待本身（waiting as such）
167 之报酬；盖设一人以其储蓄贮钱，则虽彼照常储蓄，但赚不到利息。反之，就字面讲，利率一词就直截了当告诉我们：所谓利息，乃是在一特定时期以内，放弃周转灵活性之报酬。盖利率只是一个比例，其分母为一特定量货币，其分子乃在一特定时期中，放弃对此货币之控制权，换取债票（debt），① 能够得到的报酬。②

在任何时间，利息既为放弃周转灵活性之报酬，故利率所衡量者，乃持有货币者之不愿意程度——不愿意放弃对此货币之灵活控制权。利率并不是使投资资源之需求量，与目前消费之自愿节约量，趋于均衡之“价格”。利率乃是一种“价格”，使得公众愿意用现金形式来持有之财富，恰等于现有现金量。这就蕴含：设利率低于此均衡水准（设把现金脱手所可得之报酬减少），则公众愿意持有之现金量，将超过现有供给量；设利率高于此水准，则有一部分现金会变成多余，没有人愿意持有。假使这种解释是对的，则货币数量与
灵活偏好二者，乃是在特定情况下，决定实际利率之两大因素。所 168
谓灵活偏好者，乃一种潜势或一种函数关系，设利率已定，则此种潜势或函数关系决定公众愿意持有之货币量。令 r 代表利率，M 代表货币量，L 代表灵活偏好函数，则有 M=L（r）。此即货币数量与经济机构发生关系之处，亦即发生关系之理由。

---

① 至于“货币”与“债票”之界限如何，可就处理一特定问题之方便随意划定，而于以上所下定义无妨。例如，我们可以把货币作为对一般购买力之支配权，且此购买力之所有主，并未放弃其支配权至 3 个月以上者。凡对一般购买力之支配权，不能在 3 个月以内收回者，则为债票。我们亦可用 1 个月、3 天、3 小时或任何一段时期来替代 3 个月；我们也可以把凡非即期法偿币都不算作货币。但为事实上方便起见，我们常常把银行定期存款包括在货币以内；偶而甚至把短期库券（treasury bills）等票据也包括在内。在原则上，我还是用我《货币论》中办法：所谓货币就是银行存款。

② 讨论特种问题时，可以把债票之期限明白规定，但在一般讨论中则不能。债务之期限不同，利率亦不同。故在一般讨论中所谓利率，最好指各种利率所组成之利率体系。

在这里，我们要回头想一想，为什么会有灵活偏好这种东西存在。货币可以作为现在交易之用，也可以作为贮藏财富之用，这种区别，古已有之。就第一种用处而论，则在某种限度以内，值得为周转灵活起见，牺牲若干利息。但设利率永不能是负数，为什么会有人愿意用不产生利息（或产生利息甚少）的方式，而不用可以产生利息的方式，来持有财富呢（此处暂时假定，银行倒账与债票倒账之风险相同）？要详细解释，非常复杂，须留待第十五章。但有一必要条件：没有它，人们便不会因为爱好周转灵活，而用货币持有财富。

这个必要条件，就是人们对于利率之前途觉得不确定。换句话说，人们不能确知未来各种利率——利率因放款期限之长短而不同——将如何。设人们对于未来各种利率，可以预知，而且毫无错误，则现在各种利率即与未来各种利率相调整，而未来利率即可从现在利率中推知。例如，设 ${}_1d_r$ 为 r 年以后之 1 镑在今年之值，又设
169 知在 n 年时，从 n 年算起 r 年以后之 1 镑之值为 ${}_nd_r$，则

$$ {}_nd_r=\frac{{}_1d_{n+r}}{{}_1d_n}; $$

故自今 n 年以后，届时债票变成现金之折现率可以从今日利率体系中两种利率推得之。设今日之利率，不论债票之期限如何，皆为正数，则用购债方式贮藏财富总比用持有现金方式贮藏财富来得有利。

反之，设未来利率不确定，则我们不能断言，届时 ${}_nd_r$ 必等于 $\frac{{}_1d_{n+r}}{{}_1d_n}$。设在 n 个年头尚未终了时，需用现款，则必须把以前所购长期债票出售，变成现金，一买一卖之间，可以蒙受损失，而持有现金

则免。故依据现有或然率精确计算出来的预期利润，必须足以抵补此种可能发生之损失（不过此种计算是否可能，还成疑问）。

设有市场之组织，可以卖买债票，则因未来利率不定，灵活偏好又多添一个理由。各人对未来之看法不同，而市场价格所表示者，乃现在最得势之意见，故设有人与此意见不同，则彼也许愿意持有现金：因为假使他自己的意见是对的，则现在各 $_1d_r$ 间之关系，必与将来事实不符，彼即可以从中取利。[①]

这和我们在讨论资本之边际效率时，注意到的一种现象非常类似。我们知道，资本之边际效率，并不决定于真正专家意见，而决 170
定于市场上群众心理；同样，对于利率前途之预测，亦决定于群众心理，既经决定以后，又复影响灵活偏好；——不过再加上一点，凡相信未来利率将高于现在市场利率者，愿意保持现金；[②] 凡相信未来利率将低于现在市场利率者，愿意用短期借款来购买较长期债票。市场价格则定于空头（bears）抛出与多头（bulls）吸进二者相等之点。

以上所说三种灵活偏好之理由，可以说是起因于（i）交易动机，即需要现金，以备个人或业务上作当前交易之用；（ii）谨慎动机，即想保障一部分资源在未来之现金价值；以及（iii）投机动机，即相信自己对未来之看法，较市场上一般人高明，想由此从中取利。在这里，又像在讨论资本之边际效率时一样，要不要有一个非常有组织

① 此处所讨论者，即我在《货币论》中所谓两种看法以及“多头空头”（bullbear）者是也。

② 也许有人以为：根据同样理由，设有人相信投资之未来收益较市场所预期者为低，则彼亦有充分理由愿意持有现款。但实则不然。他固然有充分理由愿意持有现金或债票，而不愿持有股票，但除非他相信未来利率会比现在市场所想象者为高，否则持有债票又比持有现金为有利。

的市场来买卖债票——这个问题，使我们觉得两难。如果没有有组织的市场，则由谨慎动机所起的灵活偏好将大为增加。但设有此市
171 场，则由投机动机所起的灵活偏好又可变动甚大。

这可以说明如下：设灵活偏好之起于交易动机与谨慎动机者，其所吸收之现金数量，对利率改变本身（即不计利率改变对于所得水准之影响）反应不太灵敏，则由总货币数量减去此数所剩余者，可以用来满足起于投机动机的灵活偏好；利率与债票价格亦必定定在一个水准，使得有人愿意持有之货币量，恰等于可供投机动机之用之现金量。有人之所以愿意持有货币者，因为在该利率与债票价格之下，彼等对债票前途看跌（bearish，即空头）。故货币数量每增加一次，则债票价格必须提高，使得债票价格超过若干“多头”之预期，而令“多头”出售债票，换取现金，变成“空头”。设除短暂过渡时期以外，现金需求之起于投机动机者，为数甚微，则当货币数量增加时，利率几将立即降低，其降低之程度乃使该货币增量，因就业量之增大与工资单位之提高，为交易动机与谨慎动机吸收以去。

一般而论，灵活偏好表——货币数量与利率之函数关系——可以用一滑顺曲线（smooth curve）表示之：利率下降时，货币之需求量增大。其所以如此者，有以下数因：

第一，若利率降低，其他情形不变，则灵活偏好之起于交易动机者，将随利率之下降而吸纳较多货币。盖利率下降可使国民所得增加，若国民所得增加，则为交易方便起见，交易动机所需之货币
172 量总得随所得之增加而增加——虽然增加比例不一定相同：同时，保持充分现款以取得此种方便之代价（即利息之损失），亦因利率之降低而减少。除非我们用工资单位而不用货币来衡量灵活偏好，

否则当利率降低，就业量增大，以致工资率——工资单位之货币价值——上涨时，交易动机所需之货币亦增加。第二，利率每降低一次，可以使得有些人对利率前途之看法与市场一般看法不同，故此种人愿意增加其货币持有量。

虽然如此，在某种环境之下，即使货币数量大量增加，但利率所受之影响甚小。盖货币数量大量增加之后果，（a）也许使得未来变成非常不定，故灵活偏好之起于安全动机者因之加强；（b）对于利率前途之看法，也许变得非常一致，故目前利率只要稍为更动一点，即有大批人愿意持有现金。这是一件饶有趣味的事情：经济体系之稳定性，经济体系对于货币数量变动之反应灵敏性，乃靠同时有许多不同意见之存在。最好能预知未来。假使不能，而我们还想靠货币数量之变动来控制经济体系，则对于未来之看法，意见必须不同。故此种控制法，用在美国不若用在英国有效，因为美国人喜欢在同一时间持同一意见，而在英国，则意见不同较为常事。

Ⅲ

我们现在已经把货币这个东西，引入因果关系中（causal nexus），173
这还是创举。货币数量之变动，如何影响经济体系，现在我们也已得一瞥。不过，如果我们由此推论，认为货币是一种饮料，可以刺激经济体系，促其活动，则我们必须记得，在此饮料发生作用之前，还有几重难关。设其他情形不变，则增加货币数量固可减低利率，但设公众之灵活偏好比货币数量增加得更快，则利率不会减低。设其他情形不变，则减低利率固可增加投资量，但设资本之边际效率表比利率下降得更快，则投资量不会增加。设其他情形不变，则增加投资量固可增加就业量，但设消费倾向也下降，则就业量未必增加。最后，若就业量增加，则物价将上涨；其上涨程度，一部分定于生产函数之形状，一部分须看工资单位（以货币计算）是否上涨。产量既增，物价既涨，则又转而影响灵活偏好，故如欲维持一特定利率，则必须再增加货币。

Ⅳ

灵活偏好之起于投机动机者，固相当于我《货币论》中所谓“空头状态”（state of bearishness），但二者并非一物。盖彼处所谓“空头状态”，并非利率（或债票价格）与货币数量之间之函数关系，
174 乃是资产及债票二者之价格，与货币数量之间之函数关系。然而那种办法，乃是把两种结果混为一谈：其一是利率变动所产生之后果，其二是资本之边际效率表变动所产生之后果。我希望这里避免了这种毛病。

Ⅴ

贮钱（hoarding）这个概念，可以看作是**灵活偏好**这个概念之第一接近值。假使我们用“贮钱倾向”（propensity to hoard）替代“贮钱”，则二者几乎是一物。不过，假使我们所谓“贮钱”，乃指增加现款持有额，则贮钱是一个不完全的观念；假使我们因此以为“贮钱”与“不贮钱”是两种简单选择，则更容易引起误解。盖在决定

贮钱与否时，不能不权衡放弃周转灵活性能够得到的好处，故贮钱与否，乃是把各种好处权衡轻重以后之结果，故我们必须得知道，另一面有什么好处。又设所谓“贮钱”，乃指实际持有现款，则贮钱之实际数量，并不因公众之决定而有改变。盖贮钱量必等于货币量，或——须看定义如何——等于货币总量，**减去**为满足交易动机所需之货币量，而货币数量并不由公众决定。公众之贮钱倾向所能为力者，只是决定一个利率，使得公众愿贮之数恰等于现有现款。利率与贮钱之关系历来向被忽视，这也许是部分解释，为什么利息常被看作是不消费之报酬，而事实上利息却是不贮钱之报酬。

第十四章　经典学派之利率论

I

175 什么是经典学派之利率论？我们都是在此中薰陶出来的，而且一直到最近，我们都没有多大保留地接受这个学说。然而我觉得很难把它说得很精确；在现代经典学派之重要著作中，也很难找出对此学说之明白说明。[1]

有一点可以说是很清楚：经典学派向来把利率看作是使投资需求与储蓄意愿二者趋于均衡之因素。所谓投资，即对可投资资源（investible resources）之需求，储蓄即此种资源之供给，利率乃使此种资源之供需趋于相等之价格。商品之价格必定定在一点，使得该商品之供需相等；同样，市场势力也一定使利率定在一点，使得在该利率下之投资量恰等于在该利率下之储蓄量。

在马歇尔《原理》中，找不出以上那样直截了当的说法。然而他的学说似乎就是如此；人家如此教我，我亦如此教人教了好几年。例如《原理》中有以下一段：“利息既为市场上使用资本所付之代价，

① 凡能找到者，我都节录下来，放在本章附录中。

故利息常趋于一均衡点，使得该市场在该利率下对资本之总需求量， 176
恰等于在该利率下资本之总供给量”。[①] 又如卡赛尔（Cassel）教授在所著《利息之性质与必然性》（*Nature and Necessity of Interest*）一书中说，投资构成“等待之需求”，储蓄构成“等待之供给”。言外之意，利息乃是使此二者趋于相等之“价格”；然而这里我也找不出原文来引证。卡佛（Carver）教授于所著《财富之分配》（*Distribution of Wealth*）第六章，却清清楚楚把利息看作是使等待之边际负效用与资本之边际生产力二者趋于相等之因素。[②] 夫禄克斯（Sir Alfred Flux）[《经济原理》（*Economic Principles*）第95页] 说“……储蓄与利用资本之机会，必会自动调整……只要净利率大于零……储蓄不会没有用处”。陶希格（Taussig）教授 [《原理》（*Principles*）第二卷，第20页] 先说：“利率会定于一点，使得资本之边际生产力适足引起储蓄之边际增量”；然后（第29页）画一条储蓄之供给曲线，又画一条需求曲线，后者表示，当资本之数量增加时，资本之
边际生产力渐减。[③] 华尔拉斯（Walras）在彼《纯经济学》（*éléments* 177

① 在以下附录第一节中，我们还要讨论这一段。

② 卡佛教授对于利息之讨论颇为费解，因为（1）他前后不一致，不知道他所谓“资本之边际生产力”，是指边际产物之数量呢，还是指边际产物之价值呢；（2）他也没有说明，资本之数量应当如何衡量。

③ 最近奈特（F. H. Knight）教授曾讨论此等问题 [《资本、时间和利率》（Capital, Time and the Interest Rate），载《经济》，1934年8月号]，对于资本之性质，曾有许多饶有兴味的、深刻的观察。彼证实马歇尔传统之健全，以及庞巴维克（Böhm-Bawerk）分析之无用，但彼之利息论，却完全是传统式的，经典学派式的。依照奈特教授，则所谓资本生产之均衡状态，乃是“一种利率，使得储蓄流入市场之时间速率，恰等于储蓄流入投资之途之时间速率，而投资所产生之净收益率，则又等于为使用其储蓄而付与储蓄人之代价”。

d'Économie pure）附录I（III）中，讨论“储蓄与新资本之交换”时，明白表示：在每一个可能利率之下，把各人愿意储蓄之数加在一起，得一总数，又把各人愿意投资——投资于新资本资产——之数加在一起，得一总数，二者趋于相等；利率者，即使此二者恰恰相等之变数也。故均衡利率必然定于一点，使得储蓄量——新资本之供给——等于储蓄之需求量。华尔拉斯氏之说，完全未出经典学派传统。

的确，普通人——银行家、公务员或政治家——之受过经典学派理论之熏染者，以及训练有素的经济学家，都有一种观念，认为每当个人有一储蓄行为时，利率自会下降；利率既降，自会刺激资本之生产。利率所须下降之程度，乃在使资本之增产量，适等于储蓄之增加量。而且，这种调整过程是自动的，不必由金融机关来干涉或当心。同样，时至今日，仍有一个更普遍的信念：投资每增加一次，则除非储蓄意愿起了变化，与之抵消，否则利率一定会提高。

由以上数章分析，我们已经明白，这种说法是错的。现在我们要追本溯源，探究何以意见不同，但先让我们说明共同之点。

新经典学派虽然相信，储蓄与投资可以实际不相等，但经典学派本身则相信二者是相等的。例如马歇尔就相信（虽然他没有明白
178 说出），总储蓄与总投资一定相等。事实上，大部分经典学派学者把这个信念推得太远了：他们认为每当个人增加其储蓄量时，投资量即同时作同量增加。而且在目前场合，以上所引若干经典学派学者所谓资本之需求曲线，与我所谓资本之边际效率表或投资需求表，并没有多大差别。当我们进而讨论消费倾向及其系论——储蓄倾向——时，意见逐渐不同，因为他们着重利率对于储蓄倾向之影响。不过我想他们也不会否认，所得水准对于储蓄量也有重要影响；而我也不否认，设所得不变，则该所得量之作为储蓄之用者，也许受

利率之影响，——虽然影响之道，容与他们想象者不同。所有这些共同点，可以总结成一个命题，经典学派与我都能接受，即：设所得不变，则储蓄量与资本需求量二者，皆随利率之改变而改变，当前利率所定之点，必为资本之需求曲线与储蓄曲线相交之点。

从这点以后，经典学派就犯了错误。假使经典学派仅仅由以上命题推论：设资本之需求曲线不变，又设人民从定量所得中愿意储蓄之量，确受利率改变之影响，但影响之方式（即储蓄与利率在某定量所得下之函数关系）不变，则所得水准与利率之间，必有一唯一的关系存在；假使经典学派仅仅这么说，则没有什么可争执的。而且由此命题，还可得另一命题，亦含有重要真理，即：设利率不 179
变，资本之需求曲线不变，又设人民从定量所得中愿意储蓄之数所受利率之影响亦不变，则所得水准必定是使得储蓄量与投资量二者相等之因素。不过事实上，经典学派不仅忽略了所得水准变动之影响，而且还犯了分析错误。

经典学派假定储蓄量虽然改变，但储蓄所由来之所得则不变。由以上所引观之，经典学派认为可以不必修改以上假定，即可进而讨论：当资本之需求曲线更改时，利率受到什么影响。经典学派利率论之自变数，只有两个：（a）资本之需求曲线，（b）在定量所得之下，利率对于储蓄量之影响。故依照此说，当资本之需求曲线整个移动时，相当于该定量所得之储蓄曲线可以不变，新利率乃定于新资本需求曲线与旧储蓄曲线相交之点。经典学派利息论似乎设想：设资本之需求曲线移动，或相当于一定量所得之储蓄曲线移动，或两条曲线都移动，则新利率定于两新曲线之交点。不过这个学说是不通的。因为既假定所得不变，又假定两曲线之一可以自己移动而不影响其他一曲线，这两个假定是冲突的。设二曲线之一移动，则

在通常情形之下，所得将改变，故根据所得不变这个假定建筑起来的整个结构即告崩溃。要自圆其说，只能用一个很复杂的假定：假
180 定每当二曲线或二曲线之一移动时，工资单位会自动改变，改变之程度乃使此种改变对于灵活偏好之影响，适足以建立一新利率，抵消曲线移动之影响，而维持产量于不变。但在上引各家中，我们找不出影子，他们曾经感觉到此种假定之必要。而且，这种假定至多只能适用于长期均衡，而不能用来作为短期理论之基础；即使在长时期中，这种假定也未必适用。事实上，经典学派没有意识到，所得水准之改变是一个有关因素（relevant factor），更没有想到，所得水准事实上可能是投资量之函数。

以上所说，可用下图[①]表示之：

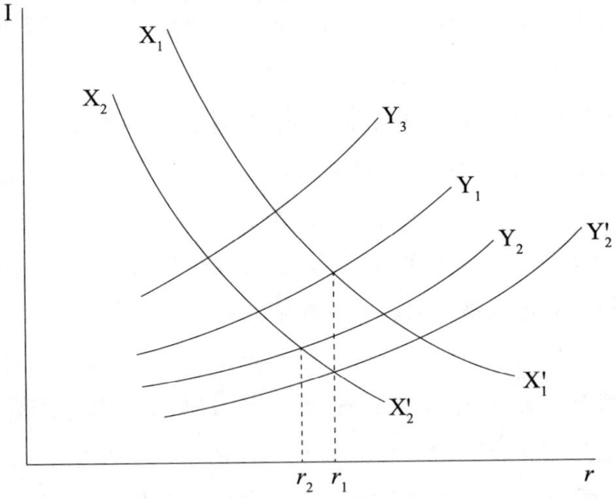

① 本图是哈罗德（R. F. Harrod）先生提示给我的，罗伯森先生亦用过类似分析法，参阅《经济学杂志》，1934 年 12 月号，第 652 页。

在上图中，投资量（或储蓄量）I以直轴衡量之，利率r以横轴衡量之。$X_1X'_1$，为投资需求表之原来位置，$X_2X'_2$为该曲线移动后之位置。曲线Y_1乃表示，设所得水准为Y_1时，储蓄量与利率之关系；曲线Y_2、Y_3等之意义亦相同，只是所得水准改为Y_2、Y_3等而 181
已。今设在Y曲线组中，曲线Y_1乃是唯一与投资需求表格$X_1X'_1$以及利率r_1不相冲突之曲线。今设投资需求表自$X_1X'_1$移至$X_2X'_2$，则一般而论，所得水准亦将移动。但上图并没有充分材料，可以告诉我们新的所得将定于什么水准。因为我们不知道哪条Y曲线合式，当然无从知道在哪一点，新投资需求表与之相交。但设我们引入灵活偏好状态以及货币数量，又设此二者所决定之利率为r_2，则整个情况即告确定。盖在r_2点上与$X_2X'_2$相交之Y曲线（即曲线Y_2），即为合式之Y曲线。故X曲线与Y曲线组不能告诉我们利率是什么，二者所能告诉我们的，只是：设我们从其他方面，知道利率之高低，则所得水准将如何。设灵活偏好状态以及货币数量不变，则曲线Y_2'将为合式之Y曲线，新所得水准将为Y_2'；盖曲线Y_2'与新投资需求表相交之点之利率，乃曲线Y_1与旧投资需求表相交之点之利率也。

故经典学派所用二函数，即投资对于利率之反应，以及在定量所得下，储蓄对于利率之反应，不足以构成一利率论。此二函数所能指示者，只是：设从其他方面，知道利率之高低，则所得将定在什么水准；或设所得维持于某水准（例如充分就业下之所得水准），则利率将定在什么水准。 182

错误之处，乃由于把利息看作是等待本身之报酬，而不看作是不贮钱之报酬。其实各种贷款各种投资都有风险，只是程度不同，故由贷款或投资得到的好处很可以看作是甘冒风险之报酬，而不是等待本身之报酬。说老实话，由贷款或投资得到的报酬，与所谓“纯”利率之间，并没有清楚界线，这些都是甘冒一种或他种风险之报酬。只有当货币仅作交易之用，不作贮藏价值之用时，别种学说才会合式。[1]

然而有很熟悉的两点，应当可以给经典学派一个警告，告诉他们有地方错了。第一，至少从卡赛尔教授之《利息之性质与必然性》出版以后，大家都同意，某定量所得中之储蓄量，不一定随利率之增加而增加；同时也没有人否认，在投资需求表上，投资随利率之增而减。但设 X 曲线组及 Y 曲线组都是下降的，则一特定 Y 曲线与一特定 X 曲线不一定有交点。这就暗示：决定利率者，不能只是 Y 曲线以及 X 曲线。

第二，经典学派常常设想，当货币数量增加时，至少在开头以及短时期内，利率有降低之趋势。但是他们没有说出理由，为什么货币数量之改变会影响投资需求表，或影响某定量所得中之储蓄量。故经典学派有两套利率论，在第一卷价值论中是一套，在第二卷货币论
183 中又是一套。两套很不同，他们似乎并不因为两者有冲突而感觉不安；据我所知，他们亦没有设法想调和此二者。以上是说经典学派本身。新经典学派想调和此二者，于是更弄得糟不可言。新经典学派推论：一定有两个供给来源，来满足投资需求：(a) 正常储蓄（savings proper），亦即经典学派所谓储蓄，以及（b）由于增加货币数量所产生之储蓄；后者乃是对公众之一种征课（levy），可称之为“强迫储蓄”或类似名称。于是乃产生“自然”（natural）利率，或“中立”（neutral）利率，[2]或“均衡”利率这类概念，所谓“自然”或“中立”或“均衡”利率者，乃是使得投资与经典学派之正常储蓄相等之利率，而“强迫

① 参阅以下第十七章。

② 当代经济学家所谓“中立”利率，与庞巴维克所谓“自然”利率不同，亦与魏竞赛尔（Wicksell）所谓“自然”利率不同。

储蓄”不与焉。最后，根据以上所述。新经典学派更得一最浅显的解决方案：只要在所有情况之下，能维持货币数量于**不变**，则所有复杂情形都无从产生，盖设货币数量不变，则由投资超过正常储蓄所产生之种种恶果即不复可能也。到了这里，我们已不能自拔。“野鸭已经潜到水底，深至无可再深，而且死命咬紧水底下的野草、蔓茎、垃圾；现在要有一只非常聪明的狗跳下去，方才能够再把鸭子捞上来”。

传统分析法之所以错误，乃在其未能正确认明何者为经济体系之自变数。储蓄与投资都是经济体系之被决定因素，而不是决定因素。经济体系之决定因素，乃消费倾向、资本之边际效率表以及利率；储
蓄与投资只是此决定因素之双胎儿。当然，这三个决定因素，本身也 184
非常复杂，而且可以互相影响。但三者仍不失为自变数，意思是说，三者中任何一变数之值，不能从其余二变数之值推得。传统分析法知道储蓄定于所得，但忽视一点：所得定于投资，故当投资改变时，所得必定改变，所得改变之程度，乃使储蓄之改变恰等于投资之改变。

还有一批理论，想从资本之边际效率求出利率，亦未见成功。在均衡状态，利率固然等于资本之边际效率，盖若二者不等，则增加（或减少）当前投资量，使二者相等，必有利可图。但设以此作为利率理论，或由此推得利率，则犯循环推理之病；马歇尔想遵循这条路线解释利率，中途即发现此病。[①] 盖资本之边际效率，一部分乃定于当前投资之多寡，而欲计算当前投资量，则必先知利率也。所可得而言者，只是：新投资之产量必须达到一点，使得资本之边际效率等于利率；资本之边际效率表能够告诉我们的，不是利率将定于何点，而是设利率为已知，则新投资之产量将扩充至何点。

① 见本章附录。

我想读者很容易了解，现在我们所讨论的问题，无论从理论看或
185 从实际看，都是异常重要。历来经济学家对实际问题有所主张时，其根据之经济学原理都假定着：设其他情形不变，则减少消费可以降低利率，增加投资可以提高利率。设储蓄意愿与投资二者所决定者，并不是利率，而是总就业量，则我们对于经济体系之运用机构，会彻底改变看法。设在其他情形不变这个条件之下，消费意愿减低之结果，不是增加投资，而是减少就业，则我们对此因素之态度将大为不同。

附录：马歇尔《经济学原理》，李嘉图《经济学原理》以及其他书中之利率论

I

186 在马歇尔、艾其伟斯或皮古教授之著作中，对于利率都没有连篇紧凑的讨论，只是随意提及而已。除了以上所引一段以外（见上第十一章第二节），马歇尔对于利率问题之态度，只能由其《原理》（第六版）第六编第534页及第593页中臆测之。以下所引，乃此二页之要旨：

> 利息既为市场上使用资本之代价，故利息常趋于一均衡点，使得该市场在该利率下对资本之总需求量，恰等于在该利率下资本之总供给量。[①] 设我们所讨论之市场为一小市场，例如一城或一

① 注意，马歇尔用“资本”一词，而不用“货币”，用“资本供给量”而不用“贷款”；然而利息是借钱之代价，故此处所谓“资本之需求”，应当是指“为购买资本品而对贷款之需求”。但使资本品之供需相等者，乃资本品之价格，而非利率也。利率乃使款项之借贷相等，换言之，使债务票据之供需相等。

业，则当该市场对资本之需求增加时，可以从邻区或他业抽调资本，增加资本之供给，而迅速满足之。但设以全世界或一大国为资本市场，则资本之总供给量，不能因利率改变，而有迅速与大量的增加。盖资本之来源乃劳力与等待，利率提高，固足引人作额外劳作[①]以及额外等待，但在短时期内，此种额外劳作以及额 187
外等待，较之现有资本品内所包含之劳力与等待，不会太多。故在短时期内，设对资本之需求大量增加，则满足此需求之增加者，出诸供给之增加者少，出诸利率之上涨者多。[②]利率既涨，故有一部分资本将自其边际效率最低之使用处逐渐退出。故提高利率，只能慢慢地、逐渐地增加资本之总供给量。（第534页）

我们不能不反复申述，"利率"一词，用在旧有资本投资品上，意义非常受限制。[③]例如，我们也许说：本国各种工商业

① 这就假定所得不是不变。然而我们不清楚，为什么提高利率会引起"额外劳作"。难道是说，提高利率，因为可以增加为储蓄而工作之吸引力，故可看作是一种真实工资之增加，故可使生产原素愿意接受较低（货币）工资而工作吗？我想这是罗伯森先生在类似场合心目中所有的意思。当然，这种额外劳作"在短时间内不会太多"；想用这个因素，来解释实际上投资量之变动，可谓最不近情理，而且荒谬。我主张把这下半句重写如下："设资本之边际效率表增加，故对一般资本之需求大量增加，且此种增加，未为利率之上涨所抵消，则资本品之生产增加；因资本品之生产增加，故就业量增加，所得水准提高；因所得水准提高，故有额外等待；且此额外等待之货币值，恰等于当前资本品之增产量之值，故前者适足提供（provide for）后者。"

② 为什么不出诸资本品之供给价格之提高呢？例如，设一般资本之需求之所以大量增加，乃起于利率之降低，则资本品之供给价格将上涨。我主张这句应重写如下："设对资本品之需求大量增加，而资本品之总供给量不能即刻增加以满足之，则此需求之未满足部分，将暂时因资本品供给价格之提高而受到抑制；提高之程度，乃使投资量不必有多大改变，而资本之边际效率已等于利率。同时（亦永远如此），生产原素之适于生产资本品者，将用以生产在新环境下边际效率最高之资本品。"

③ 简直不能用。利率只适用于借贷交易，故我们只能说，为购买新旧资本投资品或为其他目的，所借之钱所出之利率。

> 所投资本，约为 7, 000, 000, 000 镑，年得净利 3 厘。不过这种说法虽然方便，在许多场合也可以这么说，但并不正确。我们
> 188 应当说：设在各该工商业中，投资于新资本（即在边际投资上）所可得之净利率约为年利 3 厘，则各该工商业旧有投资之所得，若以 33 倍乘之（即用 3 厘利率），以所得还原为资本，则约为 7, 000, 000, 000 镑。盖资本一经投资于改良土地，或兴建房屋、铁路及机器，则该资本之价值，乃其预期的未来净所得（或准地租）折成现值之和。设该资本在未来产生所得之能力减低，则其价值亦即减低；其新值可由较小所得中减去折旧，再加以资本还原化得之。（第 593 页）

在《福利经济学》第三版第 163 页，皮古教授说："'等待'这一种劳役之性质，一向非常受人误解。有时说，等待即是提供货币；有时说，等待即是提供时间；根据这两种说法，于是有人说，等待对于国民所得毫无贡献。这两种说法都不对。所谓'等待'，只是把现在可以即刻消费的东西暂时延期不消费，于是使本来即将毁灭之资源变为生产工具。[①]……故'等待'之单位，乃一特定量资源[②]——例如劳力或机器——使用一特定时间……更广泛点说，等待之单位乃一年值单位（year-value-unit），或用卡赛尔氏说法（比较简单，但亦比较不正确），等待之单位乃一个年镑（year-pound）……

① 此处行文含糊，到底是说，延迟消费一定会产生这种效果呢？还是说，延迟消费只腾出若干资源，至于这些资源或失业**或作**投资之用，须视环境而定呢？

② 注意，并不是所得持有人可以，但并未，作消费之用之钱；故等待之报酬，乃准地租而非利息。这句话言外之意，似乎是说，如此腾出之资源**必作投资之用**。盖设腾出之资源而失业，则等待还会有什么报酬？

通俗看法，以为在任何一年中所积聚之资本，一定等于该年之'储蓄'量，对于这种看法，我们要审慎。即使把储蓄解释为净储蓄（即不计借给他人，以增加他人消费的这种储蓄），又把暂时存入银行、未曾动用之劳役支配权也不计在内，即使如此，这个看法还是不对，因为有许多储蓄，本意是要拿来变成资本的，但因纳入浪费之途，故事实上并未变成资本。"[1] 189

皮古教授唯一论及何者决定利率之处，乃在彼所著《工业变动》（*Industrial Fluctuations*）第一版第251—253页。在该处，彼不同意下列一说：利率既定于真实资本之供需，故不在中央银行或其他银行之控制之下。彼提出反对意见，说："当银行家为工商界创造更多信用时，实在是为工商界向公众强迫征课实物，扩大真实资本之供给源流。故银行多创信用，有使一切真实利率下降之作用。此处应加说明之点，则已见前第一编第十三章。[2] 总之，银行放款利率，固然机械地追随长期真实利率，但这并不就是说，决定真实利率之条

---

① 在这段里，皮古教授没有告诉我们，设我们不计使用不当之投资，但计及"暂时存入银行、未曾动用之劳役支配权"，则净储蓄是否等于资本增量。但在《工业变动》第22页，皮古教授明白说明，这种存款对于他所谓"真实储蓄"（real savings），并不发生影响。

② 在该处（前引书第一版第129—134页或第二版第146—150页），皮古教授讨论当银行创造新信用时，可供工商界之用的真实资本之源流将扩大多少。他的办法是"从银行创造出来交给工商界的流动信用之中，减去如果没有银行也会产生的流动资本"。此种减数有二。自此以后，其论证即非常晦涩。开头，固定收入者（rentiers）有所得1,500，消费用去500，储蓄1,000；后来因为银行创造信用，故其所得减为1,300，消费用去500-x，储蓄800+x。皮古教授乃下断语：此x即因银行创造信用而净增之资本。雇主们之所得到底增加多少，等于由银行所借之数（减去以上二减数）呢，还是等于固定收入者所得减少之数——200——呢？不论增加多少，是不是雇主把全部增加数都储蓄起来呢？投资量之增加，是否等于银行所创信用减去以上二减数呢？还是等于x呢？故皮古教授之论证，似乎在应当开始之外反而戛然中止。

件，全不在银行家控制之下”。

我对于以上各家所下随手批评，都已放在脚注中。我对于马歇尔之说所以大惑不解，其基本原因乃是因为“利息”这个概念属于货币经济范围，故不应闯入不讨论货币之著作中。“利息”实在不应当在马歇尔《原理》中出现，利息乃属于经济学之另一部门。皮古
190 教授在《福利经济学》中，几乎从未提及利息，他让我们觉得：等待之单位，就是当前投资之单位；等待之报酬，就是准地租。这倒是和他的暗中假定相一致的。然而这些学者并不是讨论一个非货币经济——假使有这种东西的话。他们明明设想有货币之使用，还有银行制度之存在。皮古教授《工业变动》一书，主要是研究资本之边际效率之变动，《失业论》一书，主要是研究：如果没有不自愿的失业，则何者决定就业量。然而在该二书中，利率所占据之地位，竟不比在“福利经济学”中所占据之地位更重要。

Ⅱ

以下引文，录自李嘉图《经济学原理》第 511 页，乃其利率论之要旨：

> 规定利率者，不是英格兰银行之放款利息，不论是 5 厘、3 厘或 2 厘，而是使用资本能够得到的利润率；后者与货币之数量或货币之价值毫无关系。不论英格兰银行放款 100 万、1,000 万或 1 亿，该银行不能永久改变市场利率，只能改变发行额及币值。为完成同样业务，在一种情形下所需之货币，将为他种情形下之 10 倍或 20 倍。故向英格兰银行要求贷款之多寡，须视该银

行愿意贷款之利率，与使用此款能够得到的利润率，二者之比较而定。设该银行所要求者低于市场利率，则无论多少钱都放得出去；设该银行所要求者高于市场利率，则只有浪子败子才借款。

李嘉图说得如此刻划分明，故较之以后学者之说法容易讨论。后之学者，实在没有脱离李嘉图学说之要旨，但觉得此说有些欠妥，只能含糊其辞以求掩饰。以上引文，当然应当解释为一种长期学说，着重点放在文中“永久”二字。李嘉图常常只讨论长期情况。这种学说需要何种假定才能成立呢？

所需假定就是经典学派常用假定：充分就业常能维持。设充分 191
就业常能维持，又设劳力之供给曲线——真实工资与劳力供给之关系——不变，则在长期均衡中，只有一个就业量是可能的。根据这个假定，再加上各心理倾向不变，预期不变（由货币数量之改变所引起者除外）这两个假定，则李嘉图学说可以成立；意思是说，在这许多假定之下，只有一个利率，与长期充分就业不冲突。但李嘉图及其继承人忽略了一点：即使在长时期中，就业量也不一定充分，也可以改变；有一个银行政策，就有一个不同的长期就业水准与之相应；故长期均衡之位置，亦随金融当局之利息政策而改变。

设当局之金融政策，乃在维持一特定货币数量于不变，则在此种情形之下，只要假定货币工资有很大伸缩性，李嘉图学说仍能成立。换言之，如果李嘉图说，不论金融当局所决定之货币数量为一千万或一亿，利率不会因之而有永久改变，这种说法还是对的。但设所谓金融政策，是指金融当局增减货币数量之条件，换言之，指金融当局用贴现或公开市场交易等方法，增减其资产时所要求之利率（李嘉图在上引文中明白说明，这就是他所谓金融政策），则当局之金融政策，既非毫无影响，又不是只有一个政策与长期均衡相协调。但设当有不自愿失业存在时，失业工人即作无谓的剧烈竞争，无限制削减工资，以争取就业机会，则在此种极端情形下，只有两个长期均衡位置：充分就业，或利率低至不能再低时之就业量（假设此就业量小于充分就业量）。所谓利率低至不能再低者，即若利率达到该水准，则灵活偏好可以无限制吸纳货币；再换句话说，利率达到该水准时，灵活偏好便变成绝对的。假定货币工资有很大伸缩性，则货币数量本身固然不发生作用，但金融当局愿意增减货币数量之条件，确是经济体系之一个决定因素。

192 有一点值得注意，从以上引文中最后几句看来，李嘉图似乎忽略了：资本之边际效率，可以随投资量之改变而改变。但这一点刚是一个好例，说明李嘉图之学说体系要比其后继者来得严谨，前后一致。盖设社会之就业量不变，又设社会之心理倾向不变，则只有一个可能的资本积聚率，因之资本之边际效率之值，亦只有一个。李嘉图在智力上之成就甚高，远非其他小角色所可及。他可以把一个离开现实很远的世界作为现实世界，然后始终生活其中。而大部分李嘉图之后继者，则不能不兼顾常识，于是其学说在逻辑上之前后一致性遂受到损害。

Ⅲ

密赛斯（von Mises）教授有一个奇特的利率论，为哈耶克教授以及（我想）罗宾斯教授所采用。其说是：所谓利率之改变，实即消费品物价水准与资本品物价水准之相对的改变。[①] 我们不清楚这个

① 《货币与信用论》（*The Theory of Money and Credit*），第 339 页及全书；尤其是第 363 页。

结论是如何得来的。但其论证似乎如下：先用一套假定，使得情况极度简单化；根据这套假定，然后用新消费品之供给价格与新资本品之供给价格之比，来衡量资本之边际效率。① 于是说这个比例就是利率。因为利率降低利于投资，故当上述比例降低时，亦利于投资。

用这种方法，于是个人储蓄之增加与社会总投资之增加有了联系。盖一般人以为，若个人储蓄增加，则消费品之价格下降，且其下降之程度，很可能大于资本品价格之下降程度。依以上推理，此 193
则表示利率降低，故刺激投资。但设某数种资本资产之边际效率减低，以致一般资本之边际效率减低，则其效果适与以上论证所假想者相反；盖刺激投资者，可以是资本之边际效率表之提高，也可以是利率之降低。因为把资本之边际效率与利率混淆不清，故密赛斯教授及其信徒所得结论恰与事实相反。遵循这种思路所引起的混淆，可用汉逊（Alvin Hansen）教授一段文章，作为好例："有些经济学者说，减少消费之净结果，将使消费品之价格较之消费未减少时为低，故投资于固定资本之动机，因之受削弱。但是这种看法是不对的，因为这种看法是把（一）消费品价格之高低对于资本形成之影响，以及（二）利率之改变对于资本形成之影响，二者混起来了。减少消费及增加储蓄，固可使消费品之价格较之资本品之价格相对地降低；然而此即表示利率降低，利率降低可以刺激投资，故在以前利率下无利可图之投资，今则亦可以从事矣。"②

① 如果我们是在长期均衡状态，则也许可以想出特种假定，使这种说法成立。但设我们所讨论的价格，乃不景气情形下之价格，则假定雇主在预测时，设想现有价格会永久维持，此种假定必与事实不符。又如果雇主如此设想，则现有资本品之价格，将与消费品之价格作同比例的下降。

② 《经济复兴》（*Economic Reconstruction*），第 233 页。

第十五章　灵活偏好之动机

I

194 在前第十三章中，我们对于灵活偏好之动机，已约略提及，今再作较详细分析。此处所讨论者，约略等于他人所谓货币之需求；又与货币之所得流通速度（income-velocity of money）关系非常密切。盖货币之所得流通速度，乃衡量公众愿意以其所得之几分之几，用现金来保持；故货币之所得流通速度增加，可能是灵活偏好减低之一种朕兆，然而二者究非一物，盖个人可以选择周转灵活与否者，只限于其所积聚之储蓄，而非其全部所得。且“货币之所得流通速度”这一个名词，可以引起一种错误联想，以为全部货币需求都与所得成比例，或与所得有一定关系，而事实上（理由见后）只有一部分货币之需求才与所得成比例，或与所得有一定关系。故此名词忽视利率所占之地位。

在拙著《货币论》中，我用所得存款（income-deposits）、业务存款（business-deposits）以及储蓄存款（savings-deposits）三个名
195 义，研究货币之全部需求；我不必把该书第三章所作分析，在此重说一遍。但为此三个目的所持有的货币，还是总汇在一处，持有者

不必以之分成三个水泄不通的部分。即使在持有人心目中，也未必划分得非常清楚，同一笔款项，可以兼为两个目的（主要的及次要的）而持有。故把个人在一特定情况下对货币之总需求，看作是一个单独的决定，也未尝不可，也许更好；但此单独的决定，仍是许多动机之综合结果。

故在分析动机时，仍不妨把动机分为数类。第一类大致相当于我以前所谓所得存款以及业务存款；第二、第三类相当于我以前所谓储蓄存款。在第十三章中，我把这三类称之为交易动机、谨慎动机以及投机动机；交易动机又可再分为所得动机及业务动机。

（一）所得动机。保持现金之理由之一，乃在渡过从所得之收入到支出这一段时期。这个动机之强度，主要须视所得之大小，以及所得收支期间之经常长度而定。货币之所得流通速度这一个概念，只适用于为此目的——所得动机——所持有之货币。

（二）业务动机。同样，持有现金，可以是为渡过业务上从支出成本到收入售价这一段时间；商人持有之货币，用以渡过从进货到售货这一段时间者，即包括在此动机之下。这个需求之强度，主要定于两个因素：当前产量——当前所得——之值，以及这个产量须 196
经过几道手才达到消费者。

（三）谨慎动机。由此动机持有之货币，乃在提防有不虞之支出，或有未能逆睹之有利进货时机。又货币这种资产，若以货币本身作计算单位，其价值不变，若负债亦以货币作计算单位，则持有货币便于偿付未来债务。

以上三类动机之强度，一部分须看当需要现款时，用暂时借款——尤其是透支——等方法，取得现款之可靠性如何，所付代价如何而定。盖设在实际需要现款时，可以毫无困难取得现款，则实无必要为度过一段时间，持有现款而不用。又此三动机之强度，亦定于所谓持有现金之相对成本。设为保持现款，不能购买一可以生利之资产，则持有现款之成本增加，因此减弱持有一特定量现款之动机。但设存款而可生息，或持有现款而可避免付费于银行，则成本减低，动机加强。但除非持有现款之成本有极大改变，否则这个因素大概只是次要的。

（四）此外还有**投机动机**。这种动机，比之以上三者，需要较详细的考察。其理有二：第一，人们对此动机之了解，不若对其他动机之深；第二，在传播由货币数量之**改变**所产生的种种影响这一点上，这个因素特别重要。

在正常情形之下，为满足交易动机以及谨慎动机所需要的货币数量，大致定于经济体系之荣枯以及货币所得之大小。但是因为有投机动机之存在，故货币数量之变动（不论是有意的或偶然的），可
197 以影响整个经济体系。盖货币需求之用以满足前二类动机者，既视经济体系之荣枯或货币所得之大小而定，故除该二者有实际改变以外，大致不受其他因素之影响。但经验告诉我们，货币需求之用以满足投机动机者，则常随利率之改变而改变，二者之变动方式，可以用一条连续（continuous）曲线表示之。而利率之改变，则又可用长短期债票之价格变动代表之。

设非如此，则公开市场交易（open market operations）将不可能。我之所以说，经验上有以上那种连续关系之存在者，因为事实上银行体系总可以把债票价格稍为提高一些，用现款来购买债票，或把债票价格稍为压低一些，出卖债票以取得现款。银行体系想用买

（卖）债票方法，来增（减）现款之数量愈大，则利率之降（升）程度亦愈大。但如（例如1933—1934年美国情形）公开市场交易，仅限于期限甚短之证券，则公开市场交易之影响，大致亦只限于极短期利率，而对于重要性更大许多的长期利率，反而影响甚小。

在讨论投机动机时，我们要分辨两种利率改变，第一种是灵活偏好函数不变，但货币供给量之可以用来满足投机动机者，起了改变，故利率改变；第二种是因为预期改变，影响到灵活偏好函数本身，因而影响到利率。公开市场交易不仅可以改变货币数量，而且还可以改变人们对于金融当局之未来政策之预期，故可以双管齐下，198 影响利率。设人们因情报（news）改变，修改其预期，以致灵活偏好函数本身发生变化，则此种变化常常是不连续的，由此所引起的利率改变也是不连续的。设各人对于情报之改变，解释不同，或情报之改变，对于各人利益所生之影响不同，则在——亦只有在——这种情形下，债票市场上之交易将增多。设情报之改变，使每人之想法与做法都作完全相同的改变，则不须有任何市场交易，而利率（以债票价格表示之）将立即与新环境相调整。

最简单的场合，则为每人性情相同，处境相同。在此场合，环境改变或预期改变，不能使货币易主，只能使利率涨落。利率改变之程度，乃使每人在旧利率下，处新环境或新预期之中，想欲改变其现款持有量之愿望，适为利率之改变所打消。利率改变时，各人愿意持有之货币量固然亦随之改变，但因各人对利率改变之反应程度相同，故不必有任何交易。有一组环境及一组预期，即有一适宜利率与之相应；无论何人都不必改变其平时所持有之现款数。

但在通常情形下，环境改变或预期改变，常使各人所持有之货币量重新调整；盖在事实上，各人处境不同，持有货币之理由不同，对新环境之认识与解释不同，故各人对新环境之看法与态度亦不同。
199 故现款持有量之重分配，常与新均衡利率相伴俱来。虽然如此，我们所着重者，乃是利率之改变，而不是现款之重分配；后者只是因为人与人间有差异而偶然产生的现象，而主要的、基本的现象，则在上述最简单场合已可窥见。而且，即使在通常情形下，在情报改变所引起的一切反应之中，以利率改变最为显著。报纸上常见有这样的话：债票价格之涨落，与市场上交易量之多寡，完全不成比例；——如果我们想到，各人对情报之反应，相同处多，不同处少，则应当有这种现象。

Ⅱ

个人为满足交易动机以及谨慎动机所持有之现款数，与彼为满足投机动机所持有之现款数，固然并不完全无关，但就大体而论，或作为第一接近值，我们可以把这两组现金持有量，看作是互不相关。在以下分析中，我们就把问题分为如此两部分。

令 M_1 代表为满足交易动机以及谨慎动机所持有之现金数，M_2 为满足投机动机所持有之现金数。与此两部分现金相应者，则有两个灵活偏好函数：L_1 及 L_2。L_1 主要是决定于所得水准，L_2 主要是决定于当前利率与当前预期状态之关系。故有

$$M=M_1+M_2=L_1(Y)+L_2(r),$$

200 其中 L_1 代表所得 Y 与 M_1 之函数关系，L_2 代表利率 r 与 M_2 之函数关系。故我们有三个问题要研究：（一）M 改变时，Y 及 r 将起何种变

化？（二）何者决定 L_1 之形状？（三）何者决定 L_2 之形状？

（一）M 改变时，Y 及 r 将起何种变化——这个问题之答案，须看 M 之改变由何而来。设 M 由金币构成，M 之改变只能由开采金矿而来，而金矿员工又属于我们所研究的经济体系，则在此种情形下，M 之改变必直接引起 Y 之改变，盖新产之金必为有人之所得。设 M 之改变，乃由于政府印发纸币应付其岁出，则情形完全相同，盖新发之纸币亦必为有人之所得。但新的所得水准，不够高到一种程度，使得所有 M 之增加都吸收在 M_1 之中，故有一部分货币要另寻出路，购买证券或其他资产，于是利率降低，使得 M_2 加大；同时因为利率降低，刺激 Y 上升，M_1 亦加大，直至最后所有新的货币，不吸收在 M_2 中，即吸收在 M_1 中。由是观之，以上情形只比另一种情形多了一步，另一种情形者，即若要增发货币，则银行体系必先放松其信用条件，使得有人愿意把债票卖给银行，以换得新现款。

故我们可以把后一种情形，作为典型的情形。我们假定：要改变 M，必先改变 r。r 改变以后，则一部分因为 M_2 改变，一部分因为 Y 改变，引起 M_1 改变，故又产生一新的均衡。至于在此新的均衡情 201
形之下，新增现款如何分配于 M_1 及 M_2，则须看投资对于利率降低之反应如何，以及所得对于投资增加之反应如何而定。[①] 因 Y 一部分定于 r，故当 M 改变一特定量时，r 必须改变到一种程度，使得 M_1 及 M_2 之改变，相加起来，恰等于该 M 之特定量改变。

（二）所谓货币之所得流通速度者，到底是指 Y 与 M 之比，或 Y 与 M_1 之比，一般讨论此问题者并不常常说得很清楚。我主张用后一个意义。令 V 代表货币之所得流通速度，则有

① 至于何者决定新均衡之性质，则必须留待第五编讨论。

$$L_1(Y)=\frac{Y}{V}=M_1。$$

当然，我们没有理由，说 V 是一个常数。V 之价值，定于（a）银行界以及工商界之组织情形，（b）社会习惯，（c）所得在各阶级之分配办法，（d）持有现金而不用，所付之代价。但设我们所讨论者为一短时期，则上列各因素，大概不会有重大改变，故 V 可以说是几乎不变。

（三）最后，我们要论到 M_2 与 r 之关系。在第十三章中，我们看到：人之所以持有现款 M_2，而有这种灵活偏好者，其唯一合理解释，乃是因为人们对于利率之前途觉得不确定。由此，M_2 与 r 之间，并没有一定的数量关系，换句话说，并不是有一个 r 之值，即有一个一定的 M_2 之值与之相应；盖人们所注意者，倒不是 r 之绝对水准，而是在根据或然律计算以后，r 之绝对水准与一般认为 r 之相当
202 安全水准——二者之差别程度。虽然如此，设预期状态不变，则我们有两个理由，说明 r 降低时，会引起 M_2 之增加。第一，设一般人认为 r 之安全水准不变，则 r 每降低一次，就使得市场利率比之“安全”利率相对减小，因此使得放弃周转灵活性之风险加大。第二，放弃周转灵活性所得之报酬，可以看作是一种保险赔偿金，用来抵补资本账上蒙受损失之风险；但利率每降低一次，则所可抵补者愈小，其减少程度乃等于旧利率之平方与新利率之平方之差。举一个例。设现在长期债票之利率为年息 4 厘，若未来利率之增加速度为现在利率之 4%，即每年增加 0.16 厘，则利息收入与资本帐上之损失约略相抵；故除非人们根据或然律估计结果，觉得未来利率之每年上涨速度，会大于现在利率之 4%，否则宁愿放弃周转灵活性而赚取利息。但设现在利率已经降至年息 2 厘，则利息收入所能抵补之资本损失，只是未来利息每年增加 0.04 厘而已。利率为年息 4 厘时，利息

收入所能抵补之利率上涨风险，为每年增 0.16 厘；利率为年息 2 厘时，利息收入所能抵补之利率上涨风险，为每年增 0.04 厘；二抵补量之差，等于旧利率之平方与新利率之平方之差。这也许是主要阻碍，为什么利率不能降至极低，盖除非未来会跟过去经验大不相同，否则当长期利率已经降至 2 厘时，利率上涨之可能性大，利率下降之可能性小，而且利息收入所能抵补之利率上涨程度亦极小。

由是观之，利率现象中之心理成分甚大。在以下第五编中，我们将看到，在均衡状态时，利率不能低于相当于充分就业之利率水准，盖设有此种现象，即将产生真正的通货膨胀，于是现款数量虽继续增加，但 M_1 可以完全吸收之。但在该水准以上，则长期市场利率不仅定于金融当局之当前政策，而且还须看市场上对其未来政
策作何推测而定。短期利率容易控制，因为第一，金融当局不难使 203
人相信，在最近未来，其政策不至有大变；第二，除非利息收入几等于零，否则利息收入总大于可能的资本损失。但设长期利率已经降到一个水准，使得一般人根据过去经验，以及对于未来金融政策之推测，觉得这个水准“不安全”，此时金融当局便很难控制长期利率。例如，设一国为国际金本位之一员，若该国利率低于其他各国之利率，则该国人民自然对本国利率无信任心；但若把本国利率提高，使与国际金本位体系中之最高利率（除去风险因素以后）相等，则又嫌太高，与国内充分就业不相容。

故设一般舆论认为某种金融政策只是试验性质，很容易改变，则该金融政策恐不能把长期利率减低许多；盖若 r 减低至某种水准以下时，M_2 将无限制增加也。反之，设舆论认为该政策是合理的，切实的，于公众有利的，认为当局推行此政策有坚强信念，不会轻易

改弦易辙，则该政策颇易奏效。

与其说利率现象中之心理成分甚大，恐怕不如说利率是一个非常因循成规的（highly conventional）现象，倒反而更正确一些。盖今日之实际利率水准，大部分乃定于一般人对于未来利率水准之预测。任何利率水准，只要公众充分相信该利率水准会继续维持下去，就会继续维持下去。当然，在一个动荡社会中，利率可以因为种种理由，围绕着这个预期的经常水准上下变动：理由之一，如 M_1 之增加
204 速度大于 M，则利率上涨，反之则利率下降。然而利率所围绕着上下变动的那个水准，可能经过几十年，始终太高，使得充分就业不能实现；——这种情形，当一般人认为利率会自动调整，故有比因循成规更强有力的客观理由，使得实际利率水准非如此不可时，尤其容易发生。于是在公众或当局心目中，都联想不起，就业量之所以不能达到最适度水准，乃是因为利率不合适在作祟。

我想，现在读者应当明白了：因为长期利率基于成规，相当稳定，而资本之边际效率则变化多端，非常不稳定，故有效需求很难维持在一个高的水准，足以提供充分就业。

从乐观方面着想，我们可以引以自慰者，只有一点：正因为成规并不基于确切知识，故我们可以希望，假使金融当局相当坚持，欲贯彻其主张，则成规大概不至于老是顽强抵抗。舆论可以很快习惯于温和的利率下降，下降以后的新利率又构成新的成规，作为预测未来之根据；此时金融当局又可更进一步，把利率再压低一次。这个办法当然有个限度。放弃金本位以后，英国长期利率之下降，可作好例：这部工作是经过几个步骤才完成的，每当公众之灵活偏好函数已经习惯于新利率，故对当局政策之新动向，或情报中之新

刺激，又可重起反应时，当局即把利率再压低一次。

Ⅲ

以上所说，可以用一个命题总结起来：设预期状态不变，则除 205
了交易动机或谨慎动机以外，在公众心目中，还有一个潜势力要持有现款；至于在何种程度以内，这个潜势力实现为真正持有现款，则须看金融当局愿意创造现款之条件如何而定。灵活偏好函数 L_2 所概括者，实即此种潜势力。

由此，故设金融当局所创造之货币数量为已知，又设其他情形不变，则只有一个利率（或说得严格一些，只有一个利率体系）与此货币数量相当。但这不仅限于货币，把经济体系中任何一个因素单独提出来，都和利率有一定关系。故除非货币数量之改变与利率之改变有特殊直接关联，否则把货币与利率单独提出来分析，没有什么用处，也没有什么重要性。我们所以认为二者有特殊关联者，乃是因为一般说来，银行体系与金融当局是买卖货币与债务票据之商人，而不是卖买资本品或消费品之商人。

假使金融当局肯根据一定条件，卖买期限不同的各种债务票据，则利率体系与货币数量之关系非常直接。利率体系只是银行体系肯买卖债务之条件，货币数量只是个人所愿意持有之现款数，——后者在考虑一切有关系情况以后，觉得宁愿保持流动现款，不愿依据
市场利率把现款脱手，换取债务票据。在货币管理技术上，今日最 206
切实而重要的改革，恐怕是让中央银行依照一组规定价格买卖各种期限之金边债票（gilt-edged bonds），而不是只依照一个银行利率买

卖短期票据。

以今日实际情形而论，银行体系控制市场债票价格之“有效”程度，各银行体系颇有出入。有时银行之控制力量，在一个方向比在另一个方向有效，例如银行只肯依照一定价格购买债务票据，而不一定肯在买进价格上加上一点转手费，定出一个与买价相差无几的卖价，然后依此卖价出售债务票据。当然，并没有什么理由，为什么不能利用公开市场交易，使得银行所定价格在两个方向都有效。除此以外，还有一个更重要的限制，即一般而论，金融当局并不肯对期限不同的各种债务票据都一视同仁，愿意买卖，而往往集中于买卖短期债务票据，让短期债务票据之价格影响长期债务票据之价格。当然，这种影响不会即刻生效，生效亦不完全。又和以上一样，这里也没有理由，为什么非如此不可。假使有以上限制，则利率与货币数量之关系便不十分直接。在英国，当局有意控制之范围似乎在扩大。但要把此处所述学理，应用之于实际，则必须顾及金融当局实际所用控制法之特征。如金融当局只卖买短期债务票据，则我们必须考虑，短期票据之价格（现在的或未来的），对于期限较长之票据，其影响如何。

207 故如金融当局欲为期限不同、风险不同的各种债务票据建立一特定利率体系。则受以下种种限制：

（一）有些限制是金融当局自己加上去的，即金融当局只肯买卖某种类型的债务票据。

（二）当利率降至某种水准时，则根据上述理由，灵活偏好可能变成几乎是绝对的；这就是说，当利率降至该水准时，因利息收入太低，故几乎每人都宁愿持有现金，而不愿持有债务票据。此时金融当局对于利率即无力再加控制。这个极端情形，在将来也许会有实际重要性，但到现在为止，我还不知道有这种实例；理由是：在过去，金融当局不愿意大胆买卖长期债务票据，故也没有许多机会来做一个试验。假使真有这种情形产生，则政府自己就可以只出极低利率向银行无限制借款。

（三）因为灵活偏好函数变成了一条直线，以致利率完全失去了稳定性——这种例子之最显著者，曾经在极度不正常状态中产生过。战后之俄国及中欧曾经有过通货恐慌，人民都要逃避通货，无论什么条件，人民都不愿意持有现金或债务票据；又因一般人预期币值会继续下跌，故即使利率继续增高，还是追不上资本（尤其是囤货）之边际效率之上涨。美国在1932年中之若干时期，有过一个情形相反的恐慌——金融恐慌或清算恐慌。那时无论条件如何合理，几乎 208
没有人愿意把现款脱手。

（四）最后还有第十一章第四节所述困难，即：要把借者及最后贷者拉拢在一起，必须有中间人费用，而且贷者会要求在纯利率之上再加上一点，以抵补风险——尤其是道义上的风险，故实际利率很难低于某种水准。纯利率降低时，中间费及保险费未必同时下降。故一典型借款者必须付出的利率，比纯利率下降得慢，而且在现有银行机构之下，恐怕不能低于某一最低水准。假使贷者对于道义风险估计甚高，则本论点尤其重要；盖如风险之生，乃由于贷者心中怀疑借者不诚实，则即使借者心中并不想不诚实，也没有方法使利率不高。短期借贷之手续多，费用重，故本论点亦重要；贷者之纯利率即使等于零，银行可能仍要求其雇主出息1.5厘或2厘。

Ⅳ

此处不妨把本章与货币数量说之关系先提一提，虽然这个题目应当属于第二十一章范围。

在一静态社会中，或不论为什么理由，社会上没有人对于未来利率感觉不确定，则在均衡状态时，灵活偏好函数 L_2 ——也可以称
209 之为贮钱倾向——常等于零。故在均衡状态时，M_2 等于零，M 等于 M_1；M 变动时，必引起利率变动，直至所得达到一个水准，使得 M_1 之改变，确等于 M 之改变。故有 $M_1V=Y$，其中 V 乃货币所得流通速度（定义已见上），Y 乃总所得。假使我们可以衡量本期产品之数量及价格，用 O 及 P 表示之，则 $Y=OP$，故 $MV=OP$，此即货币数量说之传统形式。①

就现实世界而论，货币数量说之大病，乃在其未能把物价改变之起于产量改变者，与物价改变之起于工资单位改变者，分辨清楚。②

所以有此疏忽，大概是因为该说既假定无贮钱倾向之存在，又假定充分就业常能维持之故。盖在此假定之下，则 O 为常数，M_2 等于零；设 V 亦为常数，则工资单位与物价水准二者，都与货币数量成正比。

① 假使把 V 之定义，不规定为 Y/M_1，而规定为 Y/M，则货币数量说放诸四海而皆准（truism），但没有重要性。

② 此点在以下第二十一章中还要讨论。

第十六章　关于资本性质之几点观察

I

打一个譬喻来说，个人于今日决定储蓄时，只表示他决定今日 210
少进一餐，他不一定同时决定把今日所省下的钱，留待一周或一年以后作进餐购鞋之用，或于未来某年某月某日消费某物。故今日之从事于制备饭菜业者，蒙受不景气影响，而今日之从事于制备未来消费者，却未得提掖之力。这样看来，个人之储蓄行为，并不是用未来消费需求来替代现在消费需求，而只是把后者减低。而且，一般人推测未来消费量时，大部分以现在实际消费量为根据，故后者减少时，大概会使前者蒙受不景气影响。故个人之储蓄行为，不仅只压低消费品之价格，而且可以使现在资本之边际效率降低，故既减少目前消费需求，又减少目前投资需求。

设储蓄不仅只是现在不消费，而且同时预定未来消费，则影响可以迥然不同。盖在此种情形下，则现在投资在未来某年某月某日之预期收益将因之增加，故资源之不再从事于制备现在消费者，可以转而制备未来消费。即使如此，二者亦不一定相等；因 211
为未来消费之时日，可能离目前很远，故生产方法也许要“迂回”

(roundabout)到一种不方便程度，使得边际效率低于当前利率，于是预定消费对于就业之有利影响，不能即刻产生，而须留待以后产生，故即刻所生影响，还是对于就业不利。但在事实上，个人决定储蓄时，并未对未来消费下了一张具体定单，而只是撤销了一张现在定单。又因雇用人工之唯一理由，乃在满足消费，故当消费倾向减低，其他情形不变时，就业量将蒙受不利影响，亦无足为怪。

事情之所以麻烦，就是因为个人之储蓄行为，并不蕴含用一个事先具体规定的未来消费来代替目前消费；而且即使如此，制备前者在现在所需的经济活动，在数量上也未必恰等于以此储蓄之数，作为现在消费之用时，所需的经济活动。储蓄只是单纯的要持有"财富"，要取得一种权力，可以在不事先规定之时日，消费不事先规定的一种物品。一般人有一种谬见，认为就有效需求而论，个人储蓄之后果与个人消费之后果完全相同。谬见之来，乃是因为有一个骤看起来更难辨别真伪的谬论：所谓持有财富之欲望增加，便是持有投资之欲望增加，后者增加投资之需求，刺激投资之生产，故当个人储蓄时，当前投资之增加量恰等于现在消费之减少量。

212 我们很难把这个谬论，从人们心目中扫除净尽。谬论之来，起于一般人相信：财富持有人想要得到的乃是资本资产本身(capital-asset as such)；实则他只想得到该资产之未来收益。未来收益完全定于预期的未来有效需求与未来供给情况之关系，故设储蓄行为丝毫不能使未来收益改善，则亦丝毫不能刺激投资。而且，就个人而论，储蓄欲达到其持有财富之目的，亦不必有新资本资产之产生始能完成。上面已经说过，储蓄行为是两面的，故一人储蓄时，必强迫别人把某种财富——旧有的或新产的——移转给他，当然他自己也因为别人储蓄而蒙受不利影响。此种强迫的财富转移，是不可避免的，是与储蓄行为俱来的，而且不需要有新财富之产生；反之，可能对之非常不利。盖要有新财富之产生，必须新财富之未来收益，达到现行利率水准；但边际新投资之未来收益，须看在一特定时日，对一特定物品有无预期的需求而定。故有人想要增加其财富这一件事实，不能使边际新投资之未来收益增加。

我们也不能说：财富持有人想要得到的，并不是一特定的未来收益，而是一最佳可能的未来收益，故当持有财富之欲望增加时，新投资品之生产者所认为满意的未来收益亦随之降低。这个说法忽略了一点，即除了真正的资本资产以外，总还可以用货币或债务票据方式来持有财富，故新投资品之生产者所认为满意的未来收益， 213
不能低于现行利率所规定的标准；但我们已经知道，现行利率并不定于要不要持有财富，而是定于用何种形态（灵活的或不灵活的）来持有财富，以及财富在各该形态之供给量。假使读者还疑惑不解，则请他反躬自问：设货币数量不变，为什么当个人有新的储蓄行为时，在现行利率下，人们愿意用灵活形态来保持的财富数量会因之减少。

假使我们还继续追问，则还有若干更深的疑难，须留待下章讨论。

Ⅱ

我们最好说，资本在其寿命中，会产生一个收益，超过其原来成本；而不说资本是*生产的*（productive）。盖资产在其寿命中，所以会产生劳役（services），且此劳役之总价值大于其原来供给价格者，唯一理由，只是因为资本*稀少*；资本之所以稀少，因为有货币利率

（rate of interest on money）与之竞争。设资本之稀少性减少，则收益超过原成本之数渐减。但资本之生产力，至少就物质意义而论，未必减低。

故我同情经典学派以前的学说：其说以为一切皆由劳力产生，帮助劳力者，乃（a）古之所谓工艺（art），今之所谓技术（technique）；（b）天然资源，若天然资源丰富，则使用无代价，若稀少则付地租；以及（c）过去劳力之具形于资产者，其价格亦视其稀少性或丰富性而定。我们最好把劳力（当然包括雇主及其助手之个人劳役在内）
214 看作唯一的生产原素，在一特定的生产技术、天然资源、资本设备以及有效需求等环境之下工作。这可以部分解释，为什么除了货币单位及时间单位以外，我们可以用劳力单位，作为经济体系之唯一物质单位。

有些长的或迂回的生产过程，固然物质效率（physical efficiency）较高，但有些短的过程亦然。长过程并不因为其长故效率高，有些长过程（可能是大部分）之物质效率甚低，因为有些东西不能久贮，会有耗损。[①] 设劳力数量不变，则劳力之可以具形于迂回过程中，且能用之有利者，有一定限度；不说其他理由，只提一个道理：劳力之用于制造机器者，与劳力之用于使用机器者，必须成一适当比例。故当所用生产过程愈来愈迂回时，则即使物质效率尚在增加，但就最后价值量（ultimate quantity of value）而论，则不能随迂回过程所用劳力之增加而无限制增加。如果延缓消费之欲望甚强，以致若要有充分就业，则投资量便须扩大到一种地步，使得资本之边际效率成为负数，只有在这种情形之下，生产过程才仅仅因为其长而变为

① 参阅马歇尔对于庞巴维克所下注脚，见《原理》，第583页。

有利。在这种情形之下，我们会挑选物质方面效率低的生产过程，只要这些过程够长，使其延迟消费之利超过其效率低之弊；而短的生产过程倒反而要稀少到一种程度，使其物质效率高之利超过其产物早熟之弊。一个正确的学说应当是两面可用的，即不论资本之边际效率是正是负，都可以包括在内；我想只有以上所述稀少说，可 215
以办到这点。

而且，为什么有些劳役及设备会稀少，以致其价格（相对于其所用劳力而论）昂贵，理由甚多。例如，空气恶浊的生产过程，所得报酬较高，否则人们不愿从事。有风险性的过程亦然。但我们并不特别造一个学说，说空气恶浊的生产过程本身，或有风险性的生产过程本身，富有生产力。总之，劳力之工作环境并不同样愉快，在均衡状态时，在不愉快环境下生产出来的物品必须相当稀少，以便价格较高。不愉快环境可以是空气恶浊、风险大，或时间上之间隔。但设时间间隔变成一种愉快环境（这是很可能的，而且有人已经作如此观），则上面说过了，短的生产过程倒反而要保持相当稀少性。

设最适度的迂回程度为已定，则我们当然在同一迂回程度的生产过程之中，选择其效率最高者。所谓最适度迂回程度者，乃恰在适宜时日，满足消费者之延迟需求。换句话说，在最适度情况之下，生产之组织方式，应当先推测在什么时日，消费者之需求会变成有效，然后依此时日，用效率最高的方法去生产。设交货日期与此时日不同，则即使改变此时日可以使物质产量增加，也无济于事；——除非（打个譬喻来说）消费者因为受饭菜丰富之引诱，愿意把开饭时间提早一些或延迟一些。设消费者在听取详细报道，知道在各种晚餐时间可能有的饭菜情形以后，决定在晚八时开饭，则厨司之职 216

责乃在配合该时间，尽力做好菜，准时开饭，——虽然如果不论时间，只就产生绝对最好的晚餐而论，厨司认为最合适的时间也许是七时三十分、八时或八时三十分。在社会有些阶层，假使把平时晚餐时间延迟一些，则饭菜内容较好；但亦同样可能，在有些阶层，则提早一些反而内容较好。上面已经说过了，我们的学说应当对于两种情形都适用。

设利率等于零，则就任何一商品而论，若欲使其劳力成本成为最低量，则从生产原素之平均进货日期（average date of input）到消费该商品之日期之间，一定有一个最适度的时间间隔；若生产过程比此短，则在技术上效率较低，若比此长，则因有储藏费及耗损关系，亦效率较低。设利率大于零，则又多了一个成本因素，且此新因素随生产过程之加长而增大，于是最适度的时间间隔乃因之缩短，而当前进货之预备于未来交货者亦因之减少；减少到一种程度，使得未来价格之提高足以弥补成本之增加，而成本之所以增加，乃是因为（a）利息负担和（b）生产过程缩短所引起的效率减低。设利率小于零（假使这种情形在技术上是可能的话），则情形相反：设未来消费需求不变，则生产原素之于今日投入者须与以后所投入者相竞争，后者因为技术效率高，或未来生产原素之价格会改变，故产品成本较低；故除非此种成本之减低，不足以抵过小量负利息之收入，否则生产过程不值得在今日即开始，而不留待于未来开始。大部分
217 物品，只能在离开其预期消费之日不太久以前开始生产，假使离得太久，则在技术上**缺乏**效率。故即使利率等于零，未来消费需求之可以事先开始制备而且有利可图者，也有一严格限度；利率逐渐上涨，则未来消费需求之在今日即值得开始生产者，亦随之缩减。

Ⅲ

我们已经知道：在长时期中，资本必须保持着一种稀少程度，使其边际效率至少需等于长期——该资本之寿命这一段时期——利率；而利率则定于心理的及制度的情况。今设有一社会，资本设备已经很丰富，若投资再增加，则资本之边际效率将为零或负数；但该社会之金融体系，又使货币可以“保藏”，且贮藏费及保管费皆极微小，故事实上利率不能为负数；设该社会在充分就业情况之下，尚想储蓄，则又将如何？

今先设该社会已达充分就业，再观察以上种种假定之后果。设雇主们继续提供的就业量，仍足使现有全部资本设备皆获利用，则雇主们必蒙受损失；故现有就业量及资本量必须缩减，一直到该社会穷到一种程度，使得总储蓄等于零——若干个人和团体之正储蓄，为他人之负储蓄所抵消。故该假想社会在自由放任政策之下达到的均衡状态，一定是就业量及生活标准都低得可怜，以致储蓄等于零。比此可能性更大者，则为围绕着这个均衡位置，作循环性变动。盖设 218
还有余地，使人对于未来感觉不确定，则资本之边际效率会偶然大于零，于是引起“繁荣”，在以后不景气时期中，资本数量又可以降得太低，于是边际效率又大于零。设有先见之明，则均衡状态下使边际效率恰等于零的资本数量，必小于充分就业下之资本数量，盖均衡状态下之资本数量，必令一部分人失业，以确保储蓄之等于零。

除此以外，唯一可能的均衡状态，则为：边际效率等于零时之资本数量，恰为人民在充分就业以及利息等于零之情形下，所愿意提出以备未来之用之财富数量。然而要充分就业下之储蓄倾向，恰在资本数量大至使边际效率等于零之时得到满足，是一个不容易有的巧合。故设利率可以改变，以补救储蓄倾向与充分就业之冲突性，则利率必须逐渐下降，但不必骤降至零。

到现在为止，我们假定着：因为有制度因素（货币之保藏费非常微小）存在，故利率不能为负数。然而事实上，除了制度因素以外，还有心理因素，故利率下降时实际可能达到的限度要比零大许
219 多。尤其是，把借者及贷者拉拢在一起要有费用；加之利率前途亦不确定，故在现在情形之下，长期利率所能达到的最低限度，恐怕仍在年息 2 厘或 2.5 厘左右。假使这种看法是对的，则一方面因为财富数量继续增加，他方面因为在自由放任政策之下，利率已减至无可再减，这两种情形联合起来所产生的恶劣状态，恐怕很快就要在实际经验中出现了。而且，假使利率实际上所能达到的最低水准要比零高许多，则在利率尚未达到最低水准以前，社会要累积财富之欲望大致亦不能得到满足。

战后英美两国之经验，可以作为实例，说明如何因为累积下来的财富已经很大，故资本之边际效率下降甚速，但利率则因为有制度的及心理的因素关系不能下降如此之速；于是在——就大体情形而论——自由放任情形之下，就业量与生活程度都不能达到一个合理水准，虽然就生产技术而论，这个水准是应当可以达到的。

故设有二社会，生产技术相同，但资本数量不同，则在短时期内，资本数量较小的社会，可能反而比资本数量较大的社会，享受较高的生活程度。在资本数量赶上后者时，则该二社会都遭遇了米达斯（Midas）之命运。这个令人不安的结论，当然基于一个假定：

人们并不设法对消费倾向及投资量二者，从社会利益着想，有意加以控制，而大体上只让二者在自由放任情形之下自行发展。

设利率与充分就业不悖，则相当于充分就业下之储蓄倾向，有一资本之累积速率。今设为任何理由，利率之下降速度，赶不上在此累积速率之下，资本之边际效率之下降速度，则即使把持有财富 220 之欲望转向于经济上不能孳息之资产，亦足以增加经济福利。故若豪富之家，生时建大厦作住宅，死后造金字塔为坟墓；或为忏悔前非，建造教堂，资助寺院，接济传教团体，则因资本丰富，以致物产反而不能丰富之日，也许可以延迟。故利用储蓄，“在地上挖窟窿”，不仅可以增加就业量，还可以增加有用之物以及有用之劳役，换句话说，增加真实国民所得。不过，假使我们已经知道决定有效需求之各种因素，则在一合理社会中，便不应当再固步自封，继续依赖这种偶然的常常很浪费的补救办法。

Ⅳ

今设我们已有办法调整利率，使得该利率下之投资量适足维持充分就业。又设国家亦从事于经济活动，以补私人企业之不足，使得资本设备逐渐达到饱和点，同时又不操之过急，以致现在一世代之生活程度太受不利影响。

在以上种种假定之下，则在一已上轨道并且拥有现代生产技术之社会，若人口不增加太快，则在一世代以内，就可以使得均衡状态时之资本之边际效率约略等于零；于是该社会乃进入准静态（quasi-stationary）情况，除非生产技术、嗜尚、人口及制度有改变，否则不 221

会再有改变与进步；资本所产物品之售价，亦与该物品所含的劳力成比例，其价值之决定原则，一如需要资本极少之消费品。

我们很容易让资本丰富到一种程度，使得资本之边际效率等于零。如果我这种看法是对的，那么这也许是最合理的办法，逐渐去除资本主义下许多不良特征。我们稍为想一想，就可以知道，如果累积财富，将逐渐得不到报酬，这是多么重大的社会改革！个人还有自由把他劳力或劳心所得积聚起来，以备日后之用，但他所积聚之数，不会自己增大。他的处境与波泼（Pope）之父相同：后者从商业上退休下来时，即携带一箱金币，迁入乡间别墅。日常开支即取给于此箱。

坐收利息阶级（rentiers）固然会消灭，但人们对于未来之看法，意见还可以不同，故在推测未来收益这方面，企业与技巧尚有活动余地。盖以上只就纯利率立论，未曾计及负担风险等之报酬，故不适用于资产之毛利，因毛利含有负担风险之报酬在内。因此，除非利率为负数，否则若投资于一件资产，该资产之未来收益又不确定，则只要投得巧妙，收益仍为正数。若人们都不太愿意负担风险，则由此等资产全体所可得之净收益亦为正数。然而在这种情况之下，也很可能因为人们太热衷于从事不健全投资以冀取得收益，结果投资者所得之净收益总额乃是负数。

第十七章　利息与货币之特性

I

从上面看来，似乎货币利率在限制就业水准这一点上地位很特殊，因为货币利率定了一个标准，要有新资本资产之生产，则其边际效率必须达到这个标准。骤看起来，这点真使人大惑不解。故我们要进而追问：货币之所以异于其他资产者，其特殊性安在？是不是只有货币才有利率？在非货币经济体系中，情形将如何？在没有回答这些问题以前，不会完全明了我们学说之重要性。 222

我要提醒读者，所谓货币利率只是把一笔在将来（例如一年以后）交付的货币减去该笔货币之现在价格，以此差数为分子，以现在价格为分母，化成百分比而已。这样说来，似乎每一种资本资产都有货币利率之类似物。盖在今日交货的 100 石麦子，抵得一年以后交货的麦子几石，有一个一定的数量，设后者为 105 石，则麦子利率为每年 5 厘，设为 95 石，则为年息负 5 厘。故每一种持久商品，皆有其本身利率，例如麦子利率、铜利率、房屋利率，甚至于钢铁厂利率。 223

以麦子为例，麦子在市场上之期货价格及现货价格，与麦子利率有一定关系，但因期货价格之计算单位乃是在未来交付的货币，而不是麦子现货，故货币利率亦掺杂其中。其准确关系如下：

设麦子之现货价格为每 100 石 100 镑，一年后期货价格为每 100 石 107 镑，货币利率为年息 5 厘，问麦子利率为几？100 镑现款可购一年后交付之货币 105 镑，一年后交付之货币 105 镑可购一年后交货之麦子 $\frac{105}{107}\cdot 100$（=98）石。同时，100 镑现款可购麦子现货 100 石。故麦子现货 100 石可购麦子期货 98 石。故得麦子利率为年息负 2 厘。[①]

如此说来，各种商品之本身利率没有理由会相等——麦子利率没有理由会等于铜利率。盖就市场上现货价格与期货价格之关系而论，各商品显然不同。我们以后会知道，这点使我们得到了研究线索：因为，会不会是本身利率（own-rates of interest）之最大者，是利率之王，支配其他利率呢？会不会有种种理由，使得货币利率是本身利率之最大者呢？这两个问题之答案都是肯定的，前者是肯定的，因为要有新资本资产之产生，则其边际效率必须达到本身利率之最大者；后者也是肯定的，因为我们以后会知道，别种资产之本
224 身利率容易下降，而货币不容易。

这里可以补充一句：正好像在任何时间，各种商品之本身利率并不一致；故从事外汇交易者亦很明了，两种货币（例如英镑与美元）之本身利率亦并不一致。盖外币之现货价格与期货价格之差别，若以英镑作计算单位，则亦未必各外币皆尽同。

我们可以用任何商品作标准，来衡量资本之边际效率，其方便与货币同。例如我们可以用麦子为标准，用麦值来计算一资本资产

① 这个关系由斯拉发（Sraffa）先生首先指出，参阅《经济学杂志》，1932 年 3 月号，第 50 页。

之未来收益以及该资产之现在供给价格，则使此组年金与现在供给价格（二者皆以麦子作计算单位）相等之折现率，即为用麦子作标准计算得来的该资产之边际效率。设两种标准之相对价值在未来不变，则不论用何种标准来衡量，该资本资产之边际效率皆相同，盖其计算式之左右二方，皆作同比例的改变。但设两种标准之相对价值，在未来会有改变，则资本资产之边际效率，将随计算标准之不同而不同，但从一种计算标准改为另一种时，各资本之边际效率皆增（减）同一绝对值。举一个最简单的例：设两种标准为麦子与货币，麦价（用货币计算）之预期改变为每年增百分之 a；则一资产之边际效率，若用货币计算为百分之 x，若用麦子计算则将为百分之（x−a）。因所有资产之边际效率皆增（减）同一绝对值，故不论用何种商品作标准，其大小程序皆不变。

假使有一种复合商品，可以完全代表商品全体，则此复合商品之本身利率，以及用此复合商品作标准计算得来的资本之边际效率，在一种意义上，可以看作是唯一的利率（the rate），唯一的资本之边际效率。然而要找出这样一种复合商品，其困难与找出一个唯一的价值标准同。 225

到现在为止，货币利率比之别种利率并没有什么特异性，其地位与别种利率完全相同。然则货币利率之特殊性安在，使我们在以上几章中赋予该利率以那么大的实际重要性呢？为什么产量及就业量，与货币利率之关系较密切，而不是与麦子利率或房屋利率之关系较密切呢？

Ⅱ

我们试一察在一年以内，各种资产之本身利率大致将如何。现在我们用各种商品轮流作标准，故此处所谓每种商品之收益，乃以其本身作计算单位。

以下三属性，各种资产所具有之程度不同：

（一）有些资产，可以帮助某种生产过程，或可以提供劳役于消费者，故可产生一产物（yield or output），其数量以 q（用各该资产本身计算）表示之。

（二）除货币以外，大部分资产，不论其是否用于生产，亦不论其相对价值是否改变，可以仅仅因为时间之消逝而蒙受耗损，而引起成本开支。换句话说，此等资产有保藏费（carrying cost），其量以 c（用各该资产本身计算）表示之。至于何种成本应包括在 c 中，何
226 种应在计算 q 时扣除，即成本之分界线如何，与当前问题无关，因为我们以后只论列 $q-c$ 这一个数量。

（三）最后，资产持有人可以任意处置其资产，故持有人有一种潜在的便利性或潜在的安全性。在这方面，各资产亦不相同，——即使开始时各资产之价值相同。这种潜在性是无形的，期终时也拿不出具体产物，然而人们却愿意出相当代价以取得之。人们所愿付的代价，希冀由资产——不包括其产物及保藏费在内——之处置权中，取得此种潜在的便利性或安全性，我们称之为灵活升值（liquidity premium），以 l 表示之；l 亦用各该资产本身计算。

由此，故在一段时期内，持有一资产所可预期取得的总收益，乃等于该资产之产物**减去**其保藏费，**加上**其灵活升值，即等于 $q-c+l$。这就是说，$q-c+l$ 是任何一商品之本身利率（q、c 及 l 皆用该商品本身计算）。

正在使用的工具资本（如一机器）或消费资本（如一房屋），有

一特征，即其产物常常超过其保藏费，其灵活升值则大概微小不足道；至于尚未出售的商品，或多余而搁置不用的工具资本及消费资本，则产物等于零，有保藏费，若其存量超过某数（不太大的），则灵活升值亦往往微小不足道；至于货币，则其产物等于零，其保藏费亦微小不足道，但其灵活升值则甚大。各种商品，也许亦具有——虽然程度不同——若干灵活升值，货币也许亦有保藏费（例如保管费），但货币与所有（或大部分）其他资产之重要区别，即在 227
货币之灵活升值超过其保藏费甚多；而其他资产则反是，其保藏费超过其灵活升值甚多。今为举例说明起见，假定房屋之产物为 q_1，其保藏费及灵活升值皆微小不足道；麦子之保藏费为 c_2，其产物及灵活升值皆微小不足道；货币之灵活升值为 l_3，其产物及保藏费皆微小不足道。换句话说，q_1 乃房屋利率，$-c_2$ 乃麦子利率，l_3 乃货币利率。

要知道在均衡状态之下，各种资产之预期收益之间有什么关系，必先知道在这一年以内，各该资产之相对价值在预期之中会有什么改变。今以货币——此处货币只是记账单位，我们一样可以用麦子——作衡量标准，又假定房屋增值（或减值）之百分比为 a_1，麦子增值（或减值）之百分比为 a_2。在上面，我们把 q_1、$-c_2$ 及 l_3 三者称之为房屋、麦子及货币三者之本身利率，即 q_1 乃以房屋作计算单位之房屋利率，$-c_2$ 乃以麦子作计算单位之麦子利率，l_3 乃以货币作计算单位之货币利率。今设以货币作共同价值标准，把三者化成共同单位，则变为 a_1+q_1，a_2-c_2，及 l_3，可称之为房屋折成货币之利率（house-rate of money-interest），麦子折成货币之利率，及货币折成货币之利率。有了这种符号，我们就容易明白，想持有财富者，必先看 a_1+q_1，a_2-c_2，及 l_3 三者何者最大，然后以其需求，或集中

于房屋，或集中于麦子，或集中于货币。故在均衡状态之下，麦子与房屋之需求价格（以货币计算），必须如斯：在各种财富形态之
228 间，持此或持彼，利益不分轩轾，即 a_1+q_1，a_2-c_2，及 l_3 三者皆**相等**。以上所得结论，与选择哪一个商品作为价值标准毫无关系，盖从一种标准换成另一种标准时，各项皆作同量之改变，其改变量即新标准（用旧标准作计算单位）之预期的增值（或减值）之数。

要有新资产之产生，则该等资产之经常供给价格必须小于其需求价格；亦即其边际效率（根据经常供给价格计算而得）必须大于利率（只要所用价值标准相同，利率与边际效率二者，可用任何一商品作价值标准而计算之）。当此等资产之数量逐渐增加时，则初时其边际效率至少等于利率，以后则逐渐下降（下降之理由甚浅显，而且上面已经说过）；故**除非利率同时下降**，否则总会达到一点，过此点以后，即不值得再继续生产。若所有资产之边际效率**皆**小于利率，则资本资产之生产即告终止。

今设（在论证之现阶段，只是一个纯粹假定）有一资产（例如货币），其利率是固定的，或当其产量增加时，其利率之下降速率较之任何其他商品之本身利率为慢，则情形将如何调整？因 a_1+q_1，a_2-c_2，及 l_3 必须相等，又因根据假定，l_3 或者是固定的，或者比 q_1 或 $-c_2$ 下降得慢，故 a_1 及 a_2 必须上升；换句话说，除了货币以外，所有其他商品之现在的货币价格，都倾向于比其预期的未来价格为低。故设 q_1 及 $-c_2$ 继续下降，则总会达到一点，使得生产任何商品都无利可图，——除非一商品之未来生产成本大于其现在生产成本，而且二者之差数足以抵过把现在生产的商品保藏到将来高价时出售所需的保藏费。

229 我们以前说货币利率限制产量，现在看起来，这句话并不完全

正确。我们应当说：当各种资产之数量增加时，因为有一种资产之本身利率下降最慢，故使得其他资产之生产最后都变成无利可图——除非在目前的与未来的生产成本之间有刚才说过的特殊关系存在。故当产量逐渐增加时，许多资产之本身利率都一个一个下降到一种水准，使得各该资产之生产不再有利可图；最后只有一两个本身利率高高在上，超过任何其他资产之边际效率。

由此可知：假使所谓货币只是价值标准，则捣乱分子不一定是货币利率。我们不能仅仅只下一道法令，废除黄金或英镑，而用麦子或房屋作价值标准，就把一切困难都解决了——虽然有人作如此想。盖若有任何资产，当其产量增加时其本身利率不肯下降，则同样困难仍继续存在；例如在一不兑换纸币本位国家中，黄金可能仍是具有如此性质的资产。

Ⅲ

故当我们赋予货币利率以特殊重要性时，我们即暗中假定着：我们现在所习用的货币的确有若干特征，使其本身利率（以货币本身计算）固然随产量之增加而下降，但其下降速度，不若其他资产之本身利率（以各该资产本身计算）之大。这个假定能够成立吗？我想，以下所述现代货币常具的几种特征，可以使这个假定成立。230
只要货币的确具有这几种特征，则以上笼统的说法——货币利率乃唯一重要的利率——便可以成立。

（一）第一种特征是：不论在长时期中或短时期中，若仅就私人企业着想，而不问金融当局之行动，则货币之生产弹性等于零，至少很小；所谓生产弹性，[1]乃是货币购买力（以劳力计算）之比例改变除劳工（从事于生产货币者）人数之比例改变。这就是说，货币不能很容易就生产；当其价格（用工资单位计算）提高时，雇主们不能随意用其所雇劳力，转而增加货币之生产。在一不兑换纸币或管理通货国家，这个条件完全满足；但即在金本位国家，也大致如此：意思是说，除非该国以采金为主要实业，否则劳力之可以用于生产货币者，其最大限度之比例增加，仍极微小。

对于有生产弹性的资产，我们之所以可以假定其本身利率会下降者，乃是因为我们可以假定：当其目前产量增加时，其现存总量亦将增大。至于货币，则（此处暂不论减低工资单位之影响，或金融当局有意增加货币供给）其供给是固定的。货币不很容易用劳力来生产，这一个特征已经使我们有初步理由，为什么货币之本身利率较之其他商品之本身利率难于下降。设货币而可以像农作物一样
231 生长，或像汽车一样制造，则不景气可以避免或减少；盖在此种情形下，当其他资产之价格（用货币计算）下降时，劳力可转而生产货币。我们知道在采金之国，确有如此情形，但就整个世界而论，劳力之可以转而从事采金者，共最大量亦微小不足道。

（二）显然，以上这一个条件，不只是货币。一切原素之有纯粹地租者都能满足，故必须有第二个条件以使货币别于其他地租原素（rent-factors）。

货币之第二个**特征**乃是：货币之替换弹性等于零，或几乎等于零。这就是说，当货币之交换价值上涨时，人们没有倾向要用其他

① 见下第二十章。

因素来替代货币——有之，则除非货币这一个商品，同时可作工艺之用，但即使如此，范围亦非常狭小。这一个特征之由来，乃是因为货币之效用，完全从其交换价值得来，故二者同时涨落，于是货币与其他地租原素不同，当货币之交换价值上涨时，人们没有动机或倾向要用别种原素来替换。

因此，当货币之价格（用劳力计算）上涨时，我们不仅不能增加劳力来生产货币；而且，无论其价格如何上涨，人们不会像对其他地租原素那样，减少其对货币之需求，转而需求其他商品。故当货币之需求增加时，货币可以无限制容纳购买力。

对于以上所说，只有一个修正：即当货币之劳力价格提高到一种程度，使得人们对此种上涨程度在未来能否维持感觉不确定时，则 a_1 及 a_2 增加；若 a_1 及 a_2 增加，则商品折成货币之利率提高，故可刺激其他资产之产量。

（三）我们虽然不能雇用劳力增加货币之生产，然而说货币之有
效供给量固定到没有伸缩余地，倒亦不尽正确；因为当工资单位减 232
低时，一部分现金可以从别种用途中腾出来满足灵活偏好动机，而且，当物品之货币价值减低时，货币数量在社会总财富中所占之成数即形增高。这种种，会不会影响以上结论呢？

我们不能从纯粹理论方面，证明这种反应不能使货币利率有适度下降。然而我们可以举出几个理由，说明为什么在我们习知的经济体系之中，货币利率很不容易有适度下降；这几个理由联合起来时，力量甚大。

（a）第一，我们必须顾及，当工资单位下降时，资本之边际效率亦起反应，而我们关心者乃后者与货币利率之**差数**。设工资单位减

低时，引起人们预测以后会回涨，则结果完全良好；反之，设引起人们预测以后再会下降，则资本之边际效率方面所起反应，可以抵消利率下率。[①]

（b）货币工资常常有刚性（rigid or sticky），比真实工资稳定，故工资单位（以货币计算）不容易下降。而且，假使不如此，则情形也许更坏，而不是好转；盖设货币工资而很容易下降，则一经下降，也许引起人们预测其再会下降，以致资本之边际效率蒙受不利
233 影响。抑更有进者，设工资而用别种商品（例如麦子）作计算单位，则大概不再有刚性。正因为货币有其他特征，尤其是货币有周转灵活之便，故工资一经用货币规定以后，常常不轻易改变。[②]

（c）第三，我们到了此处最基本的理由。货币有若干特征，使其可以满足灵活偏好，故在某些（常常会发生的）场合，尤其是当利率已经降到某种水准时，即使货币数量比之其他形式的财富大量增加，利率也不起敏感反应。[③]换句话说，超过某点以后，货币因为有周转灵活之便，故其心理的产物虽亦随货币数量之增加而下降，但其下降程度，决不若当其他资产之数量作同程度增加时，其产物之下降之速。

在这里，货币之保藏费甚低（或微小不足道）这一点，关系非常重大。盖设保藏费相当可观，人们便不会因为对于货币之未来价值有一种预期，而遂增加其货币持有量。再稍为换一种说法：人们所以对于相当微弱的刺激，即起反应，增加其货币持有量者，就因

---

① 这一点在以下第十九章中，还要比较仔细讨论。

② 设工资及契约用麦子规定，则麦子可能也会有货币之灵活升值，这点我们到本章第四节中，再回头来讨论。

③ 见前第十三章第二节，最后一段。

为货币有周转灵活之利，而无巨额保藏费之弊。至于货币以外的其他商品，则持有小量固可使其使用者有相当方便，但设数量增大，则即使该财富之价值仍相当稳定，不失为保藏财富之道，但持有人须负担保藏费（堆栈费、耗损等）；故在达到某点以后，若再增加其 234
持有量，必定蒙受损失。

货币则不然；其所以不然者，因为有种种理由使得货币在一般人心目中成为最“灵活”的东西。有些改革家所提补救办法，就想替货币造出人为的保藏费，例如每隔相当时期，人民必须缴纳若干费用，请当局在法偿通货上加盖印记，加盖印记以后，该通货始仍可作货币之用；或诸如此类的办法。这些人走的路线是对的，故其所提方案之实际价值值得考虑。

货币利率之重要性，是由三种特征联合产生的：第一，因为有灵活偏好动机，故当货币数量较之其他财富（以货币计算）相对增加时，利率也许不大起反应；第二及第三，货币之生产弹性以及替换弹性皆等于零，或微小不足道。第一点表示：人们对资产之需求，可能绝大部分集中于货币；第二点表示：假使有这种情形发生，劳力不能用来增产货币；第三点表示：其他商品即使很低廉，亦不能取货币而代之，故无法减少货币之需求。故设资本之边际效率不变，灵活偏好不变，则唯一救济办法，只有增加货币数量，或——在理论上是一样的——让货币之价值提高，使一特定量货币所能提供的货币劳役（money-services）增加。

故当货币利率提高时，一切有生产弹性的商品，其产量皆受妨碍；而货币之产量却未能增加（依据假定，货币毫无生产弹性）。换

235 一种说法：因为货币利率决定其他商品之本身利率所能下降之程度，故投资之从事于生产其他商品者受到阻碍；但因根据假定，货币不能生产，故投资之从事于生产货币者未能扩充。而且，货币需求之起于投机动机者弹性甚大，故当需求情况稍为改变时，也许不能使货币利率改变甚大；同时，因为货币之生产（除非当局采取行动）无弹性，故亦不能让自然力量从供给方面来压低利率。至于一平常商品则不然。人们对平常商品之持有量极少伸缩性，故需求方面稍为有改变时，可使其本身利率骤涨骤落；同时，该商品又有生产弹性，故其现货价格与期货价格（都以该商品本身计算）之差不能太大。故在其他商品，若听其自然，“自然力量”（即通常市场力量）便可使其本身利率减低，直到达到充分就业为止——已经达到充分就业以后，则一般商品皆具有货币经常具有的特征，即供给无弹性。故设无货币，又设无其他商品具有货币之特征，则各种利率只有在充分就业下，方才达到均衡。

这就是说，失业问题之所以发生，就是因为人们要造空中楼阁——如果人民所要的东西（例如货币）不能生产，而对此东西之需求又不容易压制，劳力便无法就业。唯一补救之道，只有要公众相信：纸币也是货币，而由政府来统制纸币工厂，换句话说，由政府来统制中央银行。

有一点很有意味，值得注意：历来所以认为黄金特别适于作价
236 值标准者，就因为黄金之供给缺乏弹性；现在我们知道，正因为有这种特征，所以困难丛生。

用概括的说法，则我们的结论如下：设消费倾向不变，则当所有

各种资产之本身利率之最大者，等于所有各种资产之边际效率（用本身利率最大的资产作计算单位）之最大者时，投资量即不能再增加。

在充分就业情况之下，这种条件一定满足。但在充分就业尚未达到以前，这个条件也能满足：只要有一个商品，其生产弹性与替换弹性皆等于零（或比较少），[①] 当其产量增加时，其本身利率之下降速度，较之其他种种资本资产之边际效率（用该商品作计算单位）为慢。

Ⅳ

上面说过，一个商品是否是价值标准，与该商品之利率是否成为唯一重要的利率，并无必然关系。现在我们要问：这使得货币利率成为唯一重要利率的种种特征，有多少是因为货币是债务与工资之计算标准，所以才具有的呢？这个问题可以分两方面来讨论：

第一，契约用货币来规定，以及货币工资常常相当稳定这两点，当然对于货币之所以有如此高额灵活升值大有关系。设所持有的资产，可以直接用来应付未来债务，且预期的未来生活费，若用此资产作计算标准，也相当稳定，则持有此资产有相当方便，固甚明显。237
但设用作价值标准者乃一生产弹性极大的商品，则公众也许不会太相信：未来产品之货币成本会相当稳定。而且，货币利率之所以成为唯一重要利率者，除了高额灵活升值以外，保藏费之低也同样重要，盖就利率而论，重要者乃灵活升值与保藏费之差额。若用金银或钞票以外的商品作为价值标准，来订立契约或规定工资，则此等

① 弹性等于零这个条件，已经太强，并不必需。

商品自亦取得价值标准通常具有的灵活升值；然而大部分此等商品之保藏费，亦至少与其灵活升值相等，故即使把今日英镑所有的灵活升值转移给麦子，麦子利率恐仍不会大于零。故可得结论如下：契约及工资常用货币来规定这一件事实，固然大大增加货币利率之重要性，然而这一件事实本身，还不足以产生我们看到的货币利率之特征。

第二点更微妙。人们所以经常预测：产物之价值若用货币计算，
要比用其他商品计算来得稳定者，当然并不是仅仅因为工资率是用
货币规定的这一件事实，而是因为用货币规定的工资，比较起来有
刚性（即稳定）。如果还有一两种商品，人们预测：要是工资用这一
两种商品作计算标准，比用货币作计算标准更有刚性（即更稳定），
则情形又将如何？要有此种预期，必须满足两个条件：第一，该商
品之生产成本（用工资单位计算），不论产量之多寡，又不论是在长
238 时期以内或短时期以内，必须相当稳定。第二，设依照成本价格出
售时，产量超过需求，则此剩余之数，必须可以作为存货，而不必
再多花成本；这就是说，该商品之灵活升值必须超过其保藏费，盖
设不然，又无希望坐待高价取利，则保藏存货一定蒙受损失。假使
可以找出一种商品，满足以上二条件，则此商品确能成为货币之劲
敌。要找出如此一种商品（若用该商品作计算标准，则产品之预期
价值比之用货币作计算标准更为稳定），在逻辑上并非不可能，然而
真有这样商品存在之可能性，似乎很小。

故我断言：如果有一种商品，要是工资用该商品作计算标准最富刚性，则该商品一定是生产弹性最小者，而且一定是保藏费超过灵活升值之数最小者。换句话说，人们之所以预期货币工资相当有刚性者，就是因为在各种资产之中，其灵活升值超过其保藏费之数，

以货币为最大。

由是观之，种种特征联合起来，使得货币利率成为唯一重要的利率；而且该种种特征还以累积方式，交互影响。因为货币之生产弹性及替换弹性甚小，保藏费又低，故人们预期货币工资会相当稳定；因为有这种预期，故货币之灵活升值提高，于是使得货币利率与其他资产之边际效率之间并无密切联系；——假使有这种联系，货币利率便无从作祟。

皮古教授（还有别人）常常假定，真实工资总比货币工资稳定。要使这个假定成立，则必须说明，为什么就业量很稳定；而且还有一点困难：工资品之保藏费甚大。假使真想用工资品作计算单位，239
稳定真实工资，其结果只是使得物价（用货币计算）剧烈变动。盖在此种情形之下，只要消费倾向或投资引诱稍为有点变动，则物价或骤降至零，或骤涨至无穷大。故经济体系而欲有内在的（inherent）稳定性，则货币工资必须比真实工资稳定。

只要我们认为，我们所研究的经济体系确有稳定性，意思是说，当消费倾向或投资引诱稍有改变时，物价（用货币计算）不至于有剧烈变动，则假定真实工资比货币工资稳定，不仅与事实经验不符，而且在逻辑上也是错误的。

V

本节是脚注性质，解释以上已经说过的东西。有一点值得强调：所谓“周转灵活性”，所谓“保藏费”，都只是程度问题；货币之特征，只是前者比后者大而已。

今请研究一经济体系，在该体系之中，所有资产之灵活升值皆小于其保藏费（我认为这是所谓“非货币经济”之最佳定义），换言之，除了各种消费品与各种资本设备以外，该体系别无他物。各该资本设备之寿命虽然不同，所能生产（或帮助生产）之消费品虽然亦不同，但资本设备本身皆有一共同特征：即若以之作为存货保藏，则其耗损与费用必超过其灵活升值。

240 在此种经济体系之中，资本设备之所以互相区别者，不外三途：（a）其所能帮助生产之消费品不同，（b）其产品价值之稳定性不同（面包之价值经常比时髦新奇品之价值稳定），以及（c）其所包含之财富，可以“流动转化”（become liquid）之速度不同。换句话说，其生产产物之速度不同；盖出售产物所得之售价，可以转而购置他种完全不同的财富。

欲持有财富者，必须权衡二者之得失：其一，各种资本设备，在以上所说意义上，皆缺乏周转灵活之便；其二，持有财富（在去掉风险成分以后）可以产生未来收益（后者乃或然性之最佳估计）。请注意，灵活升值与风险费有点相同，又有点不相同：其所以不相同，乃是因为或然程度之最佳估计是一事，作此估计之信心又是一事。[①] 我们在以上几章讨论未来收益时，没有详细讨论其估计方法；又为使论证不过分复杂起见，也没有分辨差别之起于周转灵活性者，与差别之起于风险本身者，但在计算本身利率时，当然二者都应当顾到。

很明显，所谓周转灵活之便并没有绝对标准，只是程度之别；在比较持有各种财富之好处时，除了估计保藏费以及使用该财富可以得到的收益以外，多多少少总要顾到灵活升值。至于何者构成

① 参阅前第127页注①。

“周转灵活性”，概念上也不大确定，常常在改变，须看社会习惯及社会制度而定；但在任何一特定时间，财富持有人对于各种财富之周转灵活程度，意见颇为肯定；就分析经济体系之行为而论，有这 241
点已经够了。

在某种历史环境中，很可能在财富持有人心目中认为土地之灵活升值甚高。土地与货币相似，其生产弹性及替换弹性皆可以甚低，[①]故历史上可能有一段时期，彼时利率之所以太高，乃因为人们愿意领有土地，恰如现代利率之所以太高，乃因为人们愿意持有货币。我们很难从数量方面来追溯这个势力，因为严格说来，土地没有一个期货价格（用土地本身计算），可以与债务票据上之利率相比；但是我们可以找出非常类似的东西，那就是盛行于土地抵押借款上的高利贷。[②]土地抵押借款者所付利息往往超过耕种该地之净收益，乃农业经济之常有现象。禁止高利贷法一向以此种借款为主要对象，是很对的：盖在初期社会组织中，现代式的长期债务票据并不存在，若土地抵押借款上之利率甚高，则其能妨碍投资（生产新资产），阻碍财富之生长，恰如在现代社会中，把长期债务票据上之利率定得太高。

经过了几千年个人积极储蓄以后，世界上积聚的财富还如此之 242

① “周转灵活性”这一个属性，与此二特征之存在与否颇有关系。盖设一资产之供给，可以很容易就增加，且对此资产之需求，可以因为相对价格之改变，很容易就转移到他物，则该资产在财富持有人心目中，不太会有“周转灵活性”。设人们预期货币之未来供给量会有急剧改变，则货币本身也失去了“周转灵活性”。

② 土地抵押借款以及借款上之利息，固然都用货币规定，但抵押者可以交割土地，清偿债务，而且当其不能用货币来履行债务时，必须交割土地，故土地抵押制度有时很像是种契约，用现在交货的土地，购买未来交货的土地。有时地主出售其土地于佃户，亦先经过抵押手续，则更与此种契约之性质相接近了。

少，这个解释，依我看法，既不是因为人类不肯节俭，也不是因为战争破坏，而是因为先则持有土地之灵活升值太大，今则持有货币之灵活升值太大。在这一点，我不同意于老一点的看法。马歇尔在《经济学原理》第 581 页，把后一种看法说得异常肯定：

> 每个人都知道，财富累积之所以受到抑制，利率之所以能维持者，乃是因为大多数人都喜欢在现在满足其欲望，而不喜欢留待未来去满足，换句话说，他们不愿意“等待”。

Ⅵ

在拙著《货币论》中，我曾对所谓自然利率（natural rate of interest）下过定义，我说：所谓自然利率，乃是使一时期中储蓄量（依照该书所下定义）与投资量保持相等之利率。当时我认为这是唯一的利率；又相信这个概念，一方面是魏克赛尔之“自然利率”概念之演进，他方面把他的概念明朗化，盖魏克赛尔所谓“自然利率”，乃是使某种物价水准保持稳定之利率，至于到底是何种物价水准，他并没有明白规定。

我当时忽略了一点：依照这个定义，则在一特定社会中，有一个假想的就业水准，便有一个不同的自然利率与之相应；同样，有一个利率，即有一个就业水准与之相应，对该就业水准而言，该利率是“自然利率”——意思是说，在该利率该就业水准之下，经济体系可以达到均衡。故说只有一个自然利率，或者说从以上定义中，不论就业水准如何，只能得出一个利率，是错误的。我当时不了解，在某种情
243 形之下，经济体系可以在没有达到充分就业以前，就达到了均衡。

我当初觉得“自然”利率这一个概念非常有前途；我现在不再这么想，反之，我觉得这个概念对于我们的分析没有多大用处，也没有多大重要性。自然利率只是一个维持现状的利率，而一般说来，我们对于现状本身并不感觉特殊兴趣。

假使有一个利率，当得起称为唯一的、重要的利率，则该利率可被称为**中立**利率。[①]其定义如下：设经济体系中之其他条件不变，则在一组（以上所谓）自然利率中，有一个自然利率与**充分**就业不悖，此利率即为中立利率（neutral rate of interest）。但称之为**最适度**利率（optimum rate），恐更为合适。

说得更严格一点，所谓中立利率，乃是特种均衡状态下之利率，在该均衡状态时，产量与就业量已经达到一个水准，以致就业弹性（就全体而论）等于零。[②]

以上所说，又可以使我们知道：经典学派之利率论需要何种暗中假定方才有意义。该利率论或者假定实际利率常等于中立利率（定义刚下过），或者假定实际利率常能维持一特定就业水准于不变。假使经典学派理论作如此解释，则其实际结论颇少错误。经典学派暗中假定着：银行当局或自然力量，可以使得市场利率常常满足以上二条件之一，彼等所研究者，乃在此假定之下，何种法则支配社 244
会上生产资源之使用与报酬。有了这个限制，则决定产量者，只是该假定不变的就业水准，以及当时的设备与生产技术；于是我们很平安地跨进了李嘉图氏天地。

---

① 此处所下定义，与当代学者对**中立货币**所下定义颇有出入；但与彼等心目中所有对象恐有若干关联。

② 参阅下第二十章。

第十八章　就业通论提要

I

245 现在我们已经到了一个阶段，可以把以上所有论证提纲挈领总结起来。开头，我们最好分辨清楚：经济体系之中，哪几个因素是已知数，我们可以假定其不变，哪几个因素是自变数，哪几个是依变数。

我们所假定不变者，乃：现有劳力之技巧与数量，现有资本设备之质与量，现有生产技术、竞争程度、消费者之嗜尚与习惯、各种各类劳力活动（包括监督组织等劳心活动）之负效用以及社会结构，——包括（除了下举变数以外）决定国民所得之分配之种种势力。这并不是说，我们真假定这些因素不会变更，我们只是说，在本书中，我们不讨论也不顾到这些因素改变所起的影响与后果。

我们的自变数，乃消费倾向、资本之边际效率表以及利率。上面说过，这些自变数都可以再加分析。

我们的依变数，乃就业量与国民所得（后者以工资单位计算）。

246 我们认为不变的因素，可以影响但不能完全决定我们的自变数。例如，资本之边际效率表，一部分定于现有资本设备之数量，——这是我们认为不变因素之一；但一部分也定于长期预期状态，——这不能从不变因素中推得。但也有几样东西，可以完全从不变因素中推得，故我们也可以把这种推演出来的东西看作是不变的。例如：由不变因素中，我们可以推知，设就业水准为已知，则国民所得（用工资单位计算）之水准将如何；故在我们认为不变的经济体制中，国民所得只定于就业量，换句话说，只定于现在用之于生产之劳力数量，这就是说，在国民所得与就业数量之间有一唯一的关系。[①] 又，由此不变因素中，可以推知各种总供给函数，一物之总供给函数，以对该物之有效需求（用工资单位计算）为自变数，以从事生产该物之劳力数量为依变数。最后，由此不变因素中，可以推知劳力之供给函数为如何，故又可知道到了那一点以后，劳力之就业函数[②] 不再有弹性。

资本之边际效率，一部分乃定于上举不变因素，一部分乃定于各种资本资产之未来收益；利率则一部分定于灵活偏好状态（即灵活偏好函数），一部分乃定于货币数量（以工资单位计算）。故我们也可以说，最后自变数只有三种，即：（一）三个基本心理因素，即心理上的消费倾向，心理上的灵活偏好，以及心理上对资产未来收 247
益之预期；（二）工资单位，由劳资双方议价决定之；以及（三）货币数量，由中央银行决定之。设上举不变因素不变，则此三种自变数决定国民所得与就业数量；但这三种自变数还可以再加分析，故尚非原子式的最后自变数。

① 各种产物之就业函数，在就业量之有关变动范围以内，也许曲度不同。在现阶段，我们暂时忽略由此所引起的复杂性。参阅以下第二十章。

② 定义见以下第二十章。

把经济体系中之决定因素分为不变因素与自变数二类，从任何绝对的观点说，都是很武断的。分类的标准，只能完全根据经验。凡改变甚迟缓，或与我们所研究的问题关系甚轻微，故在短时期内所生影响比较微小不足道者，皆列为不变因素；反之，凡其改变，对于我们所要研究的问题有支配性的影响者，则列为自变数。我们现在所要研究的问题，乃是：在任何时间，何者决定一特定经济体系之国民所得，或其（二者几乎是一物）就业数量？经济学之研究既如此复杂，我们不能希望有完全准确的概括结论，故我们只能提出几个主要因素，其改变乃最足决定我们所要研究的问题者，作为自变数。我们的最后任务，也许是在我们实际生活其中的经济体系中找出几个变数，可以由中央当局来加以统制或管理。

Ⅱ

现在我们要把以上各章之论证作一提要。提要中各因素之出现次序，则与以上各章中之次序相反。

248 社会上有一种动力把新投资之数量扩充到一点，使得一般资本之边际效率（由各种资产之供给价格及其未来收益决定之），约略等于利率。这就是说，资本品工业之生产情形、对于未来收益之信心、心理上的灵活偏好以及货币数量这四者，决定新投资之数量。

投资量增加（或减少）时，必引起消费量之增加（或减少）；盖一般说来，只有当所得增加（或减少）时，公众才愿意扩大（或缩小）其所得与消费之差额。这就是说：一般说来，消费之改变，常与所得之改变，同一方向，但数量则较小。储蓄增加一特定量时，消费量应增加多少，此种关系，可由边际消费倾向推得之；投资增加时，总所得将增加多少，则可由投资乘数推得之。

最后，如果我们假定（作为第一接近值）就业乘数即等于投资乘数，则以此乘数乘投资工业中之就业增量（或减量），即得总就业增量（或减量）。投资量之所以有增减者，理由已见上。

就业人数增加（或减少）时，可以提高（或降低）灵活偏好表；所以有此种影响者，其理有三：第一，当就业量增加时，即使工资单位不变，物价（以工资单位计算）不变，产品之总价值仍增加；249
第二，就业量增加时，工资单位亦有提高之趋势；第三，产量增加时，因短期内成本递增，故物价（以工资单位计算）上涨；此三者皆增加货币之需求。

此种种反应（还有别种反应），皆能影响均衡位置。而且，以上所举自变数都可以事先没有多少预兆，随时改变，有时且改变甚大，故在实际上，事态之发展异常复杂。虽然如此，我们还是要把这几个变数单独提出，因为如此做法，似乎比较有用，比较方便。假使我们用以上分析方法来研究一实际问题，则此问题比较容易处理；否则若处理实际问题而只凭直觉（直觉所能顾及的事实，往往枝节太多，非一般原理所能处理），恐有材料太多无从措手之感。

Ⅲ

以上乃就业通论之提要。因为消费倾向、资本之边际效率表以及利率三者有若干特征，故经济体系之实际现象也蒙上一层色彩。关于这种种特征，我们很可以从经验上作概括结论，但此结论在逻辑上并不必然。

我们现在生活其中的经济体系，有一显著特征：即在产量与就业量方面，虽然有剧烈变动，但该经济体系并不非常不稳定，反之，似乎可以在次正常（sub-normal）状态下，停留一相当时期，既无显著倾向趋于复兴，亦无显著倾向趋于完全崩溃。而且，根据以往事
250 实，充分就业（或近乎充分就业）是一个稀有现象，即有之，亦为时不久。变动刚开始时，可以很活跃，但在没有达到极端以前，似乎即不能支持，于是我们乃经常处于庸庸碌碌之境，不能说绝望，也不能说满意。因为变动在没有达到极端以前，即不能支持，后来竟反一个方向再变动，故有商业循环理论。以上所说，亦适用于物价：经过一度骚扰以后，物价似乎会找出一个水准，然后暂时稳定下来。

这些由经验中得来的事实，并没有逻辑上的必然性，故我们只能假定：现代社会之环境与心理倾向必有若干特征会产生如此结果。于此，我们要发两个问题：第一，何种假想的心理倾向会产生一稳定的体系？第二，根据我们对于当代人性所有的一点通常知识，我们可否说当代社会确有此种心理倾向？

根据以上分析，要解释观察得来的结果便需要下列稳定条件：

（一）当社会于其资本设备上增（减）劳力，故其产量增（减）时，该社会之边际消费倾向必须如此：由该边际消费倾向推算得来的乘数虽大于一，但不甚大。

（二）当资本之未来收益或利率改变时，资本之边际效率表必须如此：新投资量之改变，不能与前者之改变太不成比例；这就是说，若资本之未来收益之改变，或利率之改变，相当温和时，则投资量

之改变亦不能太大。

（三）当就业数量改变时，货币工资亦趋于作同方向之改变，但 251
不太不成比例；这就是说，若就业量之改变相当温和时，则货币工资之改变亦不能太大。这与其说是就业量之稳定条件，不如说是物价之稳定条件。

（四）第四个条件倒不是使得经济体系有稳定性，而是使得该经济体系向一个方向变动到相当程度以后，会自已变换其变动方向，向相反方向变动。这第四个条件是：若每期之投资量较前期增加（或减少），且此种状态已继续一相当时期（若以一年作计算单位，则该时期并不太长），则资本之边际效率将开始蒙受不利（或有利）影响。

（一）我们第一个稳定条件是说，乘数虽大于一，但不甚大。这个条件，作为人性之心理特征而论，似乎非常合理。盖当真实所得增加时，现在所需满足之欲望，其压力逐渐减少，而生活费用（维持习惯上的生活程度所需的费用）与所得之差则逐渐增加；若真实所得减少则反是。故就社会上一般人而论：当就业量增加时，当前消费量自然趋于增加，但不若真实所得之全部增量之大；当就业量减少时，当前消费自然趋于减少，但不若真实所得之全部减量之大；而且，不仅一般人如此，政府大致亦复如此，盖在今日之世，当失业人数继续增加时，政府往往不能不举债以救济之。

不论从先验方面，读者是否认为这个心理法则入情入理，但有一点很确定：若此心理法则而不适用，则实际经验必与今日大不相同。盖在后者情形下，则不论投资增量如何微小，有效需求将作累积的增加，一直到达到充分就业为止；反之，当投资减少时，有效 252

需求将作累积的减少，一直到就业人数等于零时为止。但实际经验与此不同，我们并不趋于极端，而在两极端之间。也可能：在某一段范围以内，真有这种不稳定性；假使如此，则该范围一定很狭小，在此范围以外，不论在哪一个方向，我们的心理法则一定适用。还有一点也很明显：乘数虽大于一，但在经常情况之下，并不奇大；盖设奇大，则当投资量改变一特定量时，消费量将大量改变（其改变限度，只是充分就业或全无就业）。

（二）有第一个条件，则当投资量之改变相当温和时，消费品之需求也不会有绝大改变。有第二个条件，则当资本资产之未来收益或利率改变不太大时，投资量也不会有绝大改变；其所以然者，因为要从现有设备上大量扩充产品，大概会引起成本递增。设在开始时，可以用来生产资本资产之资源有大量剩余，则在某一段范围以内，可能很不稳定，但当此剩余之资源大部分已经利用时，则此不稳定性即不再存在。又，若工商界在心理上起剧烈变动，或有划时代的新发明，以致资本资产之未来收益改变甚烈时，则此第二条件，亦能限制由此引起的不稳定性；但在限制向上变动方面，恐怕较之限制向下变动方面，更有效一些。

（三）第三个条件，与我们所经验到的人性相符。上面虽然说过，关于货币工资之斗争，大体上只是要维持一高额**相对**工资；但
253 当就业人数增加时，一方面因为工人之议价能力增大，他方面因为工资之边际效用减少，工人之财政情况改善，愿意多冒一些险，故货币工资之斗争大概在各业皆会加强。然而这些动机也有一个限度，工人不会因为就业情况改善而要求货币工资增加许多，也不会因为要避免失业而让货币工资减少许多。

这里又和以上一样：不论从先验方面，这个结论是否入情入理，但根据实际经验，这种心理法则一定存在。盖设不然，则失业工人间之相互竞争一定会使货币工资减少许多，因此使得物价水准极不稳定。不仅如此，恐怕除了充分就业以外，别无稳定的均衡位置；盖货币工资率将无限制降低，一直到货币数量（用工资单位计算）变成非常丰裕，利率因之降低到一种程度，足以恢复充分就业为止。除此以外，别无可以休止之点。[①]

（四）第四个条件倒不是稳定条件，而是为什么经济衰退与经济复兴会接连着此起彼伏。这个条件只是根据一个假定：即资本资产之年龄参差不齐，但寿命都不太长，最后都会不堪再用；故设投资量低于某一最低水准，则即使其他因素没有大量变动，最后资本之边际效率又复提高，投资量又复恢复到超过这个水准，也只是时间问题而已。同样，设投资量一期比一期大，则除非其他因素改变，否则最后资本之边际效率又复降低，以致引起经济衰退，亦只是时 254
间问题而已。

因为有第一至第三个稳定条件，故经济复兴与经济衰退之程度已经有了限制；因为有第四个条件，故即使是有限度的经济复兴与经济衰退，只要已经继续了相当时期，而没有其他因素之改变来加干涉，也会自己转换方向，向相反方向变动；以后这同一力量，又把变动方向再转换过来。

这四个条件联合起来，足够解释我们实际经验中之显著特征：就业量以及物价之变动并不趋于两极端，而只是绕着一条中线上下

① 工资单位改变时所引起的影响，将在以下第十九章中详细讨论。

动荡。此中线之位置，固然比充分就业低得相当多，但亦比最低就业量高得相当多；所谓最低就业量者，即若就业人数而低于此水准，生活便将受到威胁。

但是我们不能因此就下结论：这不高不低的位置，既然是由“自然”趋势所决定，而且这种“自然”趋势，如果我们不有意设法矫正，大概会继续维持下去，故这个位置是建筑在必然律上的，无法改变的。以上四个条件之一向通行无阻，只是一个实际观察得到的事实，而不是一个不能改变的必然原理。

第五编

货币工资与物价

第十九章　货币工资之改变

I

假使我们能够把货币工资改变时所生的影响提前讨论，倒是一件好事。盖经典学派之所以一向认为经济体系有自动调整之性质者，就因为假想货币工资有伸缩性；货币工资一有刚性，便把经济体系失调之过推在这刚性身上。 257

然而我们不能这样做，因为在我们自己的理论还没有建立以前，我们不能充分讨论这个问题。货币工资之改变所生之后果相当复杂，在某种情形之下，减低货币工资确能（像经典学派设想的那样）刺激产量。我与经典学派相异之处，主要是分析上的不同，故在读者还没有了解我的方法以前，我不能把这种相异之处说得很透彻。

据我所知，通俗解释实在很简单，没有像我以下所说那样迂回曲折。这个解释只是说：若其他情形不变，则当货币工资率减低时，制成品之价格将减低，故可刺激需求，增加产量与就业量；但产量增加而资本设备不变，则劳力之边际效率减低；当劳力之边际效率与劳工同意接受的货币工资率重复相等时，产量与就业量即不再增加。

这种解释之最粗陋形态，简直等于说：货币工资减低时，需求 258

不受影响。现在也许还有若干经济学家，认为需求的确不受影响；他们的理由是：总需求乃定于货币数量与货币之所得流通速度——二者之乘积，当货币工资减低时，并没有显著理由，为什么货币数量会减少，或货币之所得流通速度会减低。他们甚至于会说：若工资减低，则利润必增加。但是我想大部分经济学者会承认，当货币工资减低时，一部分劳工之购买力减低，故总需求的确要受到若干影响；不过他们会指出，在相反方面，有一部分人之货币所得并未减少，此等人之真实需求，将因物价之下降而增大；即使在劳工方面，除非劳力之需求弹性小于一，否则当货币工资减低，就业人数增加时，劳力方面之总需求也会增加。故在新的均衡状态之下，就业人数会比以前增多——除非是在非常特殊的极限情形，但是这种情形，事实上不会发生。

对于这种分析，我根本不同意。其实分析二字还欠妥；因为以上所说，虽然很可以代表许多经济学家之想法，但是他们很少把他们所根据的分析方法明详写下。

他们得此论证之途径，大概如下：就一业而论，则该业之产物有一需求表，表示售价与出售量之关系，又有一组供给表，表示产量与生产该量时生产者所要求之价格——二者之关系；所以有一组
259 供给表格者，因成本之计算基础，各厂不同。设其他成本不变（除非是由产量改变所引起者），则由此两种表格可得劳力之需求表，表示就业人数与工资水准之关系；该曲线在任何一点之形状，即决定劳力之需求弹性。然后以此概念，不加重大修正，转用之于工业全体，认为根据同样理由，工业全体也有一个劳力之需求表，表示就业人数与工资水准之关系。至于所谓工资，到底是货币工资或真实

工资，对于论证没有关系；盖设为货币工资，则币值之改变固然必须矫正，但此不足以影响论证之要义，因为物价之改变，决不会与货币工资之改变刚成同一比例。

假使以上所说，真是他们论证所据（假使不是，我不知道他们根据什么），则此论证一定是错的。因为要替一业建立需求表，必先假定其他工业之供需表不变，总有效需求之数量不变，故除非把总有效需求不变这个假定也搬过去，否则我们不能把仅仅适用于一业之论证转而用之于工业全体。不过假使真作如此假定，则此论证可谓答非所问。何则？因为固然大家都承认：设货币工资减低，而总有效需求仍与以前相同，则就业人数一定增加；但争执之点，正在：当货币工资减低时，总有效需求（用货币计算）会不会仍与前相同？或至少总有效需求（用货币计算）之减少，并不与货币工资之减低完全成比例（即若用工资单位作衡量标准，总有效需求较前 260
增加）？假使我们不允许经典学派用类比方法，把仅仅适用于一业之结论推广之于工业全体，则该学派即完全不能回答：当货币工资减低时，就业人数会受到什么影响？因为该学派没有一种分析方法可以用来处理这个问题。据我看来，皮古教授之《失业论》，已经尽了经典学派之能事，但结果该书恰成了一个显例，说明经典学派对于何者决定实际总就业量这一个问题毫无办法。[①]

Ⅱ

现在让我们用我们自己的分析方法来回答这个问题。我们可以

① 在本章附录中，还要对于皮古教授之《失业论》详加批评。

分为两部分来讨论:(一)设其他情形不变，则货币工资之减低有没有直接趋向，增加就业人数？此处所谓其他情形不变者，系指消费倾向、资本之边际效率表以及利率三者，就社会全体而论，仍与前相同。(二)货币工资之减低，对于以上三个因素是否会发生必然的或或然的影响，故有必然的或或然的趋势，可以在一特殊方向，影响就业人数？

对于第一个问题，我们已经在以上几章中下了一个否定答案。我们知道，就业人数只与有效需求量(用工资单位计算)发生关系，后者乃预期的消费与预期的投资之总和，故设消费倾向、资本之边际效率表以及利率三者不变，则有效需求亦不变更；设以上三个因
261 素不变，而雇主们增加就业人数，则就雇主全体而论，其收益一定少于其供给价格。

减低货币工资，可以减低生产成本，故可以增加就业人数，——这是一个很粗陋的结论。要证明这个结论之谬误，我们最好先假定(这是对于这种说法最有利的假定)，在开始时，雇主们的确**预期**：减低货币工资会减低生产成本；然后再观察事态之发展。就单独一个雇主而论，当货币工资减低时，他很可能只看到他自己生产成本之减低，而忽略了：货币工资之减低，对其产物之需求亦会发生影响；于是以为，现在增加产量可以增加利润，因此遂增加其产量。假使一般雇主都作如此预期，都如此做法，他们真会增加其利润吗？不会。除非(一)该社会之边际消费倾向等于一，故所得之增量等于消费之增量；或(二)投资增加，足以弥补所得增量与消费增量之罅隙。但要投资增加，则资本之边际效率表，必须比之利率相对增加。故除非边际消费倾向等于一，或货币工资之减低会使

得资本之边际效率表比之利率相对增加，因之增加投资量，否则增加产量以后之收益，一定使得雇主们失望，于是就业量又回到原来数目。盖设雇主们真根据其预期售价，提供就业量，则公众之所得将增加，所得既增，故其愿意储蓄之数将超过当前投资量，故雇主们必蒙受损失，且此损失之大小，恰等于二者——愿意储蓄之数与当前投资量——之差。以上所说，不论货币工资率在什么水准都是对的。固然，在一段时期中，雇主们可能自己增加其对运用资本 262
（working capital）之投资，二者之差因而得以弥补，但此至多只能把失望来临之日延迟一些时候而已。

因此，减低货币工资并没有直接趋向，足以增加就业人数；——除非该社会之边际消费倾向，或资本之边际效率表，或利率，因货币工资之减低而受到影响。故要分析减低货币工资之效果，只能追究此三因素可能受到的影响。

此种影响之最主要者，大致如下：

（一）货币工资减低时，物价会下降，故可引起若干真实所得之重分配：（a）从工资阶级转移给边际直接成本中之其他生产原素（如果后者之报酬不减）；（b）从雇主阶级转移给利息阶级（rentiers），因后者之所得乃是用货币来规定的。

此种重分配，对于社会全体之消费倾向有什么影响呢？真实所得从工资阶级转移给其他原素，大概会减低消费倾向；至于从雇主阶级转移给利息阶级，其影响为如何，则颇成问题。设就大体而论，利息阶级在社会上比雇主阶级富裕，其生活程度又最少伸缩性，则重分配之影响亦属不利。根据这种种考虑，其净结果如何，我们只能猜想而已。大概是趋于不利，而不是趋于有利。

（二）设我们所讨论的经济体系，并不是一个闭关体系，又设所谓货币工资之减低，又是比之国外货币工资（当二者都化成共同单位以后）相对减低，则贸易差额趋于扩大，显然对于投资有利。这
263 里当然假定：国外之关税、进口限额等，并未改变，抵消这种好处。就英美两国而论，英国在传统上之所以比较相信：减低货币工资可以增加就业量者，大概是因为美国之闭关性重，英国之闭关性小。

（三）在一个非闭关体系，减低货币工资固然可以增加贸易之顺差，但亦会使贸易之物物交换条件（terms of trade）趋于恶劣。故除了新就业者以外，原就业者之真实所得将减低。这一点大概趋于增加消费倾向。

（四）设当货币工资减低时，人们预期此种减低乃是比之未来货币工资相对减低，则（理由已见上）资本之边际效率将增加，故对于投资有利；同理，也许对于消费亦有利。反之，设货币工资之减低，引起人们预期未来货币工资还要再减，或预期此种可能性甚大，则效果恰恰相反。盖在此种情形下，资本之边际效率将减少，投资与消费二者皆将延期。

（五）工资总支出（wages bill）之减低，再加上一般物价与一般货币所得之减低，可以减少为所得以及业务目的所需持有的现金，故在该范围以内，足以减低社会全体之灵活偏好表。若其他情形不变，则此足以减低利率，故利于投资。但利率之下降程度，亦受预期之影响，设如以上（四）最后所述，人们预期工资与物价以后再会上涨，则短期利率所受影响较大，长期利率所受影响甚小。还有，
264 设货币工资之减低引起群众不满意，以致社会上对政治前途之信任心为之削弱，则灵活偏好增强，且增强之程度，恐非从积极流通中

腾出来的一点现金可以抵消。

（六）设货币工资之减低，仅限于一厂或一业，则对该厂或该业必有利。因为这个理由，故当货币工资普遍减低时，虽然其实际影响不同，但亦可能在雇主们心目中产生一种乐观情绪，从而打破因为对于资本之边际效率作过度悲观的估计，所引起的一个恶性循环；于是一切事物，又可用比较正常的预期作根据，重复进行。在相反方面，设工人们对于工资普遍减低之后果，亦像其雇主一样，在看法上犯同一错误，则必引起劳资纠纷，可能把此有利影响完全抵消。除此以外，因为一般而论，没有方法可以使各业之货币工资同时减低，而且减低之程度相同，故一切工人为其本身利益计，都要抵抗其本业中货币工资之减低。事实上，当雇主们设法压低货币工资时，其所遭遇之抵抗，比之当物价上涨，真实工资逐渐下降时，所遭遇之抵抗，要强烈得多。

（七）反之，当货币工资减低时，雇主们之债务负担加重，此种不利影响可以部分抵消上述乐观情绪。设工资与物价降得很厉害，则雇主们之负债极重者，将濒于破产之境；假使真到这个地步，则对于投资非常不利。又，若物价水准降低，则公债——因之租税——之真实负担加重，故对于工商界之信任心亦大为不利。

以上所引，当然未足以包罗在复杂的现实社会中，货币工资减低时可能引起的一切反应，但通常最重要的反应，大概已尽于此矣。

故设我们只讨论一闭关社会，并假定真实所得之重分配，对于 265
社会之消费倾向并无影响，即有之，亦在不利方面，则当货币工资减低时，我们所能希望其可以增加就业量者，不外二主要途径：(a) 如（四）所述，因为资本之边际效率增加，故投资增加；或（b）如

（五）所述，利率下降。今请再就此两种可能性，作进一步讨论。

如果一般人相信：货币工资率已减至无可再减，以后工资如再有改变，一定只会增加，则对于资本之边际效率有利；最不利的情况，乃是货币工资正在逐渐下降，而且工资每减低一次，人们对此工资在未来能否不再减低便更缺乏信心。故在有效需求正在逐渐软弱之时，索性把货币工资大减，减低到一个水准，使得每个人都觉得太低，不会永远继续下去，这样做法，倒是对于加强有效需求，最为有利。但是要这样做，只能出之于行政法令；故在工资定于自由议价之经济体系中，绝少实际可能性。假使不能这样做，则在以下二者之间（a）货币工资非常固定，一般人认为不会有大变更，（b）经济衰退时，货币工资有逐渐下降之趋势，故（例如）当失业人数增加 1%时，人们即预期工资又要再减；还是前者好得多。盖设人们预期明年工资要减低 2%，则其影响约略等于把明年所付利息增加 2%。以上所说，只要稍加修正，亦适用于经济繁荣时期。

由此，故在当代实际习惯与实际制度之下，与其定一个政策，
266 使得货币工资非常有伸缩性，可以很容易随失业人数之增减而改变，不如定一个政策，使得货币工资非常刚性，固定不变。以上是专就资本之边际效率这一点立论。若就利率立论，以上结论是否仍站得住呢？

故彼相信经济体系有自动调整性者，只能以其论证主力，放在当工资水准与物价水准下降时，货币需求方面所起的反应。但是据我所知，他们并没有如此做。设货币数量也是工资水准与物价水准之函数，则在这方面亦毫无希望。但设货币数量是几乎固定的，则只要货币工资之减低程度够大，货币数量（用工资单位计算）便可

以无限制增加，且在所得中所占之比例亦可大为增加；后一种增加之限度，须看工资成本在边际直接成本中所占之比例如何，以及当工资单位下降时，边际直接成本中其他原素之反应如何而定。

故仅就理论而论，我们有两种方法可以影响利率，其效果完全相同：其一是减低工资，而让货币数量不变；其二是增加货币数量，而让工资水准不变。因此，减低工资与增加货币数量这两种方法，作为达到充分就业之手段看，都受同样限制。上面已经举出种种理由，为什么不能仅从增加货币数量着手，使得投资增加到最适度水准；同样理由，只要在枝节上略加修改，亦适用于减低工资这一个方法。如果货币数量之增加，相当温和，则对于长期利率之影响也许不够；如果增加得很多，则又怕要动摇社会信心，因此抵消货币 267
数量增加时之其他好处。同样，假使货币工资之减低，相当温和，则也许影响不足；假使减得很多，则即使实际上行得通，亦怕要动摇信心。

因此，相信一个有伸缩性的工资政策便能继续维持充分就业者，其毫无根据正像相信仅用公开市场交易政策，不用其他方法辅助，就可以得到同一结果。我们不能由这些途径使得经济体系有自动调整性。

设每当就业量小于充分就业之时，劳工们便一致联合起来，自动减低其工资要求，使得货币数量（用工资单位计算）增加，利率下降，以便达到充分就业，——假使如此，则货币管理乃以维持充分就业为目的，实施管理者是工会，而不是银行体系。

有伸缩性的工资政策，与有伸缩性的货币政策，若仅就增加货币数量（用工资单位计算）这一点而论，在理论上二者之效果固完全相同，但在其他方面，二者有天壤之隔。今简述三大区别，提醒读者。

（i）除非在一个已经实行国家统制的社会之中，一纸法令便可改变工资政策，否则没有方法可以使得各级劳工之工资趋于一致的减低。要达到这个结果，只能经过一组逐渐的、零星的、不规则的改变，而且恐怕还要经过几度劳资争执以后才能完成。此种改变方法，无论从社会正义看，或从经济权宜方面看，都无可辩护；而劳资争执又是浪费的、不幸的，且在争执过程之中，议价能力最弱者比之其他工人受害较深。反之，要改变货币数量，则只要用公开市场政
268 策或类似办法便可办到，故已在大多数政府掌握之中。人性与制度既属如此，则只有愚蠢之徒才会挑选有伸缩性的工资政策，而不挑选有伸缩性的货币政策；——除非他能够指出，前者有后者所不能达到的好处。而且，假使其他情况相等，则一个比较容易实施的方法当然比之一个窒碍难行的方法好。

（ii）假使货币工资固定不变，则除了独占价格（决定独占价格者，不只是边际成本，还有其他因素）以外，其他物价之所以改变，主要是因为：在现有设备上增加产量，将有边际生产力递减现象发生。社会上有一部分人士，其收入是由契约用货币规定的，例如利息阶级以及公私机关中之固定薪水阶级。假使货币工资不变，则在这批人与劳工之间，可以达到最大限度的、实际可行的公平办法。假使有若干主要阶级之货币收入，无论如何，总是固定不变，则从社会正义计，或从社会权宜计，最好*所有*生产原素之货币报酬都固定不变。有一大部分所得，既用货币规定，而且比较固定，则只有不义之徒才会挑选有伸缩性的工资政策，而不挑选有伸缩性的货币

政策；——除非他能够指出，前者有后者所不能达到的好处。

（iii）用减少工资单位这一个方法来增加货币数量（用工资单位计算），将使债务负担作比例增加，但若增加货币，而让工资单位不变，则债务负担所受之影响，恰恰相反。有许多种债务之负担，既然已经太重，则只有不谙世故之徒才会选择前者。 269

（iv）假使因为要使利率逐渐下降，故工资水准必须逐渐下降，则上面已经说过，资本之边际效率将受两重不利影响，故有两重理由要暂缓投资，经济复兴亦因之迟缓。

Ⅲ

故设当就业量逐渐减少时，工人们亦逐渐减低其货币工资之要求，此种政策因为对于产量不利，故一般说来，不仅不会减低恐怕还要增加真实工资。采取此种政策之主要结果，只是使得物价极不安定；——也许物价要变动剧烈到一种程度，使得在一个像我们实际生活其中的经济体系之内，一切业务打算都毫无用处。故说在一个大体上是自由放任的经济体系之中，有伸缩性的工资政策是应有的、必要的附属品。这种说法，刚与真理相反。只有在高度集权国家之中，政府一纸法令便可作骤然的、大量的、普遍的改变，有伸缩性的工资政策才能运用自如。我们可以想象这个政策在意德俄运用，但不能在英美法实施。

设像澳洲一样，用法令规定真实工资，则只有一个就业水准与此真实工资相应；至于实际就业人数，则在一闭关体系中须看投资量是否与该水准不悖，而在该水准与毫无就业之间剧烈变动。设投

资量不多不少，刚与该水准不悖，则物价乃在不稳定均衡状态，只
270 要投资量再少一些，物价即骤降至零；再多一些，物价即无限制突涨。要在这种经济体系中找出一个有稳定性的东西，则只能从统制货币数量着手，使得货币工资水准与货币数量配合起来，建立一个利率，而该利率与资本之边际效率之关系，又恰恰使投资量不多不少。要是如此，则就业水准（与法定真实工资相应之就业水准）不变，但货币工资与物价则常常急剧变动，以求投资量维持在此不多不少之数。就澳洲实际情形而论，所以未曾有此极度不稳定现象发生者，一部分当然是因为法令总不能完全达到目的；还有一部分是因为澳洲不是闭关体系，故货币工资本身是一个国际投资量——因此总投资量——之决定因素，而贸易条件对于真实工资又有重要影响。

根据这些考虑，我现在觉得：就一闭关体系而论，在权衡得失以后，最好还是维持一个稳定的一般货币工资水准（general level of money-wages）；即就非闭关体系而论，如果能用变动外汇率方法与世界其他各国维持均衡，则以上结论亦适用。就各别工业而论，货币工资如果有相当伸缩性固然很好，因为可以加速工人从比较衰退的工业转移到比较繁荣的工业；但是一般货币工资水准还是愈稳定愈好；——至少在短时期中是如此。

采取这种政策，则物价水准相当稳定，——至少比在有伸缩性的工资政策之下稳定。除了独占价格以外，物价之变，在短时期中，
271 只是因为就业人数改变，以致边际直接成本受到影响；在长时期中，只是因为设备增加，或有新技术之发明，新设备之产生，以致生产成本改变。

固然，假使就业量变动甚大，则物价水准之变动还是很大；但

是我已经说过了，这种变动程度比之在伸缩性的工资政策之下要来得小。

采取刚性工资政策，则在短时期中要物价稳定，必须避免就业量之变动。但在长时期中，我们还可以在两种政策之间选择：其一是令工资稳定，而让物价随技术与设备之进步慢慢下降；其二是令物价稳定，而让工资慢慢上涨。大体而论，我主张选择后者，一部分是因为：要使得实际就业水准接近充分就业，则在未来工资会上涨这种预期之下，比较容易办到，而在未来工资会下降这种预期之下，比较不容易办到。一部分是因为：逐渐减轻债务负担，对于社会有利；在衰落工业与兴旺工业之间，比较容易调整；还有，假使货币工资有温和上涨之趋势，则心理上也许会感觉到一种鼓励。不过这里并没有原理上的重要差别，故现在不必把两方面之论证详加发挥。

附录：论皮古教授之《失业论》

在《失业论》中，皮古教授使就业量定于两个基本因素，即 272
（一）工人所要求的真实工资率（real rates of wages），以及（二）劳力之真实需求函数（Real Demand Function for Labour）之形状。该书中心部分，即在讨论何者决定此函数之形状。工人所要求的，不是真实工资率，而是货币工资率，这件事实，该书并不抹杀；不过该书认为：用工资品之价格除实际货币工资率所得商数，即可作为工人所要求的真实工资率。

在该书第 90 页，皮古教授提出两个方程式，认为这是研究之起点。但是有几个暗中假定，限制了皮古教授分析方法之应用，而这些暗中假定又在论证一开始时就混进来了，故我先得把他的处理方法，一直到争执所在点为止，作一提要。

皮古教授把工业分为两类，即（a）在国内从事制造工资品，及从事制造出口品，推销于国外，以取得国外之工资品者；（b）其他工业。为方便起见，可以把此两类工业，称之为工资品工业及非工资品工业。他设想前者雇用 x 人，后者雇用 y 人；x 人所产工资品之总价值，他用 $F(x)$ 来表示，一般工资率则用 $F'(x)$ 来表示。皮古教授虽然自己不说，然而这就等于假定：边际工资成本等于边际直
273 接成本。[①] 他又假定 $x+y=\phi(x)$，这就是说，总就业量乃工资品工业中就业量之函数。他于是说，全体劳力之真实需求弹性（elasticity of the real demand for labour in the aggregate），可以写作

$$Er=\frac{\phi'(x)}{\phi(x)}\cdot\frac{F'(x)}{F''(x)},$$

由此弹性，并可推得劳力之真实需求函数之形状。

若仅就符号而论，则他的与我的表示方式并无重大区别。只要

① 边际直接成本即等于边际工资成本，这种说法当然是错误的。考此错误之来，大概是由于边际工资成本这一个名词含义不清。一种意义是：所谓边际工资成本，便是产量增加一单位时，所需增加之成本（如果除了工资成本以外，其他成本都不变）；另一种意义是：用最经济方法，利用现有设备以及其他失业原素增加产品一单位时，所需增加之成本。假使采前一义，则除增加劳力以外，我们不能再增加雇主之劳役、运用资本或任何其他东西；我们甚至不能让资本设备因为就业量增大而多耗损一些。在这种情形之下，因为我们不让劳力成本以外的其他成本参加边际直接成本，故边际工资成本当然等于边际直接成本。然而根据如此前提得到的分析结果，几乎毫无用处，因为如此前提事实上很少会实现。在事实上，我们不会笨到一个地步，当劳力增加时，不让其他因素（除非手边无此等原素）也作适度增加。故要这个前提成立，则只能假定：除了劳力以外，其他生产原来都已经无可再增。

我们能够把皮古教授之工资品作为我的消费品，把他的“其他物品”作为我的投资品，则因$\frac{F(x)}{F'(x)}$乃是（用工资单位计算）工资品工业所产产物之总值，故即等于我的C_w。又，若工资品即等于消费品，则ϕ乃我所谓就业乘数k′之函数。盖

$$\Delta(x+y)=k'\Delta y$$

故

$$\phi'(x)=\frac{k'}{k'-1}=1+\frac{1}{K'}\ (\text{approx.})$$

因此，皮古教授所谓“全体劳力之真实需求弹性力这一个东西，乃是一个复合体，其中构成分子，类似于我自己所用的若干因素；盖此弹性，一部分乃定于工业上之生产情况（他用函数F表示），一部分乃定于人们对工资品之消费倾向（他用函数ϕ来表示）。以上所说，当然只限于一个特例，即边际劳力成本等于边际直接成本之情形。

要决定就业量，皮古教授就把劳力之真实需求函数与劳力之供给函数二者联合起来。他假定后者只是真实工资率之函数。不过， 274
因为他已经假定着真实工资率乃工资品工业中所雇工人人数x之函数，故说劳力之供给只是真实工资率之函数，无异是说：在现行真实工资率下之劳力总供给量只是x之函数。用符号表示，则$n=\chi(x)$，其中n代表在真实工资率$F'(x)$之下所可能有的劳力供给量。

故把所有复杂因素廓清以后，皮古教授之分析方法，乃是想从下列二方程式中，发现就业量。该二方程式乃

$$x+y=\phi(x)$$

及

$$n=\chi(x).$$

但在这两个方程式中，倒有三个未知数。他规避这种困难之法，似乎是假定 $n=x+y$。当然，这等于假定：不自愿的失业（依以上所下严格定义）并不存在，也就是说，在现行真实工资率之下所可能有的劳力供给量，事实上都已就业。于是 x 之值，可从

$$\phi(x)=\chi(x)$$

这一个方程式中求得之；设由此所得 x 之值为 n_1，则 y 必等于 $\chi(n_1)-n_1$，总就业量 n 则等于 $\chi(n_1)$。

这里值得暂时停一停，考察一下，这到底是什么含义。这个含义是说：设劳力之供给函数改变（即在一特定真实工资之下，势力之供给量较前增大），故由 $\phi(x)=\chi(x)$ 中所得 x 之值现在变为 n_1+dn_1，则非工资品之需求情形一定使得非工资品工业中之就业量增加，以保持 $\phi(n_1+dn_1)$ 与 $\chi(n_1+dn_1)$ 二者之相等。除了供给函数之改变以外，唯一可使总就业量改变者，乃是因为非工资劳动者（non-wage-earners）之嗜尚改变，多购非工资品，少购工资品。

假定 $n=x+y$，当然就是假定劳力总可以自己决定其真实工资率；而假定劳力总可以自己决定其真实工资率，又无异假定：非工资品之需求情形一定会服从上述法则，换句话说，无异假定利率一定会常常与资本之边际效率表相适应，使得充分就业能够保持。假使没
275 有这种假定，则皮古教授之分析即告崩溃，提不出一个方法来决定就业量。所可奇者，皮古教授竟会认为，他可以不必提及因为利率或信任状态改变，而不是因为劳力之供给函数改变，所引起的投资量之改变（即非工资品工业中就业量之改变），就可以提出一个失业理论。

故该书以《失业论》命名，实在有点名不副实。该书实在并不

讨论失业问题，而讨论：设劳力之供给函数不变，又设充分就业常能维持，则就业量将如何。所谓全体劳力之真实需求弹性这一个概念，其目的亦只在说明：当劳力之供给函数作一特定移动时，充分就业量将提高或降低多少。或者（也许是更好的看法），我们可以把该书看作是一种没有因果性的（non-causative）研究，所研究者乃是真实工资水准与就业水准之函数关系。但该书不能告诉我们，何者决定实际就业水准；对于不自愿失业这个问题，该书未有直接接触。

即使皮古教授否认有我所谓不自愿失业这种东西之可能性，我们还是难于明了，他的分析如何可以应用。他没有讨论何者决定 x 与 y（工资品工业中之就业量与非工资品工业中之就业量）之间之关系，这点疏忽，还是他的致命伤。

而且，他亦承认，在某种限度以内，劳工们在事实上所要求的常常不是一特定真实工资率，而是一特定货币工资率。假使承认这点，则劳力之供给函数不仅只是 $F'(x)$ 之函数，而是 $F'(x)$ 与工资品之货币价格二者之函数；于是他以前的分析即告崩溃，因为这里多添了一个因素，而没有多添一个方程式来解这个新未知数。用假数学方法，处理经济问题，如果要得到结果，必先假定一切函数都只含一个自变数，使得所有偏微分（partial differentials）都不存在。这种方法之危险，皮古教授之分析法提出了一个最佳例证。事后承认，事实上确有其他变数存在，但并不把以前所写再改写一遍，则这种承认有什么用处？故假使在某种限度以内，劳工要求规 276
定的是货币工资，则除非我们知道何者决定工资品之货币价格，否则即使假定 n=x+y，还是资料不足。盖工资品之货币价格，须看总就业量之多寡而定，故要知道总就业量，则必先知道工资品之货币价格；要知道工资品之货币价格，则必先知道总就业量。这就是我说过的，我们短少一个方程式。然而假使我们暂时假定货币工资率有刚性，而不假定真实工资率有刚性，恐怕倒与事实很接近。例如在1924—1934年这10年中，英国经济情形颇为骚扰不定，但在该10年内，货币工资之变动范围只是6%，而真实工资之变动范围却超过20%。一个理论，假使当得起称为通论，则必须不论货币工资是否固定（或不论有没有一个范围，在该范围以内货币工资固定不变），都可以适用。从事政治者固然可以说，货币工资应当有高度伸缩性；但是一个理论家在分析时，对于货币工资是否应有高度伸缩性这个问题，应该毫无偏袒。一个科学的理论，不能要求事实来与其假定相符。

当皮古教授进而讨论减低货币工资之影响时，据我看来，他所用资料又太少，故又不能提出一个具体答案。开头（同书第101页），他批驳一种论证，这种论证是说，设边际直接成本等于边际工资成本，则当货币工资减低时，非工资劳动者之所得将与工资劳动者之所得作同比例之改变；他所持反对理由，是说这个论证，只有当就业量不变时才能成立，而就业量是否不变，正是尚待研讨之点。但在下一页（同书第102页），他自己亦犯同样错误：他假定“在开始时，非工资劳动者之货币所得不变”；他自己刚指出这个假定只有当就业量并非不变时才能成立，而就业量是否要变，正是尚待研讨之点。事实上，除非在研究资料中，再加上其他因素，否则不能有答案。

劳工们在事实上所要求规定的，不是一特定真实工资率，而是一特定货币工资率（只要真实工资不低于某一最低限度），承认这点，则整个分析都受到影响。盖设承认这点，则不能同时再假定：除非真实工资提高，否则劳力供给量不会增大，而此假定又是大部 277
分论证之基础。例如，皮古教授反对乘数理论（同书第75页），理由是：真实工资率既不变，换句话说，充分就业既已达到，故减低真实工资不能使劳力之供给量增大。在这种假定之下，他的论证当然是对的。不过在该段中，皮古教授所批评者，乃是实际政策方面的一种方案；当英国失业人数超过200万，就是说，有200万以上工人愿意接受现行货币工资而工作，在这种时候，还假定只要生活费用比之货币工资稍为提高一些，就有工人要从劳力市场退出，而且退出之人数还大于200万人，如此假定，实在是离事实太远，想入非非。

我们要强调一点：皮古教授整个一本书都基于一个假定，即**当生活费用比之货币工资相对增加时，不论增加得如何温和，就有一部分工人要从劳力市场上退出，而且退出之人数，大于现有全部失业人数**。

还有，在该段中（前引书第75页），皮古教授没有注意到，他既认为政府投资政策不能引起“第二级”就业（secondary employment），则根据同样理由，该政策亦不能增加“第一级”就业（primary employment）。盖设工资品工业中之真实工资率不变，则除非非工资品劳动者肯减少其工资品之消费，否则就业量无论如何不能增加。理由是：在第一级就业中新雇的工人，大概会增加其工资品之消费，于是真实工资降低，于是（根据他的假定）有一部分以前在别处已经就业之工人，将退出劳力市场。然而皮古教授似乎认为，第一级就业确有增加之可能。第一级与第二级就业之分界线，似乎也是心理上的分界线，超过该线以后，皮古教授之好常识就再敌不住他的坏理论。

因为假定不同、分析不同，故所得结论不同，下引一段可作例证：“设在工人之间有自由竞争，劳力又可以完全移动，则二者（按即工人所要求的真实工资率，以及劳力之需求函数二者）之关系甚
278 简单。在这种假定之下，一定常有一种强烈趋势，让工资率与需求情况互相适应，使得每个人都就业；若情况稳定，则实际上每个人确都就业。言外之意是说，若在任何时间真有失业现象，则此失业完全是因为需求情况继续在改变，而摩擦阻力使得工资不能即刻作适度的调整”。[①] 这是重要一段，皮古教授把他的观点，作了一个提要。

他的结论是：失业之起，主要是因为工资政策未能与劳力之真实需求函数之变动充分调整。

因此，皮古教授相信，在长时期中调整工资便可医救失业问题。[②] 我的看法是：真实工资固然有个最低限度，即不能低于就业量之边际负效用，而且调整货币工资也许会影响真实工资，但主要决定真实工资者却并不是货币工资之调整，而是经济体系中之其他因素；其中有几个，尤其是资本之边际效率表与利率之关系，据我了解，皮古教授没有包括在他的分析体系之中。

最后，当皮古教授讨论“失业之起因”时，他固然——像我一样——说到需求状态之变动；他把劳力之真实需求函数作为需求状态，可是他忘了，依据他的定义，前者之意义多狭窄。我们在上面已经知道，依据他的定义，所谓劳力之真实需求函数者，只定于两

① 皮古教授：《失业论》，第 252 页。

② 他未曾暗示，这个结果之由来是因为利率起了反应。

个因素，即（a）在一特定环境中，总就业量与工资品工业中之就业量——二者之关系（工资品工业之产物，乃全体劳力之消费之所由出）；（b）工资品工业中边际生产力之情况。但在《失业论》第五编中，"劳力之真实需求"情况之改变，却占据重要地位。他把"劳力之真实需求"，看作是在短时期中可以有极大变动的一个因素（前引书第五编，第六至第十二章）。他似乎认为，"劳力之真实需求"之变动，再加上工资政策不能即刻与此变动相适应，乃是商业循环之主因。读者骤看起来，这些似乎都很合理，都很熟悉，因为除非读 279
者追溯名词之定义，否则在他心目中很容易把"劳力之真实需求之变动"，与我所谓"总需求情况之变动"，混为一谈。但一追溯到定义，则皮古教授之说，即绝难令人置信，盖在短期中，最不会有剧烈变动者，莫过于"劳力之真实需求"。其理如下：

依据定义，皮古教授所谓"劳力之真实需求"，只是两个因素之函数，即 F（x）及 ϕ（k），前者乃工资品工业中之生产情况，后者乃工资品工业中之就业量与总就业量之函数关系。除非是在长时期中逐渐改变，否则很难找出理由，为什么这两个函数会改变；至少我们没有理由，可以假定其在一个商业循环之中会有变动。F（x）只能慢慢改变，而且在生产技术逐渐进步的社会之中，只能向前进方向改变；至于 ϕ（x），则除非工人阶级突然倾向于节俭，或说得更概括一些，除非消费倾向有突然变迁，否则是很稳定的。如此说来，则劳力之真实需求，在商业循环之中，应当几乎不变。我再重复说一遍：皮古教授没有把一个不稳定因素，即投资量之变动，包括在他的分析体系之中，而这个因素往往是就业量所以变动之基本原因。

我对皮古教授之失业理论作如此详细批评，倒并不是因为他比之经典学派其他经济学家有更多可以批评之处，而是因为据我所知，他是第一人把经典学派之失业理论精确写了出来。故我觉得，要反对经典学派之失业理论，必须以该理论之最完备、最难击破者，作为批评之对象。

第二十章　就业函数[①]

I

在第三章第一节中，我们对总供给函数 $Z=\phi(N)$ 已经下了定义：所谓总供给函数者，乃就业量 N 与其相应产量之总供给价格之关系。就业函数（employment function）与总供给函数不同者，只是：(a) 前者乃后者之倒函数，(b) 用工资单位作计算标准。就业函数乃表示有效需求（用工资单位计算）与就业量之关系；其目的乃在指出：设一厂、一业或工业全体面临一特定量有效需求，则该厂、该业或工业全体将提供何种就业量，方能使其产量之总供给价格恰等于该特定量有效需求。今设对一厂或一业之有效需求（以工资单位计算）为 D_{wr}，在该厂或该业所引起的就业量为 N_r，则就业函数可写作 $N_r=F_r(D_{wr})$。或更概括一些，设我们可以假定 D_{wr} 乃总有效需求 D_w 之唯一函数，则就业函数可写作 $N_r=F_r(D_w)$。这就是说，设有效需求为 D_w，则 r 工业中所提供之就业量将为 N_r。 280

---

① 凡不喜欢——不喜欢之理由甚正当——代数者，可以把本章第一节省去，损失极小。

本章将探讨就业函数之若干性能（properties）。除了这些性能之本身兴趣以外，我们有两点理由，为什么要用就业函数来替代普
281 通所谓供给曲线，以求与本书之方法及目的相一致。第一，本函数只用我们已经决定选用的单位，来表达有关事实，其他在数量方面性质不明的单位，一概不用。第二，本函数较之普通所谓供给曲线，更易处理有关全体工业或全体产量等问题（以别于在一特定环境下，单独一厂或一业所遭遇之问题）；其理如下：

就一种商品而论，要替该商品作一普通所谓需求曲线，必先假定社会各分子之所得不变；若所得改变，则需求曲线必须重作。同样，要替一种商品作一普通供给曲线，必先假定工业全体之产量为若干；若工业之总产量改变。则该供给曲线亦随之而变。故当我们研讨许多工业对于总就业量之改变所起之反应时，我们所遭遇的，决不是每种工业只有一条需求曲线以及一条供给曲线。而是随我们对总就业量所作假定之不同，而有两组曲线。但若用就业函数，则欲得一适用于工业全体之函数，足以反映总就业量之改变者，实较易办到。

今假定消费倾向不变，又假定第十八章中作为不变之其他因素亦不变；设我们所要讨论的问题，乃是当投资量改变时，就业量将因之而作何种改变。在此种假定之下，则有一个有效需求量（用工资单位计算），便有一总就业量与之相应；而且此有效需求量，亦必依一定比例分配于消费与投资。不仅如此，因为有一个有效需求水
282 准，便有一特定的所得分配法与之相应，故我们更可进而假定：一特定量总有效需求，其分配于各业之方法，只有一个。

由此，故若总就业量为已知，我们便可推断各业中之就业量。

这就是说，若总有效需求量（用工资单位计算）为已知，我们便知各业中之就业量，于是我们便可把一业之就业函数写作 $N_r=F_r(D_w)$，这就是就业函数之第二种形式。写成这种形式，有一个好处：如果我们要知道，相当于一特定量有效需求时，工业全体之就业函数是什么，则只要把各业之就业函数相加起来就可以了；即

$$F(D_w)=N=\Sigma N_r=\Sigma F_r(D_w)$$

其次，我们要对就业弹性（elasticity of employment）下一个定义。一业之就业弹性，乃等于

$$e_{er}=\frac{dN_r}{dD_{wr}}\cdot\frac{D_{wr}}{N_r},$$

盖若该业预期其产物之需求（用工资单位计算）将有改变，则其雇用之劳工人数亦将改变，此式即衡量此种反应。工业全体之就业弹性，则可写作

$$e_e=\frac{dN}{dD_w}\cdot\frac{D_w}{N}。$$

如果我们能够找出一个满意方法来衡量产量，则更可有产量或生产弹性（elasticity of output or production）这个概念来衡量：当任何一业所面临之有效需求（用工资单位计算）增加时，其产品之增 283
加率为如何；用符号表示，则为

$$e_{or}=\frac{dO_r}{dD_{wr}}\cdot\frac{D_{wr}}{O_r},$$

若价格等于边际直接成本，则

$$\Delta D_{wr}=\frac{1}{1-e_{or}}\cdot\Delta P_r,$$

其中 P_r 乃预期利润。① 由此，设 $e_{or}=0$，换言之，设该业之产量毫无弹性，则全部有效需求（用工资单位计算）之增加量，皆将变成雇主利润，即 $\Delta D_{wr}=\Delta P_r$，反之，设 $e_{or}=1$，换言之，设产量弹性等于 1，则有效需求之增加量，皆被边际直接成本中之构成分子吸收去，丝毫不变成利润。

又设一业之产量，乃该业所雇劳工人数之函数 $\phi(N_r)$，则有 ②

---

① 设 p_{wr} 乃一单位产物之预期价格（用工资单位计算），则

$$\Delta D_{wr}=\Delta(p_{wr}\cdot O_r)=p_{wr}\cdot\Delta O_r+O_r\Delta p_{wr}$$
$$=\frac{D_{wr}}{O_r}\cdot\Delta O_r+O_r\Delta p_{wr},$$

故 $O_r\Delta p_{wr}=\Delta D_{wr}(1-e_{or})$，

或 $\Delta D_{wr}=\dfrac{O_r\Delta p_{wr}}{1-e_{or}}$。

但 $O_r\Delta p_{wr}=\Delta D_{wr}-p_{wr}\,\Delta O_r$

$=\Delta D_{wr}-$（边际直接成本）ΔO_r

$=\Delta P$。

故有 $\Delta D_{wr}=\dfrac{1}{1-e_{or}}\cdot\Delta P_r$。

② 盖因 $D_{wr}=p_{wr}\cdot O_r$，故

$$1=P_{wr}\cdot\frac{dO_r}{dD_{wr}}+O_r\cdot\frac{dp_{wr}}{dD_{wr}}$$
$$=e_{or}-\frac{N_r\phi''(N_r)}{\{\phi'(N_r)\}^2}\cdot\frac{e_{or}}{p_{wr}}。$$

〔本等式之推演如下：

$$O_r\frac{dp_{wr}}{dD_{wr}}=\frac{D_{wr}}{p_{wr}}\cdot\frac{dp_{wr}}{dN_r}\cdot\frac{dN_r}{dD_{wr}}$$
$$=\left(\frac{D_{wr}}{N_r}\cdot\frac{dN_r}{dD_{wr}}\right)\cdot\frac{N_r}{p_{wr}}\cdot\frac{dp_{wr}}{dN_r}$$

因 $p_{wr}=\dfrac{p_r}{W}=\dfrac{dC_r}{dO_r}/W$，其中 $O_r=\phi(N_r)$，$C_r=N_r\cdot W$，

故 $p_{wr}=\dfrac{dN_r}{dO_r}=\dfrac{1}{\phi'(N_r)}$，

$$\frac{1-e_{or}}{e_{er}}=-\frac{N_r\phi''(N_r)}{p_{wr}\{\phi'(N_r)\}^2},$$

其中 p_{wr} 乃一单位产物之预期价格（用工资单位计算）。故 $e_{or}=1$ 这 284
个条件，即表示 $\phi''(N_r)=0$，亦即表示当就业量增加时，该业之报酬既不递增亦不递减。

经典学派假定真实工资常等于劳力之边际负效用，后者则随就业量之增加而增加，故设其他情形不变，则当真实工资减少时，劳力之供给亦降低。作这种假定，无异是说：若用工资单位计算总支出，则总支出在事实上不可能增加。假使这种说法是对的，则就业弹性这个概念毫无用处。而且，在这种假定之下，我们也不能用增加货币支出这个方法来增加就业量，因为货币工资将追随货币支出作比例的增加，于是若用工资单位计算，支出未增，就业量因此也不会增加。但若经典学派之假定并不对，则我们可以靠增加货币支出来增加就业量，一直到真实工资降低得与劳力之边际负效用相等时为止；这一点，依据定义，就是充分就业之点。

当然，在通常情形之下，e_{or} 之值总在零与 1 之间。故当货币支出增加时，物价（用工资单位计算）上涨之程度（亦即真实工资下降之程度），须看当支出（用工资单位计算）增加时，产量弹性所起之反应为如何而定。

（接上页）故 $\frac{dp_{wr}}{dN_r}=-\frac{\phi''(N_r)}{\{\phi'(N_r)\}^2}$，

故 $O_r\frac{dp_{wr}}{dD_{wr}}=-\frac{N_r\phi''(N_r)}{\{\phi'(N_r)\}^2}\cdot\frac{e_{er}}{p_{wr}}$。〕

令 e'_{pr} 代表：当有效需求 D_{wr} 改变时，预期价格 p_{wr} 之弹性，则

$$e'_{pr}=\frac{dp_{wr}}{dD_{wr}}\cdot\frac{D_{wr}}{p_{wr}},$$

因 $O_r\cdot p_{wr}=D_{wr}$，故有

$$\frac{dO_r}{dD_{wr}}\cdot\frac{D_{Wr}}{O_r}+\frac{dp_{wr}}{dD_{wr}}\cdot\frac{D_{wr}}{p_{wr}}=1$$

或 $$e'_{pr}+e_{or}=1.$$

285 这就是说，有效需求（用工资单位计算）改变时，物价弹性以及产量弹性之和等于 1。有效需求之力量，即依此法则，一部分用在影响产量，一部分用在影响物价。

假使我们所讨论的是工业全体，同时又假定我们可以找出一个单位来衡量总产量，则运用同样论证可得 $e'_p+e_o=1$，其中 e'_p 及 e_o 乃适用于工业全体之物价弹性及产量弹性。

令不用工资单位计算，改用货币计算，而以我们结论推广至于全部工业。

令 W 代表一单位势力之货币工资，令 p 代表一单位总产量之货币价格，则当有效需求（用货币计算）改变时，货币价格之弹性可写作 $e_p=\frac{D}{p}\cdot\frac{dp}{dD}$，货币工资之弹性可写作 $e_w=\frac{D}{W}\cdot\frac{dW}{dD}$。我们很容易可以知道

$$e_p=1-e_o(1-e_w)\text{①}。$$

① 因为 $p=p_w\cdot W$，又 $D=D_w\cdot W$，故

我们在下一章中可以知道，这一个方程式乃是推广货币数量说之第一步。若 $e_o=0$，或若 $e_w=1$，则产量将不变，物价将与有效需求（用货币计算）作同比例上涨。若不然，则物价之上涨比例要小些。[①] 286

Ⅱ

现在我们再回到就业函数。以上我们假定：一特定量总有效需求，其分配于各业之方法只有一个。但当总支出改变时，其用以购买一业之产物者，一般说来，不会作同比例改变，——一部分是因为当个人之所得提高时，其对各业产物之增购量不成同一比例；一部分是因为当各种商品之需求加大时，其价格之反应程度不同。

因此，假使我们承认，当所得增加时，此增加量之使用法不止一个，则以上所作假定——就业量仅仅随总有效需求（用工资单位计算）之改变而改变——只是一个第一接近值而已。盖当总需求增

（接上页）

$$\Delta p=W\Delta p_w+\frac{p}{W}\cdot\Delta W$$

$$=W\cdot e'_p\cdot\frac{p_w}{D_w}\cdot\Delta D_w+\frac{p}{W}\cdot\Delta W$$

$$=e'_p\frac{p}{D}\left(\Delta D-\frac{D}{W}\Delta W\right)+\frac{p}{W}\Delta W$$

$$=e'_p\frac{p}{D}\Delta D+\Delta W\frac{p}{W}(1-e'_p),$$

故 $$e_p=\frac{D}{p}\frac{dp}{dD}=e'_p+\frac{D}{p\Delta D}\cdot\frac{\Delta W\cdot p}{W}(1-e'_p)$$

$$=e'_p+e_w(1-e'_p)$$
$$=1-e_o(1-e_w).$$

大时，看我们假定此增加量如何分配于各业，而就业量可以大不相同。例如，设需求之增加，大部分趋于就业弹性高之产物，则就业量之增加大；设趋于就业弹性低之产物，则就业量之增加小。

同样，设总需求不变，但需求转向，垂青于就业弹性较低之产物，则就业量亦会降低。

287 这种种考虑，在讨论短期现象时，尤其重要；此处所谓短期现象，是指事先未曾逆料的需求转向，或需求数量之改变。有些物品之生产，需要时间，故要很快增加其供给，几乎不可能。若在事前没有通知，骤然把需求之增大量集中在这些物品身上，则就业弹性甚低；但若早接通知，充分准备，则此类物品之就业弹性也许接近 1。

我觉得生产时期（period of production）这一个概念，其主要用处就在这里。依我说法，假使必须把需求之改变，在 n 个时间单位以前，通知一种物品，然后该物才能提供最高的就业弹性，则该物之生产时期为 n。[①] 照这样说法，则大体说来，显然消费品之生产时期最长，因为消费总是每个生产过程之最后阶段。故设有效需求之增加发动于消费之增加，则较之发动于投资之增加者，其就业弹性之最后均衡值小，而其初期之就业弹性则更小于其最后均衡值。不仅如此，设对就业弹性太低之物增加需求，则此需求增量大部分将变为雇主之所得，只有小部分变为工资劳动者以及直接成本中其他原素之所得，结果可能对于消费不利，因为雇主由所得增量中储蓄之数，大概比工资劳动者大。但两种情形之差别，亦不宜过分夸大，大部分反应还是相同的。[②]

---

① 这和通常所下定义不同。但定义如此下法，似乎已得生产时期这个观念之要旨。

② 关于此方面之进一步讨论，参阅拙著《货币论》第四编。

无论多早把未来需求之改变通知雇主，除非在每一个生产阶段 288
都有剩余存货或剩余生产能力，否则当投资作特定量增加时，初期就业弹性之值总没有最后均衡值那么大。在另一方面，出清剩余存货乃负投资，故对于投资增量有抵消作用。设在开始时，每一阶段都有剩余存货，则初期之就业弹性也许接近 1；但在存货已经吸收完毕之后，而生产阶段上早期产物之增产量尚不能充分源源而来之前，弹性又降低；当新的均衡位置逐渐接近时，就业弹性又回涨而趋于 1。若当就业量增加时，利率提高，或地租原素所吸收之支出增大，则须加修正。因为这种种理由，故在动态经济体系中，物价不能完全稳定，——除非是有特种机构可以使得消费倾向暂时变动，而且变动得恰到好处。但由此引起的物价不稳定，并不构成一种利润刺激，因而引起生产能力之过剩；盖此种不虞之得，只有在当时恰巧持有生产阶段上较后期产物之雇主方能取得，凡不持有此种特殊资源者无从据此不虞之得为已有。故若经济体系有变迁，物价自亦不免波动，但此种物价不稳定，亦不影响雇主们之行为，只是把意外财富送给当时之幸运儿而已（若变动之方向相反，则以上原理仍适用，但须作枝节上之修正）。我认为当代讨论稳定物价之良策者，往往忽略了这点。社会若易于变动，则物价稳定政策不会完全成功。但由 289
此并不能说：只要物价稍为暂时不稳定，就必然引起累积的失衡。

Ⅲ

上面说过，有效需求不足时，就业量亦不足；所谓就业量不足者，是指有人愿意接受比现行真实工资更低的报酬去工作，但无业可就，故当有效需求增加时，就业量亦增，但真实工资率则比现行者小，或至多相等，如此继续下去，一直到一点为止，在该点时，依照届时通行的真实工资率，已经没有可用的剩余劳力。换句话说，从这点以后，除非货币工资比物价涨得更快，否则工人人数及工时都不能再增。次一个问题是：假使在这点已经达到以后，支出尚继续增加，则情形将如何？

一直到这点为止，在一特定量资本设备上增加劳工，虽然报酬逐渐递减，但劳工所肯接受的真实工资亦在递减，故二者相抵消。在这点以后，再要增雇一人，则必须提供较高的真实工资率（即较多实物），但由增雇一人所得之产物则反较前减小。故为维持均衡计，工资与物价必须随支出作同比例的上涨，以便使“真实”情况（包括就业量与产量）仍一切与前相同。达到这种情况，则粗陋的货币数量说（把“流通速度”解释为“所得流通速度”）完全适用：盖产量不变，而物价之上涨恰与MV成比例。

但要把以上结论应用之于实际情形，则也有若干实际修正必须
290 记在心上：

（1）至少在一个时期以内，物价之上涨也许使得雇主们一时懵懂，增加其雇用人数，超过了为获得最大利润（用自己产物计算）所需的就业量。此盖由于雇主们一向以总售价（用货币计算）之增加作为扩充生产之信号，故即使事实上这种政策已经对他们不利，他们也许还继续奉行；换句话说，雇主们也许会低估其在新物价环境之下之边际使用者成本。

（2）雇主必须把一部分利润转交给固定收入者；因为这部分利润是用货币规定的，故当物价上涨时，即使产量不变，也引起所得

之重分配，这种所得重分配利于雇主而不利于固定收入者，消费倾向也许因而受到影响。然而这种过程并不是在达到充分就业以后才开始的；而是在支出渐增这段时期中一直进行着。设固定收入者比雇主节俭，前者之真实所得又渐减，则为达到充分就业计，其所需货币数量之增加，以及利率之减低，比之在相反假设（即雇主比固定收入者节俭）之下程度较轻。在充分就业已经达到以后，若第一种假设仍继续适用，则当物价再上涨时，利率必须提高，以防止物价之无限制上涨；又货币数量之增加比例，亦将小于支出之增加比例。若第二种假设适用，则情形相反。当固定收入者之真实所得减少时，因为此阶层逐渐变成贫乏，故也许会有一转捩点，从第一个假设改为第二个假设；但这点可以在达到充分就业之前达到，也可 291
以在之后达到。

Ⅳ

通货膨胀与通货紧缩显然不相对称：盖若把有效需求紧缩到充分就业所必需的水准以下，则就业量与物价都降低；但若把有效需求膨胀到这个水准以上，则只有物价受到影响；这一点也许令人不解。然而这种不对称，正是事实之反映：若某就业量之边际负效用大于真实工资，则劳工总可拒绝工作，使该就业量不能实现；但劳工却不能因为某就业量之边际负效用并不比真实工资大，而一定要别人提供该就业量。

第二十一章　物价论

I

292 经济学家在讨论所谓价值论时，总说物价决定于供需情况；边际成本以及短期供给弹性，尤占重要地位。但当他们进入第二卷，或另成一书，讨论所谓货币与物价论时，我们恍若进了另一世界，这些家常浅显的概念都不提了，代之而起的，是说决定物价者乃是货币之数量、货币之所得流通速度、流通速度与交易额之比、囤积、强迫储蓄、通货膨胀或紧缩……诸如此类；简直没有人想把这些空泛名词和以前供需弹性等观念联系起来。假使我们把人家传授给我们的东西回想一下，并设法使其合理化，则在比较简单的讨论中，似乎是假定供给弹性必等于零，需求必与货币数量成比例；但到更复杂一些的讨论中，我们简直如堕五里雾中，什么也不清楚，什么都可能。我们都已惯了，忽而在这样捉摸不定的东西之左，忽而又在其右，自己也不知道怎样从这一边跑到那一边，二者之联系似乎是醒与睡之关系。

293 以前数章，其目的之一即在避免这种双重生活，而使整个物价论重新与价值论发生密切接触。我以为把经济学分为两部分，一部分是价值论与分配论，另一部分是货币论，实在是错误的分法。我以为正确的两分法应当是：一面是关于一厂或一业之理论，研究如何把一特定量资源分配于各种用途，其报酬为如何等；另一面是适用于社会全体的产量论及就业论。假使我们所研究的，只限于一业或一厂，假定就业资源之总数不变，又暂时假定他业或他厂之情况亦不变，则我们的确可以不顾货币之特性；但当我们进而讨论何者决定社会全体之产量及就业量时，我们就需要一个关于货币经济（Monetary Economy）之全盘理论。

或者我们还可以把界线如此划分：一面是静态均衡论（theory of stationary equilibrium），另一面是移动均衡论（theory of shifting equilibrium）；在适用后一种理论之经济体系中，对于未来之种种不同看法，足以影响目前情况。我们之所以可以作如此分法，乃是因为货币之重要性主要是从货币乃现在与未来之联系这一点产生的。我们可以先讨论：设在一经济体系中，人们对于未来之看法在各方面都是固定的、可靠的，人们亦依据正常经济动机而活动，则在均衡情形之下，资源将如何分配于各种用途。这种经济体系还可以细分为二：其一是完全不变的；其二虽有改变，但一切都在事先完全预料到。我们可以从如此简单的引论，进而讨论现实世界之种种问题；在现实世界中，则以往预期不一定实现，而今日对于未来之预 294
期又可以影响今日之行为。当我们从前一种讨论进入第二种讨论时，货币是现在与未来之联系这一个特性就进来了。移动均衡论虽必须以货币经济为依据，但还是一个价值论或分配论，而不是一个单独的货币论。货币之最主要属性，既在巧妙地联系现在与未来，则我们除非利用货币，否则简直没法讨论：当预期改变时，当前活动所受之影响如何？即使把金银以及法偿工具取消，我们还是摆脱不了货币。只要有任何持久性资产之存在，这种资产就会有货币属性，[1]就会引起货币经济所特有的许多问题。

Ⅱ

就单独一业而论，则其产物之价格水准，一部分定于边际成本中各生产原素之价格，一部分定于生产规模。我们没有理由，为什么这个结论不能适用于全部工业。故一般物价水准（general price level），也是一部分定于边际成本中各生产原素之价格，一部分定于生产规模，但因我们假定设备与技术不变，故生产规模就是就业量。固然，当我们讨论到社会总产量时，我们要顾到：任何一业之生产成本一部分须看他业之产量如何而定；但比此更重要，我们更要顾到的，乃是**需求**改变对于成本与产量二者之影响。我们有新见之处，
295 都在需求方面——当我们所讨论的是总需求，而不是单独一种商品之需求（总需求则假定不变）。

Ⅲ

如果我们把情况简化，假设边际成本中各生产原素所得之报酬以同一比例改变；换句话说，都随工资单位作同比例的改变，又设设备与技术不变，则一般物价水准，一部分定于工资单位，一部分

① 参阅前第十七章。

定于就业量。因此，改变货币数量对于物价水准之影响，乃是两种影响之总和，其一是货币数量对于工资单位之影响，其二是货币数量对于就业量之影响。

为说明这种概念起见，我们再把情况简化，假定（1）所有失业资源，就生产效率而论，完全相同，可以互换，（2）边际成本中之诸生产原素，只要尚未全部就业，便不要求货币工资之增加。在这种情形之下，则只要有失业现象存在，工资单位就不会变更，生产之报酬既不递增亦不递减。因此，当货币数量增加时，若还有失业现象，则物价毫不受影响，就业量则随有效需求作同比例的增加，而有效需求之增则起于货币数量之增；但当充分就业一经达到，则随有效需求作同比例之增加者，乃是工资单位与物价。故设有失业现象时，供给有完全弹性（perfectly elastic），充分就业已经达到后，供给毫无弹性；又设有效需求之改变比例恰与货币数量之改变比例相同，则货币数量说有如下述："有失业存在时，就业量随货币数量作同 296
比例改变；充分就业一经达到后，物价随货币数量作同比例改变"。

我们已经引进许多假定，使得情形简化，货币数量说得以成立，这算满足了历来传统；现在我们再进而讨论，事实上有何种可能的复杂因素，可以参加进来：

（1）有效需求之改变，并不与货币数量之改变恰成同一比例。

（2）资源之性能并不一致，故当就业量逐渐增加时，报酬将递减，并非不变。

（3）资源并不可以互换，故有些商品已经达到供给无弹性之境，而有些商品则尚有失业资源可供生产之用。

（4）在充分就业没有达到以前，工资单位即有上涨之趋势。

（5）边际成本中各生产原素之报酬，并不以同一比例改变。

故第一步我们必须考虑，货币数量之改变对于有效需求量之效果为如何。一般说来，有效需求之增加，一部分用在增加就业量，一部分用在提高物价水准。故事实上并不是当有失业存在时，物价不变，一达到充分就业，物价即随货币数量作同比例增加；而是当就业量增加时，物价逐渐上涨。物价理论既在分析货币数量与物价水准之关系，以便决定当货币数量改变时，物价弹性之反应如何，
297 故必须研究以上所举五个复杂因素。

今依次论之。我们虽然一个一个讨论，但我们切不可就此以为这些因素是绝对独立的。举例来说，有效需求增加时，一部分在增加产量，一部分在提高物价，这两部分之大小，可以影响货币数量与有效需求量之间之关系。又若各生产原素所得之报酬，其改变之比例不同，则亦有此种作用。我们分析之目的，不在提出一部机器，或一种盲目计算法，使我们可以得出百无一失的答案；而在使我们有一种有组织的、有次序的思维术，探索若干具体问题。我们先把这些复杂因素一个一个隔离，得出暂时结论，然后再尽我们的能力，顾到这些因素之间可能有的相互关系。思维而涉及经济方面者理应如此，用任何其他方法，来应用刻板的思维原则，都会引起错误；但没有这些原则，却又有茫然无所适从之苦。把一组经济分析用符号的假数学的方法变成公式，加以形式化，像本章第六节要做的那样，其最大弊端，乃在这些方法都明白假定：其所讨论之各因素绝对独立；只要这个假设不能成立，则此等方法之力量与权威便一扫而尽。在日常会谈中，我们并不一味瞎算，而知道自己在做些什么，文字代表的意义是什么，又把以后必须要加的保留、修正与调整都

记在心上；但我们却不能把复杂的偏微分记在几页代数之书角，因为这几页根本假定这些偏微分不存在。近代所谓“数理”经济学，298
太多一部分只是杂凑，其不精确一如其开头所根据的假定；而其作家，却在神气十足但毫无用处的符号迷阵中，把现实世界中之复杂性与息息相通性置诸脑后了。

Ⅳ

（1）货币数量之改变，对于有效需求量之主要影响，是由货币数量可以左右利率这一点产生的。假使这是唯一的反应，则影响之大小，可由下列三个因素中推出：（a）灵活偏好表，此表告诉我们，利率须降低多少，然后才有人愿意来吸纳此新货币；（b）资本之边际效率表，此表告诉我们，利率降低一特定量时，投资将增加若干；以及（c）投资乘数，此数告诉我们，投资增加一特定量时，总有效需求将增加若干。

但（a）、（b）及（c）三点，一部分也和（2）、（3）、（4）及（5）几个复杂因素有关系，后者我们还没有讨论到；假使我们忘了这点，则以上分析虽然有价值，可以使我们的研究有层次，有着手处，但实在太简单——简单到欺骗程度。盖灵活偏好表本身，亦系乎所得及业务两种动机将吸纳多少新货币；而此吸纳量之多寡，又系乎有效需求增加之大小，以及此增加量之分配法：用于提高物价者若干，提高工资者若干，增加产量与就业量者若干。至于资本之边际效率表，则亦系乎当货币数量增加时，其随之而来的事态是否影响人们对于未来货币情形之预期。又当有效需求增加，所得扩大

299 时，此新所得分配于各种消费者之方法亦足以影响投资乘数。以上种种，当然不足以包罗一切可能的交互反应。但设我们可以取得所有事实，则不难找出一组联立方程式，求出具体结果。例如，我们可以知道，当货币增加某特定量时，把一切都考虑到以后，有效需求量须增加若干，始与该特定量货币增加相符合，相均衡。而且也只有在非常例外情况之下，货币数量之增加反而引起有效需求量之**减少**。

有效需求量与货币数量之比，和通常所谓“货币之所得流通速度”颇相仿佛，所不同者，有效需求相当于预期的所得（即决定生产活动之所得），而非真正实现的所得；相当于毛所得，而非净所得。但“货币之所得流通速度”，也只是一个名词而已，什么也没有解释。而且我们也没有理由预期其不变，因为上面说过，决定这个速度者，乃是许多复杂而变化的因素。我以为用这样一个名词，反而把真正的因果关系蒙蔽了，一无好处，只引起混乱。

（2）上面说过（第四章第三节），报酬递减与报酬不变之别，一部分须看工人所得之酬报是否绝对与其效率成比例而定，设绝对成比例，则当就业量增加时，劳力成本（用工资单位计算）不变，但设某一级劳工所得之工资，不论各人之效率如何，都是一样的，则不论资本设备之效率如何，劳力成本总是渐增。设资本设备之效率也不一致，利用某部分设备生产时，每单位产品所需之直接成本较
300 大，则边际直接成本之增加，除了由于劳力成本之渐增而外，还多了一个原因。

故一般说来，要在一特定设备上增加产量，供给价格必增。故不论工资单位是否改变，产量增加总连带着物价上涨。

（3）在（2）中，我们想到供给弹性可能不完全。设各种专业化的失业资源配合得非常适当，则各该资源可以同时达到充分就业之点。但是一般说来，有些商品或劳役之产量已达到一种水准，若需求再增，该商品或劳役之供给将暂时毫无弹性；而在其他方向，则尚有大量剩余资源未曾就业。故当产量增加时，会接连产生一组"瓶颈"（bottle-necks）；换言之，若干种商品已经毫无供给弹性，故其价格必须上涨到一种程度，使其需求转移方向。

故当产量增加时，只要每一种资源都有可用而尚未就业者，则一般物价水准大致不会上涨太多。但当产量已经增加到有"瓶颈"现象发生，则若干商品之价格将急剧上涨。

本项及（2）项所谓供给弹性，一部分亦须看时间之长短而定。若时间甚长，资本设备之数量亦可改变，则供给弹性之值，在最后必大于在初期。故当失业普遍之际，若有效需求作温和的增加，则用以提高物价者甚少，主要都在增加就业量；若增加较大，而又出人意外，以致暂时引起"瓶颈"现象，则有效需求之用于提高物价 301
者（以别于就业量），在初期要比以后大。

（4）在达到充分就业以前，工资单位即有上涨之趋势，这一点不须多解释。若其他情形不变，则每一工人集团都因其本身工资之提高而受益，故若所有集团都要求增加工资亦自在意中；而雇主们当营业情形良好时，也愿意满足此种要求。因此，有效需求增加时，大概有一部分被工资单位之上涨趋势吸收以去。

因此，充分就业固然是一个最后分界点（critical point），到达这点以后，若有效需求（用货币计算）再增，则货币工资必须随工资品价格之上涨作同比例的提高；但在这点以前，还有一组半分界点

(semi-critical points)，在这许多点上，有效需求增加时，货币工资也提高，只是不及工资品价格之上涨比例而已；有效需求减少时亦然。在实际经验中，并不是有效需求稍有改变，工资单位即随之而变；工资单位之变是不连续的。决定这些不连续点者，乃是工人之心理以及雇主与工会之政策。在一国际经济体系中，若一国改变其工资单位，则各国之间之工资成本便产生相对变动；在一商业循环中，即使在一闭关体系以内，工资之改变，亦使得当前工资成本与未来预期工资成本之间，发生相对变动，故这些不连续的半分界点，其实际重要性可能很大。又因在这些点上，有效需求（用货币计算）若再增，便将引起工资单位作不连续的上涨，故从某种观点看来，这些点可称之为半通货膨胀（semi-inflation），有些和以下所谓绝对通货膨胀相似，虽然相似之程度甚低；所谓绝对通货膨胀，乃是在
302 充分就业之下，再增加有效需求时所产生的情况。又这些点之历史上的重要性亦甚大，但不容易用理论来加以概括。

（5）本章第三节开头第一句，即假定边际成本中各生产原素之报酬以同一比例改变。但事实上各种生产原素之报酬，以货币计算，其刚性程度颇不一致，当货币报酬改变时，其供给弹性亦不同。假使不如此，则我们可以说，物价水准是由两个因素决定的：工资单位与就业量。

在边际成本之中，其改变比例大致与工资单位不同，且其变动范围亦较大者，当首推边际使用者成本。设当有效需求增加时，人们一变以往预期，认为设备必须重置之日将大为提早，设有此种情形（往往有之），则在就业状况开始改善之时，边际使用者成本会急剧上涨。

从许多目的着想，假定边际直接成本中，各生产原素所得之报酬，随工资单位作同比例改变，固然是一个非常有用的第一接近值；但比较好一点的办法，是将边际直接成本中各生产原素之报酬加权平均，称之为成本单位（cost-unit）。成本单位可视为价值之基要标准；若各生产原素之报酬，确以同一比例改变，则工资单位亦可作此种标准。设技术与设备不变，则物价水准一部分定于成本单位，一部分定于生产规模。因短期间有报酬递减现象，故当产量增加时，物价水准之上涨比例大于成本单位之上涨比例。设产量已经达到一 303
种水准，在该水准时，诸生产原素之代表单位之边际产物，仅等于各该生产原素为继续维持该产量所要求的最低（真实）报酬，则我人已达充分就业之境。

V

设当有效需求再增加时，已无增加产量之作用，仅使成本单位随有效需求作同比例上涨，此种情况，可称之为真正的通货膨胀。到这点为止，货币膨胀之效果，只是程度问题；在该点以前，我们找不出一点可以划一条清楚界线，宣称现在已到通货膨胀之境。因为在该点以前，货币数量每增加一次，有效需求尚能增加，故其作用，一部分在提高成本单位，一部分在增加产量。

在此分界线之两面，情形却并不对称。盖有效需求（以货币计算）若降至此界线以下，则若用成本单位计算，其数量亦减；但若有效需求（以货币计算）扩张至此界线以上，则一般说来，若仍用成本单位计算，其数量并不增加。这个结果基于一个假定：生产原素（尤其是工人）对于其货币报酬之减低总要抵抗，但并无动机拒绝其货币报酬之增加。这个假定显然很与事实相符，盖若货币报酬之改变，并不是全面的，只限于局部，则此局部的原素将因其货币报酬之上涨而受益，因之下降而招损。

反之，设当就业量小于充分就业之时，货币工资即无限制下降，
304 则此种不对称即告消灭。然在此种情形之下，除非利率已降至无可再降，或工资已等于零，否则在充分就业以下，将无安定之点。事实上，假使在货币经济体系之中，价值而尚有任何稳定性，则我们必须要有若干原素，其货币价值即使不固定，至少很有刚性。

有一种看法，认为任何货币数量之增加都有通货膨胀性。除非我们把通货膨胀性一词仅仅解释为物价上涨，否则这种看法还是跳不出经典学派之基本假定，这个假定是说，生产原素之真实报酬减低时，其供给量必减少。

Ⅵ

今可用第二十章中所用符号，将以上要旨，以符号形式表示之：

令 M 代表货币数量，V 代表货币之所得流通速度［此定义与通常者稍有不同，已在本章第四节（1）交代过］，D 代表有效需求，则有 $MV=D$。设 V 为常数，又设 $e_p\left(=\frac{Ddp}{pdD}\right)$ 等于 1，则物价之改变比例与货币数量之改变比例相同。e_p 等于 1 之条件，乃 $e_o=0$，或 $e_w=1$（第二十章第一节末）。$e_w=1$，乃表示货币工资将随有效需求作同比例上

涨，盖依据定义，$e_w=\frac{DdW}{WdD}$；若 $e_o=0$，因 $e_o=\frac{DdO}{OdD}$，故表示有效需求再增加时，产量不再起反应。在以上二种情形之下，产量都不变。

其次，若 V 并不是常数，则须再引进一个弹性，即有效需求对货币数量之弹性，写作 305

$$e_d=\frac{M}{D}\cdot\frac{dD}{dM}。$$

故有

$$\frac{M}{p}\cdot\frac{dp}{dM}=e_p\cdot e_d，其中\ e_p=1-e_e\cdot e'_o(1-e_w)；$$

$$e'_o=\frac{N}{O}\cdot\frac{dD}{dN}；故$$

$$e=e_d-(1-e_w)e_d\cdot e_e\cdot e'_o$$

$$=e_d(1-e_e\cdot e'_o+e_e\cdot e'_o\cdot e_w)$$

其中 e 即代表 $\frac{M}{p}\cdot\frac{dp}{dM}$。e 乃金字塔之尖顶，衡量当货币数量改变时，货币价格所起之反应。

最后一式所表示者，乃货币数量之比例改变所引起的物价之比例改变，故此式可视为货币数量说之推广。我自己对于此种演算并不重视；我愿意把以上所提警告，重复一遍：此种演算，也和日常会谈一样，暗中假定着何者为自变数，而把许多偏微分式全部忽视。我很怀疑，这种演算能比日常会谈高明多少。把货币数量与物价之关系，用公式来表示，其最大用处，也许只在指出这二者之关系如何复杂到万分。货币数量之改变，对于物价之影响，须看 e_d、e_w、e_e 及 e_o 如何而定。此四者，e_d 乃代表灵活偏好因素，决定每种情况下货币之需求；e_w 乃代表劳力因素（说得更严格些，乃代表直接成本中之各生产原素），决定就业量增加时，货币工资之上涨程度；e_e
306 及 e'_o 乃代表物质因素，决定当在现有设备上增雇工人时，报酬递减之速率。

设公众所持有之货币，常与其所得保持一定比例，则 $e_d=1$；设货币工资固定不变，则 $e_w=0$，设生产报酬总是不增不减，故边际报酬等于平均报酬，则 $e_e e'_o=1$；设劳力或设备已达充分就业，则 $e_e e'_o=0$。

设（a）$e_d=1$，$e_w=1$；或（b）$e_d=1$，$e_w=0$，$e_e e'_o=0$；或（c）$e_d=1$，$e'_o=0$；则 $e=1$。很明显，除此以外，还有许多特例使 $e=1$。但是一般说来，e 不等于 1；我们很可以放心下一个概括断语：不论根据任何假定，只要不离现实世界太远，又不讨论"通货逃避"（flight from the currency）情况（若有通货逃避情况，则 e_d 及 e_w 变大），则 e 大概总小于 1。

Ⅶ

以上就短时期立论，主要是讨论在短时期以内，货币数量之改变对于物价之影响。在长时期中，关系是否要简单些呢？

这个问题，最好让历史下断语，不要用纯理论讨论。设在长时期中，灵活偏好状态相当有规则，则就悲观时期与乐观时期之平均值而论，在国民所得与货币数量之间，大致总有某种关系存在。例如，人们愿意以国民所得之几分之几用货币保持，这个比例数在长时期中也许相当稳定；故在长时期中，如果利率大于某种心理上的最低限度，人们便不会把超过此比例数以上的国民所得用货币形式保持，闲搁不用；故设除积极流动所需者以外，货币数量在国民所得中所占比例尚超过此比例数，则迟早总有一个趋势，使利率降低至此最低限度左右。利率降低，若其他情形不变，则有效需求增加； 307
有效需求增加，则会达到一个或一个以上之半分界点，于是工资单位亦作不连续的上涨，物价亦因之受影响。若剩余货币数量在国民所得中所占比例数太低，则相反趋势发生。故在一段时期中，利率变动之净结果乃在确立一平均值，以适合于国民所得与货币数量之间之稳定比数；——此稳定比数既基于群众心理，故迟早总会规复。

此种趋势为向上时，比之为向下时，所遇阻力大致较小。但设货币数量不足甚多，历时已久，则打开困难之法，普通总是改变货币本位或货币制度，以提高货币数量，而不是压低工资单位，以致增加债务负担。故就极长时期而论，物价总是向上：因为货币比较丰裕时，工资单位上涨，而货币比较稀少时，总有办法增加货币之有效数量。

19 世纪以内，就每 10 年之平均数字而论，人口之增加、发明之迭起、新区域之开发、公众之信任心以及战事之频仍，这种种因素，再加上消费倾向，似乎已足建立一个资本之边际效率表，一方面使得就业之平均水准可以相当令人满意，他方面利率也高到一种程度，财富持有人在心理上认为可以接受。由记载中，我们知道大概有 150 年这么长一段时间，各主要金融中心之典型长期利率，总在年息 5 厘左右，金边债券（gilt-edged securities）之利率，亦在年息 3 厘与 308
3.5 厘之间；然而这种利率，在当时还不觉得太高，在此利率下之投资量，还能使平均就业量并不低得太不像样。有时工资单位调整，但是调整得更多的乃是货币本位或货币制度，其中尤以银行货币之运用最为显著。调整以后，货币数量（用工资单位计算）足够满足正常的灵活偏好，而利率又不太比上举标准利率低很多。工资单位之趋势，和平常一样，大体上是一直向上，但劳力之效率亦在增加。各种力量势均力敌，故物价相当稳定；——依据索贝克（Sauerbeck）物价指数，在1820年至1914年之间，若取5年平均数，则最高者亦只比最低者大50%。这个决非偶然。论者归功于势均力敌，确是的论，盖在此时期中，各雇主集团之力量强大，故正资单位之上涨不太超过生产效率之增加速度；同时金融体系既很活泼，又很保守，其所提供之平均货币数量（用工资单位计算），使得平均利率水准恰等于财富持有人在其灵活偏好势力之下，所愿意接受的最低利率。当然，平均就业量要比充分就业低很多，但也没有低到令人不能忍受，以致引起革命。

今日（未来大致亦复如此）情形则不同，资本之边际效率表，因为种种理由，要比19世纪低许多。若平均利率低得可以使平均就业量相当合理，则又低得使财富持有人认为不能接受；因此我们不
309 容易仅仅从操纵货币数量着手，使利率降至该水准。当代问题之尖锐性与特殊性，都由此而起。如果只要货币供给量（用工资单位计算）充分，20—30年以内之平均就业量即可相当过得去，若问题只是如此，则19世纪便可以找出一条出路；若这是现在仅有的问题，换句话说，假使我们所需要的，只是适度的通货贬值，则我们今日一定可以找出一条出路。

但在当代经济体系中，到现在为止（恐怕未来亦复如此），最稳定、最不容易变更的因素，乃是一般财富持有人所肯接受的最低利

率。[1]如果要就业量还过得去，利率必须比 19 世纪之平均利率低许多，则这种利率是否仅仅操纵货币数量，即可达到，颇成绝大疑问。资本之边际效率，乃借款者可以预期取得之收益，但从此收益中，还须减去（1）拉拢借贷二方之费用，（2）所得税及附加税，及（3）补偿贷款者所负风险，减剩之数，才是净收益，才可作为财富持有人牺牲其周转灵活性之代价。假使平均就业量还过得去，但此净报酬则微小不足道，则由来已久的方法也许无效。

回到我们眼前的题目：在长时期以内，国民所得与货币数量之关系定于灵活偏好；而物价之稳定与否，须看工资单位（或说得更精确些，成本单位）之上涨，比之生产效率之增加，其速度孰快孰慢而定。

---

① 巴杰特（Bagehot）曾经引过一句 19 世纪谚语："约翰牛可以忍受许多东西，可是受不了年息 2 厘。"

第 六 编

通论引起的几篇短论

第二十二章　略论商业循环

以上各章，旨在探索在任何一时决定就业量之种种因素，设此 313
理论而不谬，则应当可以解释商业循环现象。

设以任何一商业循环实例详加考察，则必发现其异常复杂。欲完全解释之，则以上分析中之每个因素都有用处；其尤著者，当推消费倾向、灵活偏好状态以及资本之边际效率。此三者之变动，在商业循环中各有作用。但我认为商业循环之所以可以称为循环，尤其是在时间先后上及期限长短上之所以有规则性，主要是从资本之边际效率之变动上产生的。虽然当资本之边际效率改变时，经济体系中之其他重要短期因素亦随之而变，因之情况更趋复杂，更趋严重，但我认为商业循环之主要原因，还是资本之边际效率之循环性变动。要阐述这个论点，须把事实详加考察，篇幅须占一书，绝非一章所能胜任。以下短短几节，只在根据以前理论，指出一条研究路线而已。

I

所谓循环运动（cyclical movement）者，是指当经济体系向上前
进时，使其向上前进之力初则逐渐扩大，相互加强，继则逐渐不支，314
到某一点时，向下力乃代之而起，后者也是初则逐渐扩大，互相加

强，达到最高发展，然后逐渐衰退，最后也让位于相反力量（即向上力）。但是我们所谓循环运动，并不只指：向上或向下趋势一经开始以后，不会在同一方向一直继续下去，最后物极必反；我们还指：向上与向下运动在时间先后及期限长短二点，都有相当明显的规则性。

要充分解释商业循环，则还有一个特征，不容忽略——这就是恐慌（crisis）现象。换言之，我们要解释：为什么从向上趋势变为向下趋势时，转变得非常骤然、剧烈；但从向下趋势变为向上趋势时，却一般说来，并无尖锐转捩点。

设投资量变动，而消费倾向不变，则就业量必起变动。但决定投资量之因素，异常复杂，故硬说投资本身之一切变动，或资本之边际效率之一切变动，都有循环性，亦太不近情。变动特例之一，即由农业变动所引起的商业循环，将于本章以下另一节中分开讨论。虽然如此，我还认为在19世纪环境之中，就工业上典型的商业循环而论，我们的确有理由相信，资本之边际效率之变动确有循环性。
315 理由本身并不生疏，也常被人用来解释商业循环。此处只是把这些理由和以上理论联系起来。

Ⅱ

我所要说的，最好从经济繁荣（boom）之后期，“恐慌”之来临说起。

上面说过，资本之边际效率，[1]不仅系乎现有资本品之多寡及其

[1] 文中不会引起误会之处，常用“资本之边际效率”一词代表“资本之边际效率表”。

当前生产成本之大小，亦须看现在人们对于资本品之未来收益作何预期而定。故若为持久性资产，则在决定新投资之多寡时，人们对于未来之预期如何，影响颇大，亦自在意中。但预期之基础，非常脆弱，其物证亦变幻不可靠，故预期常有骤然而剧烈的变化。

向来对于“恐慌”之解释，都侧重在利率上涨方面；利率之所以上涨，则因商业及投机二方面对于货币之需求增加。这个因素，固然有时可使事态严重化，偶而也引起恐慌，但是我认为，一个典型的（常常是最普通的）恐慌，其起因往往不是利率上涨，而是资本之边际效率突然崩溃。

繁荣后期之特征，乃一般人对资本品之未来收益作乐观的预期，故即使资本品逐渐增多，其生产成本逐渐加大，或利率上涨，俱不足阻遏投资增加。但在有组织的投资市场上，大部分购买者都茫然 316
不知所购为何物，投机者所注意者，亦不在对资本资产之未来收益作合理的估计，而在推测市场情绪在最近未来将有什么变动，故在乐观过度、购买过多之市场，当失望来临时，来势骤而奇烈。[①]不仅如此，资本之边际效率宣告崩溃时，人们对于未来之看法，亦随之而变为黯淡，不放心，于是灵活偏好大增，利率乃上涨。资本之边际效率崩溃时，常连带着利率上涨，这一点可以使得投资量减退得非常厉害；但是事态之重心，仍在资本之边际效率之崩溃，——尤其是以前被人非常垂青的资本品。至于灵活偏好，则除了由于业务增加或投机增加所引起者以外，须在资本之边际效率崩溃*以后*方才增加。

① 以上说过（第十二章），私人投资者很少直接负责作新投资，但直接负责之雇主，即使自己看得很明白，也往往不能不迎合市场看法，因为这样做法有利可图。

因为如此，所以经济衰退（slump）非常难对付。以后，减低利率对于经济复苏（recovery）会大有帮助，而且也许是后者之必要条件；但在目前，资本之边际效率可能崩溃到一种程度，以致在实际可行范围以内，利率无论如何减低，都不足使经济复苏。假使仅仅减低利率，已是有效补救办法，则不必经过相当长一段时间便能复
317 苏，而且复苏之道，多少已在金融当局直接控制之下。然而事实往往并不如此。要使资本之边际效率复苏，并不容易，而且决定资本之边际效率者，乃是不受控制、无法管理的市场心理。用平常话来说，在个人主义的资本主义经济体系中，信任心最难操纵，最不容易恢复。银行家与工商界一向重视经济衰退之这一面，实在是对的；而经济学家倒反而不重视，因为后者过分相信“纯货币的”补救办法。

这就到了我的论点。要解释商业循环中之**时间因素**，要解释为什么一定要经过某种长短的一段时间以后，才会开始复苏，必先追索在何种势力之下，资本之边际效率才会复苏。有两重理由（其一是从持久性资产之寿命，以及某时代中人口之增加速度——这二者之关系产生的；其二是从过剩存货之保藏费产生的），使得向下运动之期限，有某种长短，不是这次是 1 年，下次是 10 年，而是颇呈规则性，总在 3 年至 5 年之间变动。

现在再回到恐慌时情形。只要经济繁荣还继续着，则许多新投资之当前收益总不太坏。幻灭感之起，或由于人们对于未来收益之可靠性突然发生怀疑；或由于新产的持久品数量一直增加，故当前收益有下降之象。假使人们认为当前生产成本要比以后高，则又多了一个理由，为什么资本之边际效率要下降。怀疑心一经开始，传播非常迅速，故在经济衰退之始，也许有许多资本品，其边际效率

变成微小不足道，甚至是负数。经过一段时间以后，因为使用、腐 318
蚀或折旧等原因，资本品又显得稀少，于是边际效率又提高。这段
时间之长短，也许是一时代（epoch）资本品之平均寿命之函数，而
且这函数关系很稳定。设时代之特征改变，则标准的时间间隔亦随
之而变。例如设从人口渐增时期进入人口渐减时期，则衰退时期将
延长。由上所述，我们已经可以知道，为什么衰退时期之长短和持
久性资产之寿命，以及某时代人口之正常增加速率——二者有具体
关系。

第二个稳定的时间因素，起于过剩存货之保藏费；因为有保藏费，故必须把过剩存货在某一时期内吸收完毕，这个时期既不甚短，亦不甚长。恐慌以后，新投资骤然停止，也许半制成品有许多过剩存货要堆积下来。这些存货之保藏费，很少会小于每年 10%，故其价格必须下降，使其产量缩减，以便在 3—5 年之内，把此存货吸收完毕。吸收存货等于负投资，故在此吸收过程中，就业量更受打击，要等吸收完毕以后，就业量才会有显著改善。

还有，在向下时期中，产量缩小，运用资本必然跟着减少，这
又是一项负投资，而且可能很大；衰退一经开始，这一项加强了下
坡趋势。在一个典型的经济衰退中，在最初期，存货之投资也许增
加，可以帮助抵消运用资本方面之负投资；在下一期，可能在短时
间内，在存货及运用资本二方面都有负投资；最低点过去以后，存 319
货方面大概还是负投资，但运用资本方面已有重投资，二者互相抵
消一部分；最后等到经济复苏已经进行了相当时期，则二者同时都
利于投资。要有这样一种背景，才可以考察：当持久品之投资量变
动时，到底额外产生些什么结果。设持久品方面之投资减退，以致

发动了一个循环性变动，则在这个循环尚未完成其一部分路程以前，此种投资颇难复苏。[①]

不幸得很，若资本之边际效率降得很厉害，则消费倾向也受到不利影响。盖前者引起证券市场上证券市价之剧烈下降，彼对证券投资发生积极兴趣者，尤其是用借来款项从事投资者，当然因证券市价之下落而有颓丧之感。此等人在决定其消费多寡时，恐怕受所得之大小之影响小，受其投资价值之涨落之影响大。在今日美国，公众之“证券意识”（stock-minded）甚强，证券市价上涨，几乎是消费倾向好转之必要条件。此种环境，当然加强资本之边际效率降低时所产生的不利影响，但迄今注意及此者极鲜。

复苏一经开始，其力量如何生长加强，当不难明了。但在经济衰退期间，一时固定资本及原料存货皆嫌过剩，运用资本又在缩减，故资本之边际效率表可能低到一种程度，以致在实际可能范
320 围以内，无论利率如何降低，总无法使新投资量还差强人意。就今日情形而论，市场之组织如斯，市场所受之影响又如彼，故市场上对于资本之边际效率之估计可能有绝大变动，绝非变动利率所能抵消。不仅如此，资本之边际效率降低时，证券市场亦趋下游，于是在我们最需要消费倾向扩大之时，消费倾向反而缩减。在自由放任情形之下，除非投资市场心理有彻底改变，否则没有办法避免就业量之剧烈变动；然而我们没有理由，可以预料会有此种彻底改变。所以我的结论是：我们不能把决定当前投资量之职责放在私人手中。

---

① 拙著《货币论》第四编所讨论者，有一部分与以上有关。

Ⅲ

以上分析似乎和一种看法相同：有人以为经济繁荣之特征乃是投资过度，要避免以后发生经济衰退，唯一可能办法，乃在避免此种投资过度；我们固然不能用低利率来防止经济衰退，但是我们可以用高利率来避免经济极度繁荣。根据以上分析，这种看法亦不无理由。

但从以上得出这样结论，那是误解我的分析，而且，照我的想法，还犯了严重错误。投资过度（over-investment）一词，实在含义不明，既可指预期收益必不能实现之投资，或在失业严重时无法从事之投资；又可指一种情况，其中每一种资本品都已非常丰富，故即使在充分就业情形之下，也没有任何新投资，可以在该投资品之 321
寿命中，其收益超过其重置成本。严格说来，只有后一种状态，才可称为投资过度，——意思是指：投资若再增加，那完全是浪费资源。[①] 但即使采取这种解释，即使这种投资过度乃是经济繁荣期间正常特征之一，补救之道，也不在提高利率，因为提高利率，也许要阻挠若干有用的投资，又会减低消费倾向；而在采取严峻步骤，例如重新分配所得或其他办法，刺激消费倾向。

但是据我分析，只有采取前一种解释，才能说经济繁荣之特征乃是投资过度。我认为在典型情况之下，并不是资本已经丰富到一种程度，若再多一些，社会全体便无法加以合理运用，而是从事投

① 若对消费倾向在时间上之分配作某种假定，则即使其收益为负数，投资仍属有利，——意思是指，就社会全体而论，该投资能使社会之满足成为最大量。

资时之环境既不稳定，又不能持久，因而投资时所作预期决不能实现。

当然，在繁荣时期，可能——甚至是不免——有人会眼花缭乱，于是有某些资本资产的确生产得过多，其中有一部分不论用什么标准来判断都是浪费资源。这种情形，即使不在繁荣时期，有时也会发生。这可以说是投资方向错误（misdirected investment）。然而在此之上，繁荣时期之一个重要特征乃是有许多投资，在充分就业情形之下，实在只能产生年息2厘，但在人们预期之中，以为可以产生年息6厘，便贸然根据此错误预期而下手。一旦真相大白时，代之
322 而起者，乃是过度悲观，于是有许多投资在充分就业之下，实在可以产生年息2厘，但在人们预期之中，以为不仅不能生息，还要赔本，结果是新投资崩溃，产生失业状况，于是在充分就业情形之下，原来可以产生年息2厘之投资，现在真是不能生息，还要赔本。我们所处之境，正好像是闹着房荒，但现有房子，却又没有人住得起。

故要挽救经济繁荣，其道不在提高利率，而在降低利率，[①] 后者也许可使繁荣延长下去。补救商业循环之良方，不在取消繁荣，使我们永远处于半衰退状态；而在取消衰退，使我们永远处于准繁荣情况。

经济繁荣之后，必然继之以经济衰退者，是由利率及预期状态二者凑合起来的：若预期完全准确，则利率已经太高，与充分就业不相容；但预期不准确，故利率虽高，而事实上不发生阻挠作用。

① 相反方面也有若干理由，参阅本章第六节。假使我们对于现在所用方法不能加以彻底改变，则我亦同意，在某种情形之下，在繁荣时期提高利率倒是两害取其轻的办法。

用冷静目光看，利率已经太高，但过度乐观还能战胜利率，这种境界就是经济繁荣。

除了战时，我很怀疑在最近经验之中，我们有没有过一个经济繁荣，强烈到一种程度，引起了充分就业。美国在 1928—1929 年，就业量固然很可满意，但除了少数高度专业化的工人集团以外，我看不出有劳力不足之象；“瓶颈”固然有几个，但总产量还可以扩充。假使所谓投资过度是指住宅之标准已经高到一种程度，数量已经丰 323
富到一种程度，在充分就业情形之下，每个人已可各得所需，而房屋在其寿命中所产收益也仅足抵过其重置成本，不能产生利息；又指运输、公用事业及农业改良等方面之投资，已经达到一点，若再要增加，则其未来收益简直不足补偿其重置成本；假使是这种解释，则美国在 1929 年还没有投资过度，反之，说当时美国有此种投资过度，倒是荒谬。当时实情，性质完全不同。在以往 5 年内，新投资总量的确绝大，故若用冷静目光观察，则再要增加投资，其未来收益必急剧下降。若有先见之明，则资本之边际效率已经降到前所未有的低潮，故除非压低长期利率至极低水准，或避免方向错误被人过分热衷之投资，否则“繁荣”再继续下去，基础就不健全了。当时事实刚相反：利率之高，已足阻遏新投资，只有在投机冲动之下，过分热中之嫌特别大的那些方面，投资还继续进行；若把利率提高到足以克服这种投机冲动，则又把一切合理的新投资都阻遏住了。故若大量新投资已经继续了一些时日，于是想用提高利率办法来挽救由此所产生的情况，其愚拙和因为要医病所以把病人医死实不相上下。

国富如英美，假定消费倾向和现在一样，又设类乎充分就业状

324 态能够延续一段年月，则新投资量很可能会大到一种程度，最后达到了充分投资（full investment）之境。所谓充分投资者，是指不论哪一类持久品，如果再增加一些，则其收益之总和，根据合理计算，不会超过其重置成本。而且，这种情况可能在相当短时期内（例如25年或更短）就可达到。请不要因为我曾说过，如此意义之充分投资状态在过去昙花一现都不曾有过，就以为我否认有这种可能性。

更进一步，即使我们假设，在当代经济繁荣时期，的确曾暂时达到充分投资或投资过度（依照上述定义）之境，我们还是不能把提高利率作为适当补救法。假使真有这种情形，那么那些把病根归之于消费不足者将理直气壮，振振有词了。真正的补救办法，是用各种方法，例如所得之重分配等来增加消费倾向，使得一个较小的投资量就可维持某特定就业水准。

Ⅳ

有好几派学说，从各种不同观点出发，都认为当代社会之所以有就业不足之长期趋势者，是因为消费不足，换句话说，是因为社会习惯以及财富分配使得消费倾向不免太低；这里不妨对这种学说说几句话。

在现有情形之下（或至少是在不久以前的情形之下），投资量是没有计划的，没有统制的，受资本之边际效率以及长期利率二者支配。前者决定于私人判断，作此判断者，或茫无所知，或从事投机，
325 因此资本之边际效率变幻多端；后者则有基于成规的最低水准，不能（或很少）再低。在这种情形之下，用这种学说作为实际施政之

指南，无疑是对的；因为除此以外，没有别的方法可以把平均就业量提高到更满意的水准。假使事实上不大可能增加投资量，则除了增加消费以外，没有别的方法可以达到较高就业水准。

就实际政策而论，我和这些学派不同之处只有一点：我觉得他们不免太着重于增加消费，而在现在这个时候增加投资，对于社会还有许多好处。就理论而论，他们可批评之处乃在他们忽视：增加产量之道不止一个，而有两个。即使我们决定最好让资本慢慢增加，集中力量来增加消费，我们也应当放开目光，把别种办法仔细考虑以后，再作此决定。我自己认为，增加资本数量，使得资本不再有稀少性，对于社会有极大好处。然而这个只是一个实际判断，不是理论上非如此不可。

我也承认，最聪明的办法还是双管齐下。一方面设法由社会来统制投资量，让资本之边际效率逐渐下降，同时用各种政策来增加消费倾向。在目前消费倾向之下，无论用什么方法来操纵投资，恐怕充分就业还是很难维持，因此两策可以同时并用：增加投资，同时提高消费。投资既经增加，则即使在目前消费倾向之下，消费亦必提高，以与此投资增加相符合；所谓提高消费，不是仅仅指此，而是还要提高一层。

用整数举一个例。设今日之平均产量比之充分就业情形下所可 326
能有的产量，要低 15%；又设在今日平均产量之中，10% 乃代表净投资，90% 乃代表消费；更设在目前消费倾向之下，若要达到充分就业，则净投资必须增加 50%，于是在充分就业之下，产量由 100 增为 115，消费由 90 增为 100，净投资由 10 增为 15。所谓双管齐下者，是指我们也许可以修改消费倾向，使得在充分就业之下，消费由 90 增为 103，净投资由 10 增为 12。

V

还有一派思想，认为要解决商业循环，既不在增加消费，亦不在增加投资，而在减少求职人数，换句话说，把现有就业量重新分配一下，就业量或产量则不增。

我觉得这种计划还嫌太早，——比之增加消费计划，还嫌过早。将来也许会有一天，那时每人会权衡增加闲暇（leisure）或增加所得之利弊得失；但就目下情形而论，似乎绝大多数人都愿意选择所得增加，不选择闲暇增加。我看不出有什么充分理由，可以强迫这些人多享受一些清闲。

VI

真有点奇怪，居然有一派思想认为要解决商业循环，最好是提高利率，防患于未然，在初期就把经济繁荣遏制住了。唯一可为这
327 种政策辩护者，乃是罗伯森之说；他实际上假定着充分就业是不能达到的一种理想，我们至多只能希望达到一个就业水准，比现在要稳定许多，平均起来比现在稍为高些。

假使在统制投资或消费倾向方面，想不出多大办法，又假定现有状态大体上会继续下去，那么采取一种银行政策，其所定利率之高，足以阻遏最过火的乐观主义者，使得经济繁荣在萌芽时期即遭铲除，这样是否反而好些，倒颇可商讨。经济衰退时期，因为预期

不能实现，可能引起许多损失与浪费，假使阻遏在先，也许有用投资（useful investment）之平均水准倒反而要高些。根据其自己假定，这个看法是否正确，很难断言；因为这是事实判断问题，而所据资料却不够充分。这种看法也许忽略了一点：即使投资方向事后证明为完全错误，但由此引起的消费增加，对社会还是有利的，故即使是这种投资，还比毫无投资好。还有，假使遇到美国1929年那样的经济繁荣，手中所有武器又只是当时联邦准备制度所有的那几种，则即使让最贤明的金融当局来统制，也会感到棘手；其权限中所有办法，无论用哪一项，结果都差不多。无论如何，我认为这种看法太失败命定论（defeatist），危险而不必要；太默认现存经济体系中之缺点，不努力设法补救。

只要就业水准显著超过（例如）前10年之平均水准，便即刻提高利率来加以抑制，这是一种严酷的看法。但为此种看法辩护者，除了以上所举罗伯森之说外，大抵头脑不清，言出无据。例如有人 328
以为在繁荣时期，投资会超过储蓄；提高利率，一方面可以抑制投资，一方面可以刺激储蓄，故可恢复均衡。此说假定储蓄与投资可以不相等，故在未对此二名词下特殊定义以前，此说没有意义。又有人说，投资增加时，储蓄固然也随之而增，但这种储蓄增加是要不得的，不公平的，因为物价也往往随之而增。若依此说，则现有产量及就业量作任何向上改变时，都可訾议。夫物价之涨，主要原因不在投资之增，而是因为在短时期以内，生产上有报酬递减现象，或当产量增加时，成本单位（用货币计算）有上涨趋势，故供给价格常随产量之增而增。设短时期之供给价格为常数，则物价当然不涨，但当投资增加时，储蓄还是随之而增。储蓄之增，乃起于产量之增，物价上涨只是产量增加之副产物而已；而且即使储蓄不增，但消费倾向加大，物价还是要上涨。物价之低，只是因为产量低。没有人有合法的既得权利，可以压低产量，以便低价购买。

又有人说，假使因为货币数量增加，利率降低，所以投资增加，那么这种投资增加是要不得的。然而先前利率并无什么特别优点，
329 非保留不可，新货币也不能强人接受。利率既降，交易量既大，则灵活偏好自亦增加，故增发新币满足之；持此新币者，也是自愿存钱，不愿低利出贷。更有人说，经济繁荣之特征乃是资本消费（大概是指负的净投资），换句话说，乃是过度的消费倾向。除非是把商业循环现象和战后欧洲币制崩溃时发生的通货逃避现象混为一谈，否则事实完全相反。而且，即使此说是对的，那么要医治投资不足，减低利率还是要比提高利率更合理些。总之，我对这些思想，完全不能了解；——除非是加一个暗中假定，即总产量不能改变。但一个理论而假定产量不能变更，当然不大能用来解释商业循环。

Ⅶ

早期研究商业循环者，尤其是翟文思（Jevons），想从起于天时之农业变动中，而不从工业现象中找出商业循环之解释。从以上理论看来，从这条路线来研究这个问题，倒是异常合理。即在今日，农产品存量之多寡，还是一年与他年之间投资量所以不同之重要原因之一。在翟文思写作时代，这个原因之重要性大概一定超过其他一切因素；他所搜统计资料，大部分比其写作时期更早，故尤其如此。

翟文思以为商业循环之起，主要是由于农作物之收获量不定。其说可转述如下：设某年五谷丰稔，则本年产物之移作以下数年之用者（即积谷）亦常增加。此积谷增加量之售价乃农家本年之所得， 330
农家亦视之为所得。但社会其他各阶层之支出却并不因此积谷量之增大而减少，盖此增加量之售价出自储蓄。换句话说，积谷量之增加乃本年投资量之增加。即使物价下降甚大，此说仍能成立。同理，设某年为歉收，则将动用积谷作本年度之消费，于是有一部分之消费支出并不构成农民本年度之所得。换句话说，积谷之减少乃本年投资之减少。故设其他方面之投资不变，则在两年之间，一年积谷增加甚多，另一年积谷减少甚多，此两年之总投资量可以相差极大。在以农立国之邦，积谷增减这一个原因，较之任何可以引起投资量变动之其他原因，都有压倒之势。故若向上转捩点常为丰年，向下转捩点常为歉岁，自亦不足为奇。至于是否有物理上的原因使得丰年与歉岁成为有规则性的循环，当然是另一问题，不在此处讨论之列。

晚近又有若干学说，以为利于工商者，倒不是丰稔，而是歉岁。理由是，若五谷歉收，则或者工人们肯接受较低的真实报酬而工作，或者购买力方面有重分配而利于消费。不必说，我以上所说，用农作物丰歉现象来解释商业循环，指的并不是这些学说。

但在近代，农业变动这一个原因，其重要性大为减少。理由有 331
二：第一，农产物在总产量中所占比例要比以前小得多；第二，自从农产品发展为世界市场以后，世界各国之丰歉可以互抵，故全世界农作物产量之变动之百分比，比之一国之变动之百分比要小许多。但在以往，各国大致都仰给予本国作物，故除了战事以外，农产品存积量之增减要算是引起投资变动之最大原因。

即使在今日，要决定投资量之大小，还得密切注意农矿产原料之存积量有什么变化。进入经济衰退以后，所以一时不易复苏者，我认为主要原因乃在衰退期间存货逐渐由过多减至正常，——减少存货是有紧缩作用的。经济繁荣崩溃以后，一时存货累积起来，故崩溃速度不太峻急；燃眉之急固解，但也不是没有代价：以后复兴之速度也因之迟缓。有时存货必先减低得相当彻底，然后经济才有复苏之象。盖若存货方面没有负投资，则若在其他方面作某种数量之投资，或许已足产生向上运动；但若负投资仍继续发生，则该投资量也许颇嫌不足。

美国实行“新政”之初期，可作好例。当罗斯福总统开始其大
332 量举债支出时，各种货物——尤其是农产品——之存货都很大。“新政”之一部分，即在用缩减生产等方法竭力设法减少存货。把存货量减至正常水准是一个必要步骤，必须忍痛为之，但在减少过程中，则在其他方面作举债支出之功效亦大为削减；必须把这个过程完成以后，经济复苏才踏上康庄大道。

最近美国经验又可说明一点：制成品与半制成品二者之存货数量之变动，可以在商业循环之主要运动中引起次要波动。制造商恒预测数月以后之消费量，从而调整其今日之生产规模；但计算时总不免稍有错误，普通大概是估计过高，一旦发现错误时，则在短时期内生产量又低于消费量，让过多存货逐渐吸收完毕。这种步伐上一时抢前，一时落后，其对于投资量之影响，在统计完备之国如美国者，很可以在统计资料上显示出来。

第二十三章　略论重商主义、禁止高利贷法、加印货币以及诸消费不足说

I

约莫有 200 年光景，经济理论家和实行家都深信不疑：贸易顺 333
差对于一国有特别好处，贸易逆差则有严重危险，假使后者引起贵金属外流，则危险更大。但在晚近 100 年内，意见却很分歧，大多数国家内，大多数政治家和实行家还忠于旧说；英国虽是相反意见之发源地，但即使在英国，政治家和实行家之效忠旧说者还占一半。反之，几乎所有经济理论家都认为替这种事情担心，完全是杞人忧天之举，目光太短浅；国际贸易之机构会自动调整，凡设法干涉此种机构者，不仅徒劳无功，还使本国贫乏，盖国际分工之利将由此丧失。我们可以遵照传统称旧说为重商主义（Mercantilism），称新说为自由贸易（Free Trade），但此二名词都有广狭二义，读者须参照上下文解释之。

一般说来，近代经济学家不仅认为国际分工之利，足以超过实
行重商主义办法所可能取得的好处，而且认为重商主义理论，是彻 334

头彻尾的头脑不清，一团糟。

举一个例：马歇尔[①]提到重商主义时，总不能算是毫无同情，但他从未尊重重商主义者之最中心理论，甚至没有提到过他们论证中之真理成分。[②]至于这些真理成分是什么，我在以下再讨论。同样，在当代论战中，经济学家之赞成自由贸易者，虽然在鼓励幼稚工业、改善贸易条件等方面，肯对重商主义者作理论上的让步，然而这些无关宏旨。本世纪开头25年内，关于财政政策有许多论争。在此论争之中，据我所知，没有一个经济学家肯承认：保护政策也许可以增加国内就业量。用我自己写的东西，作为例证，想是最公允的了。在1923年那年，我还是经典学派之忠实信徒，服膺旧说，对于这个问题，曾经毫无保留地说过："假使有一件东西，保护政策束手无策的，那就是医治失业……赞成保护政策之理由甚多，其中有若干，因为基于可能得到的、但可能性不大的种种利益，故无法作简单答复。但若保护主义者认为保护政策可以医救失业，则保护主
335 义之谬误，可说是到了最荒唐最赤裸裸的地步"。[③]当时关于早期重商主义理论，也没有好书可读，所以追随先辈，相信重商主义只是一派胡说。经典学说之支配力，真是达到了无孔不入，绝对压倒的优势地位！

---

① 参阅马歇尔：《工业与贸易》(*Industry and Trade*)，附录4；《货币、信用与商业》(*Money, Credit and Commerce*)，第130页；《经济学原理》，附录1。

② 他对于重商主义者之看法，都归纳在《原理》第1版第51页脚注中："在英德二国，对于中古时代之论列货币与国富之关系者，曾经作了很多研究。大体说来，我们最好说，他们因为对于货币之功用缺乏清楚了解，所以思想不清；倒不是因为故作假定，认为要增加国富，只能从增加该国贵金属之数量着手，所以误入歧途。"

③ 《民族与图书周刊》(*The Nation and the Athenaeum*)，1923年11月24日。

Ⅱ

让我先用自己的话，说出（我现在认为）重商主义学说里面含有的科学真理成分，然后再拿来和重商主义者实际所用论证相比较。当然，实行重商主义所能取得的好处，只限于一国，不会泽及全世界。

当一国国富正在急剧增加时，则在自由放任情形之下，此种愉快状态，可因从事新投资之动机不足而告中断。设决定消费倾向之社会政治环境以及国民特性皆不变，则根据前述理由，若要国家继续进步，此种投资引诱必须充分。投资引诱可来自对内投资，又可来自对外投资（后者包括贵金属之累积）；二者构成总投资。设总投资量之多寡，完全由利润动机决定，则国内之投资机会，在长时期内，定于国内利率之高低，而对外投资之多寡，须看贸易顺差之大小而定。故设在一社会之内，国家不能直接从事投资，则政府在经济方面，关切国内利率以及国际贸易差额二者，自颇合理。

今设工资单位相当稳定，不会自动作大量改变（这个条件几乎 336
总是满足的），又设灵活偏好状态，就短期变动之平均数而论，亦相当稳定，更设银行所遵守之成规也不大变更，则利率之高低，须看国内有多少贵金属（用工资单位计算），可以用来满足社会之灵活偏好。在一时代内，既无大量国际借贷，又极少可能在国外购置产业，则贵金属数量是增是减主要须看贸易是顺差或逆差而定。

故在当时，政府当局关切贸易顺差实在是一箭双雕，而且也只有这个办法。当时当局既不能直接控制利率，又不能直接操纵国内投资之其他引诱，则增加顺差，乃是政府可以增加国外投资之唯一

直接办法；同时，若贸易为顺差，则贵金属内流，故又是政府可以减低国内利率、增加国内投资动机之唯一**间接**办法。

然而这种政策之成就亦受两种限制，不可忽视。若国内利率降低，投资量增加，以致就业量冲破若干分界线，工资单位上涨，则国内成本增加，对于国际贸易差额开始有不利影响。故增加顺差之努力，以后会物极必反，而归失败。其次，若国内利率下降，比之
337 他处利率为低，以致刺激对外贷款，超过顺差额，则可以引起贵金属外流，于是情况一变，前功尽弃。国家愈大，其国际地位愈重要，则受此两种限制之危险性亦愈大；盖设每年贵金属之产量相当小，则一国有贵金属内流，即他国有贵金属外流，故设重商主义政策推行过度，则不利影响之由来，不仅起于国内之成本上涨、利率下降，亦起于国外之成本下降、利率上涨。

一国之国际贸易，可以因为贵金属太多、工资单位上涨而遭毁灭，则有15世纪下半叶及16世纪之西班牙经济史，可供参证。20世纪内，英国在战前之经验则可以说明：若对外贷款以及在国外购置产业过分方便，则往往使得国内利率不能下降，于是充分就业不能实现。若一国之灵活偏好太强，以致即使贵金属长期大量内流，都不足使利率下降、真实财富增加，故该国常在贫乏状态，此种实例则有印度在。

虽然如此，设有一社会，其工资单位、决定消费倾向之国民特性以及灵活偏好三者都相当稳定，其货币制度又以贵金属为基础，在货币数量与贵金属数量之间常保持一固定关系，则政府当局为维
338 持繁荣起见，必须密切注意贸易差额。若贸易为顺差，又不太大，则颇有鼓励作用；若为逆差，则可能很快就会产生顽固的经济衰退。

但并不是限制进口愈严，则国际贸易之顺差愈大。早期重商主

义者颇重视这点，因此常常反对贸易限制，他们觉得，若把目光放远些，则贸易限制是会不利于顺差的。在19世纪中叶英国所处之特殊环境中，实行自由贸易恐怕是最足促进当时英国之贸易顺差。就当代经验而论，战后欧洲各国都设法限制贸易，增加顺差，而结果适得其反。

因为这种种理由，所以读者决不可轻易下结论，认为我将主张何种实际政策。贸易限制，除非有特殊理由可以为之辩护，否则一般说来，的确颇可非议。国际分工之利，经典学派虽然过分夸大，但到底是真的，很可观的。而且，一国由贸易顺差得到的好处往往就是他国蒙受的损失（重商主义者很明了这点），故尤其应当自己克制，避免过火，不要使得一国之贵金属数量超过公平合理的限度；况且假使这种政策推行过火，会引起毫无意义的国际竞争，大家争取顺差，结果大家受损。[①] 最后，实行贸易限制政策也不一定能达到 339
预期效果，因为有私人利益、行政无能以及事情本身之困难等原因，结果可能和原意背道而驰。

因此，我的批评之要旨是说我以前师承而且拿来教人的自由放任学说，其理论基础不够充分；我所反对的学说，是说利率与就业量会自动调整到最适度水准，故关切贸易差额乃是浪费时间。倒是我们经济学界同仁犯了冒冒失失之病，把几百年来执政者尽力追求的东西当作是庸人自扰。

在这种错误理论之影响之下，伦敦金融界逐渐设计了一个坏到无以复加的办法来维持均衡：那就是一面严格维持外汇率，一面让

① 根据同样理由，如果工资单位不固定，用减低工资来应付经济衰退，实在也是损人利己之法。

银行利率涨落。这样一来，国内利率就无法再和充分就业不悖。因为事实上不能不顾到国际支付差额，于是设计了一个办法来管理；这个办法，不仅不保护国内利率，反而把国内利率牺牲在盲目势力之下。晚近伦敦银行界得了许多教训，我们希望从此以后，英国不再蹈以往覆辙：因为要保护其国际支付差额，所以提高利率，引起国内失业。

经典学派理论，在解释单独一个厂商之行为，以及解释雇用一
340 特定量资源所得产物之分配方法方面，自有其贡献，不可抹杀。在这几方面，不利用这套思想方法，简直无法澄清思路。请不要因为我说他们忽略了前人学说中之有价值部分，就以为我否认这点。但政治家所关切者，乃是整个经济体系，如何使该体系中之全部资源达到最适度就业。在这方面，16、17 世纪之经济思想，倒获得了处世智慧之一鳞一爪，而李嘉图之不切实际的抽象思维，反而把此一鳞一爪先遗忘，后抹杀。重商主义者从禁止高利贷，维持国内货币数量，防止工资单位上涨等数方面，竭力设法压低利率；若国内货币数量，因为不可避免的贵金属外流、工资单位上涨等原因，① 过形不足，则不惜诉诸货币贬值以恢复之。这种种都表示重商主义者之智慧。

Ⅲ

也许有人会说，早期之从事经济思想者，只是偶然获得了些

① 至少从梭伦（Solon）时代以来（假使有统计资料，还可以上溯许多世纪），经验告诉我们，在长时期内，工资单位一直有上涨趋势，只有当经济社会在腐败或解体时才会下降；其实这个不待经验，由人性中就可推测而知了。故除了社会进步，人口增加这个原因以外，货币数量还必须逐渐增加。

处世智慧，并不太了解背后的理论基础。因此我们须把他们的理由，以及他们的建议，都作一番简短检讨。这件事情现在容易办到，因为现在有海克雪尔（Heckscher）教授之大著《重商主义》 341
（*Mercantilism*），把两个世纪之经济思想提纲挈领写了出来，供经济学上一般读者之参考。以下所引，主要皆录自该书。[①]

（1）重商主义者从来没有以为利率会自动调整，达到适宜水准；反之，他们反复申述，利率太高乃是抑制财富扩张之主要障碍；他们甚而至于知道，利率乃定于灵活偏好以及货币数量。他们所关切者，乃是一方面减低灵活偏好，一方面增加货币数量；其中有几人还明白说出，他们之所以要设法增加货币数量，乃是因为要减低利率。海克雪尔教授把重商主义者这一方面学说，总结如下：

> 在某种限度以内，重商主义者敏锐之士在这方面所采立场，和在其他方面一样，非常明朗。在他们看来，货币是——用现在术语——一个生产原素，与土地处于同等地位；他们有时把货币看作是“人为的”财富，以别于“天然的”财富。利息乃是租用货币之代价，性质一如地租。在此时期内，重商主义者探讨决定利率高低之客观理由者日众，他们总认为货币数量决定利率。这方面材料很多，此处只选几个典型例子，说明这个观念如何根深蒂固，历时甚久，还颠扑不破。
>
> 在17世纪20年代之早期，关于货币政策以及东印度贸易

① 大体上说来，海克雪尔教授信奉经典学派，对于重商主义学说之同情心要比我小得多。这点对我倒很适合，因为他所选引文，决不会因为要说明重商主义者之智慧，而有断章取义之嫌。

342 引起了一场论战，但论战两方面之领袖对于这一点，意见完全一致。杰拉德·梅林斯（Gerard Malynes）说："货币充沛可以减少高利贷"，又举出详细理由，维护这句话[《商法》（*Lex Mercatoria*）以及《维持自由贸易》（*Maintenance of Free Trade*），1622年]。其劲敌爱德华·弥赛尔顿（Edward Misselden）也说，"医治高利贷之法，也许是让货币充塞"[《自由贸易或使贸易兴旺之道》（*Free Trade or the Means to Make Trade Flourish*），同年]。半世纪以后，重要作家之中有蔡尔特（Child）其人者，乃东印度公司之万能领袖，又最善为该公司辩护。他竭力要求由国家制定最高利率；他又讨论（1668年），假使荷兰人把钱从英国提出去，则对于法定最高利率将发生什么影响。他觉得要对付这个威胁，最好用债券作为通货，随便转让，因为如此一来，则"至少有一半我国所用现款，将因此而得弥补"。还有一个作家叫配第（Petty），是超然于党派之争的，他也和别人同样，认为利率之所以由1分降至6厘，乃是因为货币数量增加[《政治算术》（*Political Arithmetic*），1676年]，他觉得若一国铸币太多，则放款取利乃是适当补救办法[《货币略论》（*Quantulumcunque Concerning Money*），1682年]。

这种想法，当然不限于英国，几年之后（1701年，1706年），法国商人和政治家都不满意于当时利率之高，都诿罪于货币稀少；他们想从增加货币流通量，设法减低利率。[1]

洛克（Locke）大概是第一人，把货币数量与利率之关系用抽象

① 海克雪尔：《重商主义》第2卷，第200、201页。略有删节。

语句表达出来。这见于他和配第之论争之中。① 配第主张由法律来限定一最高利率，他加反对，认为其不切实际，一如规定最高地租然；他说："货币会从利息方面，每年产生所得；在这方面，货币之自然价值（利率），乃定于当时在一国流通之货币总量，以及该国之贸易 343
总值"。② 洛克解释，货币有两种价值：（1）使用价值，其大小由利率定之，在这方面，货币之性质与土地相同，不过一种所得称为地租，另一种所得称为利息而已；（2）交换价值，在这方面，货币之性质与商品相同，故货币之交换价值，乃决定于货币之多寡，以及商品之多寡；与利率无关。故洛克是两种货币数量说之鼻祖，第一，他认为利率乃决定于货币数量（顾及流通速度）以及贸易总值（total value of trade）之比；第二，他认为货币之交换价值，乃决定于货币数量以及市场上商品总量（total volume of goods）之比。但他一只脚伸在重商主义世界，一只脚伸在经典学派世界，③ 对于两种比例之关系，弄不清楚；而且他完全忽略了，灵活偏好状态亦有变动可能。

---

① 《略论降低利息和提高货币价值的后果》（*Some Considerations of the Consequences of the Lowering of Interest and Raising the Value of Money*，1692 年），但写作时要比出版时早几年。

② 他加了一句："不仅须看货币数量，亦须看货币之流通速度而定"。

③ 再稍微晚一些，休谟（Hume）把一只半脚伸入经典学派世界来了。休谟是经济学家中第一人，着重均衡位置，而轻忽趋向均衡之过渡状态；但他还不失为一重商主义者，他还知道，实际上我们总生存在过渡状态之中。他说："只有在取得货币以后，物价上涨之前，这一段时间内，金银之增加才利于工业……货币数量之多寡，与一国之国内幸福丝毫无关重要。假使可能的话，执政者应当使货币数量继续增加方是良策，因为这样可使工业健旺，劳作者增加；劳作者增加，才使国家真强真富。假使有二国，一国之货币数量在减少，另一国正在增加，但总数量则不比前者多，则比较此二国，还是前一国一时较弱，较贫"［论文"论货币"（Essay on Money），1752 年］。

344 但他竭力说明，减低利率，对于物价水准并不发生直接影响，“只有当利率之改变，引起货币或商品之进口或出口，以致商品与货币之比例与前不相同时，物价才会受到影响”。换句话说，设利率之降低，引起现金出口或产量增加，则物价将改变。然而（我认为）他从来没有进一步作真正的综合工作。[①]

在重商主义者心目中，很容易分辨利率与资本之边际效率之不同，这一点可从洛克引自“与友人谈高利贷的一封信”（*A Letter to a Friend Concerning Usury*，1621 年）一段文字窥见之：“高利息使商业解体。利息既高于商业利润，于是富商停业，放款取利；小商人乃破产”。福特雷（Fortrey）在“英国的利益和改良”（*England's Interest and Improvement*）一书中也认为减低利率，可以增进国富；而且他强调这点。

重商主义者也没有忽略，假使灵活偏好太强，把内流之贵金属，都囤积起来，则利率受不到好处。也有人［例如孟（Mun）］因为要增加国家威力，主张由国家囤积金银；但别人率直反对这种政策：

> 例如施柔特（Schrötter），他用重商主义者常用的论证，认为假使国家大增窖藏，则流动中之货币将搜括殆尽，其结果不堪设想……他又认为，在寺院中窖藏金银和贵金属出超，二者性质

① 重商主义者看法，以为利息就是货币利息，我现在认为毫无疑义是对的。然而这种看法却完全被人遗忘了；所以海克雪尔教授以经典学派经济学家身份，在叙完洛克之理论以后，加了这样一个按语：“假使所谓利息真是贷款之代价，那么洛克之论证是无法反驳的；然而利率并非如此，所以他的论证完全不相干”（前引书，第 2 卷，第 204 页）。

完全相同，而后者他认为是坏得无以复加的东西。戴芬南（Davenant）解释东方国家之所以极度贫困（当时人都相信东方国家所积金银，要比世界任何其他国家大），是因为金银在国库停留不动。如果由国家来囤积金银，还至多是瑕瑜互见，还常常危险甚大；那么私人囤积金银，自然应当避之惟恐不及了。重商主义者之攻击私人囤积金银者，不计其数，简直没有人独持异议。[①] 345

（2）重商主义者知道物贱之病，也知道过度竞争可以不利于一国之贸易条件。例如梅林斯说"商法"（1662 年）："不要因为要增加贸易，所以比别人削价出售，以致害及本国：盖贸易并不因物贱而增，物之所以贱，乃是因为货币稀少，物之需求不大；反之，倒是货币充足，物之需求加大，物价上涨时，贸易倒扩大"。[②] 海克雪尔教授把这一股重商主义思想，总结如下：

在 150 年以内，这个观点一再提出，提出这个观点者，都说：如果一国之货币，较他国稀少，则该国一定"卖价便宜，买价昂贵"……

这种态度，在《公共福利的谈话》（*Discourse of the Common Weal*）一书初版中，即在 16 世纪中叶时，已经明显了。海尔斯（Hales）曾经说过："只要外国人肯买我们的东西，我们为什么要把自己的东西价格定得很低，而让他们把他们的东西（其中有我们要向他们购买的）价格提高呢？假使他们出售自己东西

① 海克雪尔：《重商主义》第 2 卷，第 210、211 页。

② 同上书，第 228 页。

时索高价，从我们处买进东西时出低价，那不是他们得利，我
346 们损失吗？不是他们致富，我们变贫吗？我宁可采取现行办法，他们抬价时，我们也抬价。当然有人因此受损，但受损人数要比采取别种办法少”。几十年以后（1581 年），该书校订者对此点完全赞同。17 世纪内，这种态度一再出现，并无大改。例如梅林斯相信，这种不幸情况之产生，是因为外国人把英汇定得太低，——这是他最担心的事情。……以后这个观念仍继续出现。在《哲言》（*Verbum Sapienti*）一书中（1665 年作，1691 年出版），配第相信，“要等到我们有的货币，不论是在绝对方面或相对方面，都超过任何一邻邦所有者时”，我们才能停下来，不再努力增加货币数量。从上引书着手写作以至出版这一时期中，考克（Coke）说过，“只要我们所有金银比邻邦多，则即使减少到现有量之$\frac{1}{5}$，我亦不在乎”（1675 年）。[①]

（3）重商主义者又是创始人，认为“怕货”（fear of goods）以及货币稀少乃失业之原因；两个世纪以后，经典学派斥之为荒谬：

用失业现象作为禁止进口之理由，其最早实例之一，见于 1426 年意大利之佛罗伦斯。……英国在此方面之立法，至少可追溯至 1455 年。……1466 年之法国法令，虽然建立了里昂之丝织工业，而且以后很有名，倒不太饶兴味，因为并未揭橥抵制外货；但该法令亦曾提及：成千成万之失业男女，可能由此而

① 海克雪尔：《重商主义》第 2 卷，第 235 页。

获得工作。可见这种论据，当时如何风行了……

最初对此问题（其余社会经济问题亦然）作热烈讨论者乃是英国，约在16世纪中叶或更早些，在亨利第八以及爱德华第六两个朝代。这里只能提些书名，著作年代大概不会晚于1530—1540年；其中有二种，大概出于克来蒙特·阿姆斯特朗（Clement Armstrong）手笔……依他的说法，则“洋货每年进口， 347
充塞英国市场，不仅引起货币稀少，而且破坏了手工业，于是有许多平民，无从谋生，不得不闲散，从事乞食、偷窃”。[①]

据我所知，重商主义者对此种情况之典型的讨论，当推1621年英国下议院关于货币稀少问题之辩论为最佳实例。当时非常不景气，布匹出口业尤然。国会中声望最高之议员之一，爱德文·桑迪斯（Edwin Sandys）爵士，把当时情形描写得很清楚；他说农工几乎到处受到打击，布机停而不织，因为国内货币不足；农民被迫违约，“倒不是因为——感谢上帝——土地出产不足，而是因为货币缺乏”。于是发动了详细调查，到底货币到哪里去了，为什么如此奇缺。凡有以贵金属出口之嫌者，或虽未以贵金属出口，但其在国内之活动，足以使贵金属消失者，皆受到许多攻击。[②]

重商主义者也意识到，他们的政策，用海克雪尔教授说法，有“一箭双雕”之妙，“一方面可以出清过剩物资，解除失业；他方面

① 海克雪尔:《重商主义》第2卷，第122页。

② 同上书，第223页。

又可增加货币数量”，[1] 压低利率。

重商主义者从实际经验中得到许多观念；我们在研究这许多观念之后，不能不感觉到，在人类史上，储蓄倾向总有强于投资引诱
348 之长期趋势。投资引诱之薄弱，总是各时代经济问题之枢纽。今日此种引诱之所以薄弱，主要原因，恐怕是现在资本数量累积得太多了；但在以前，则各种风险因素，也许比较更重要。但结果是一样的。私人可以从节约消费，增加其个人财富，但要国富增加，则必须雇主真雇用工人，从事制造持久性资产，然而私人之储蓄意愿，总大于雇主所感觉到的投资引诱。

（4）重商主义者很明白，他们的政策是有国家主义色彩的，而且可以引起战争。他们承认，他们所追求的，乃是国家的利益，以及国力之相对的增加。[2]

重商主义者接受国际货币制度下必然产生的后果，而漠然无动于衷，这点固然可以批评；但当代也有头脑不清之徒，主张采取国际金本位制，对于国际借贷则采自由放任政策，相信只有这种政策最足以促进和平。两相比较，还是重商主义者之现实态度要高明得多。

盖设在一经济体系之内，有货币契约以及风俗习惯之存在，可以历时甚久而轻易不变，又设该体系之国内货币流通量以及国内利率，主要都由国际支付差额来决定（如战前英国情形），则除了争取出超，由邻国方面输入币材（贵金属）以外，当局实在没有正统的

---

① 海克雪尔：《重商主义》第 2 卷，第 178 页。

② “在一国以内，重商主义所追求的完全是动态的目标；然而重商主义对于世界经济资源却作静态的看法；这两者连在一起，于是造成了基本的不调和，产生了无尽的商业战争。这是重商主义之悲剧。中世纪之全部静态观念，自由放任之全盘动态观念，都避免了这种后果”（同上书，第 25、26 页）。

办法来抵制失业问题。历史上还没有想出一个办法，比国际金（以 349
前为银）本位更有效，使得各国利益冲突。盖在国际金本位之下，一国之国内繁荣与一国争取市场以及争取贵金属之成绩有直接关系。设幸而金银之新供给相当丰富，则此种争夺稍减。财富日增，边际消费倾向渐减，则此种冲突愈尖锐，猛烈。正统经济学家，逻辑既有毛病，其常识又不足纠正其逻辑，于是一错到底，糟不可言。有若干国家，在暗中摸索，想求出一条出路，使得国内利率自主，乃抛弃其在金本位之下之种种义务，正统经济学家就说：要有一般的经济复苏，第一步先得恢复以前这些桎梏。

实在刚相反。采取利率自主政策，不受国际关系支配，又采取一全国投资计划，使得国内就业量达到最适度水准；这倒是利己利人之道。各国都同时采取这种政策，然后国际间之经济健康以及经济力量（用国内就业量或国际贸易量来衡量）才能恢复。①

Ⅳ

重商主义者感觉到问题之存在，但其分析尚不能解决之；经典 350
学派则根本忽视此问题，盖根据经典学派之前提，此问题不能存在，于是经典理论所得结论与常识所得结论之间显有裂痕。经典学派之卓异成就，即在能克服常人所相信的东西，而同时自己却是错的。海克雪尔教授说：

---

① 国际劳工局在托马斯（Albert Thomas）及巴特勒（H. B. Butler）二氏先后领导之下，始终领略这个道理，算是在战后许多国际机构所发言论中卓尔不群的。

> 假使从十字军东征一直到18世纪，常人对于货币以及币材金属之基本态度始终不变，则此种观念之根深蒂固可见一斑。18世纪以后，这种观念还继续存在，不过不到“怕货”那种程度而已……除了自由放任这一段时期以外，各时代都未能摆脱这种观念。自由放任学说那样卓尔不群，坚韧不拔，亦不过把常人信念暂时克服一下。①
>
> 在货币经济之下，“怕货”是常人最自然的态度，要对自由放任学说有绝对信仰，才能摆脱这种态度。但自由贸易主义对许多明显因素否认其存在，故当自由放任学说不能再维系其旧日信徒之人心时，亦必遭常人唾弃。②

我记得波拿·劳（Bonar Law）在经济学家面前，又恼又怒，因为他们不肯承认很明显的事实，他真百思不得其解。我们可以把经
351 典学派经济学说之势力，比之于某种宗教，——恐怕是比宗教力量还强，因为要常人否认明显的事实，比之要常人相信一个虚无缥缈的东西要困难得多。

V

我们现在要讨论一种相关的但不相同的学说。几千几百年以来，社会上开明舆论都认为这种学说很明显，无可怀疑，但经典学派则斥之为幼稚，故值得旧事重提，加以尊敬。我指的是一种学说，认

① 海克雪尔:《重商主义》第2卷，第176—177页。

② 同上书，第335页。

为利率不会自动调整到一种水准，最适合于社会利益；反之，利率常有太高之趋势，故贤明当局应当用法令、习惯甚至于道义制裁加以抑制。

经济法令之见之于记载者，防止高利贷办法要算是最早之一了。灵活偏好过度，以致摧毁投资引诱、阻碍财富生长，这种弊端在上古以及中古时代已很显著；因为当时有种种生活上的风险，一方面减低资本之边际效率，他方面增加灵活偏好。故设在一社会之中，人人都觉得不安全，则除非该社会用尽各种方法抑制利率，否则利率总是太高，投资引诱不会充分。

我以前接受他人之说，觉得中古时代教会对于利率问题之态度根本荒谬；中古时代许多巧妙讨论，分辨贷款报酬与投资报酬之不同，只是些诡辩，想从谬论之中找出一条实际出路而已。我现在再翻阅这些讨论，觉得他们倒着实下了一番功夫，把经典学派混为一 352
谈的东西分别清楚：那就是利率和资本之边际效率。我现在觉得，经院学派之讨论，目的乃在找出一种方策，提高资本之边际效率表，同时用法令、风俗习惯以及道义制裁等压低利率。

亚当·斯密对于禁止高利贷法，态度也还温和。他很知道，个人之储蓄不一定用之于投资，也可以用之于放债。他赞成利率低些，因为这样可以使储蓄用之于新投资之机会多些，用之于放债之机会少些。因为这些理由，所以他主张把高利贷法作温和的运用。[①] 边沁对这点严加攻击。[②] 边沁之主要批评，是说亚当·斯密不愧苏格兰

① 《国富论》，第二编第四章。

② 见边沁著《给亚当·斯密的信》(Letter to Adam Smith)，附录于《为高利贷辩护》(*Defence of Usury*)。

人，过分谨慎，对于“创办人”不免太严厉了一点；若规定最高利率，则凡负担正当的、对于社会有利的风险者，其所得报酬将太少。边沁所谓创办人（projectors），范围很广，“凡以追求财富（或任何其他对象）为目的，拟获得财富之资助，设法寻求新发明途径者，皆属之；……此等人真是以进步改良为职志。规定最高利率，则此等人最受打击……总之，凡人类聪明睿智之运用，须赖财富之资助者，皆遭阻遏”。当然，如果法令可以妨碍人民负担正当风险，则应当加以抗议。边沁继续说：“在这种情形之下，深于世故之士不再抉择创
353 办计划之优劣，因为他根本不想创办什么。”①

边沁所说，是否是亚当，斯密之原意，倒颇成问题。难道边沁是用19世纪口吻（虽然该文作于1787），向18世纪说话吗？因为除非是在投资引诱最强之时代，否则不会看不到：在理论上，投资引诱可能不足。

Ⅵ

这里不妨提一个很离奇的、被人过分忽略了的先知——西尔维·盖赛尔（Silvio Gesell，1862—1930年）。在他著作之中，的确有若干真知灼见之处，惜乎仅是昙花一现，未能直达问题之核心。在战后几年，他的信徒拼命把他的著作寄给我，但是因为他的论证显然有缺点，故我当时未能发现其著作之长处。等到我自己用自己的方法，

---

① 已经引了边沁该文，我不能不请读者注意她最美的一段：“工艺事业（the career of art），即创办人足迹所经之大道可以看作是一个辽阔的、也许是漫无止境的平原，其间满布陷阱。每一个陷阱必须先吞一人，才能填平，但一经填平之后，即永久填平，不再陷入；于是这小小一段对于后来者就安全了。”

得到自己的结论以后，才发现其著作之重要性；——大概未经彻底分析的直觉都会遭遇同一命运。在当时，我和其他学院经济学家一样，把他非常有独到之见的种种努力看作是一个怪人之异想天开。我想本书读者知道盖赛尔之重要性者大概不多，故我多给他一些篇幅。

盖赛尔，德人，[①]经商于南美阿根廷，事业上很成功。80年代之 354
经济恐慌，阿根廷特别严重，因此引起他研究货币问题。他的第一本著作，称为《币制改革为走向社会国家之桥》（*Die Reformation im Münzwesen als Brücke zum socialen Staat*），1891年在阿京出版；同年同地，他发表了他对于货币之基本观念，书名称为《事物精华》（*Nervus Rerum*）。此后一直到他退休，又出了许多书和小册子。1906年他退休到瑞士，此时家道已相当殷厚，不必为谋生操心，晚年致力于人生最愉快的两种事情：著作和农业实验。

他的大著之第一部分，是1906年在瑞士日内瓦出版的，书名称为《全部劳动产物权之实现》（*Die Verwirklichung des Rechtes auf dem vollen Arbeitsertrag*）；第二部分1911年在柏林出版，书名为《利息新论》（*Die neue Lehre vom Zins*）。合订本在大战时期（1916年）在柏林和瑞士两地同时出版，生前一共发行了6版，书名称为《经由自由土地和自由货币达到的自然经济秩序》（*Die natürliche Wirtschaftsordnung durch Freiland und Freigeld*），英译本称为《自然经济秩序》（*The Natural Economic Order*）。1919年4月盖赛尔加入在位甚短之巴威里亚苏维埃内阁，当财政部长，以后受到军法审判。生前最后10年，他在柏林、瑞士两地作宣传工作，取亨利·乔治（Henry George）之地位而代之，

① 生于卢森堡边境，父德国人，母法国人。

吸引了一批具有宗教热诚的信徒，被尊为一种教义之先知；信徒之分布于世界各地者，达数千人。1923 年，德瑞自由土地自由货币协会以及其他各国之类似组织，在瑞士巴塞尔城举行第一次国际大会。从他 1930 年作古以后，像他这类学说所能引起的特殊热诚，又转移到其他先知身上；据我看来，后者没有像他那样卓越。布希（Buchi）博士是
355 英国这种运动之领袖，但其文献又似乎从美国德克萨斯州圣安东尼欧地方分发出来。该运动之主力现在美国。在学院经济学家之中，费雪教授是唯一认识其价值者。

他的信徒把他装饰得像一个先知，但盖赛尔之主要著作还是用冷静的、科学的语句写出来的，但全书不免充满了对于社会正义感之热诚与崇奉，似乎（也许有人会觉得）与科学家之身份不合。他从亨利·乔治继承下来的一部分，[①] 固然是该运动所以发生力量之主要源泉，但倒完全是次要的，没有多大兴趣。全书目的，乃在建立一个反马克思的社会主义，又是对于自由放任学说之一种反动。他根据的理论基础，和马克思不同。第一，他否认经典学派之前提，而马克思是接受的；第二，他主张解除妨碍竞争之桎梏，而不主张取消竞争。我相信后世之可得自盖赛尔者，要比可得自马克思者多。读者一读英译本《自然经济秩序》序言，即可领略盖赛尔之德行。我想，要回答马克思主义，还得从该序文所指示的路线中去探索。

盖赛尔在货币与利息论方面之特殊贡献，乃是第一，他把利率和资本之边际效率分别得很清楚；他说利率限制了真实资本之扩张速度。第二，他指出利率完全是个货币现象；货币利率之所以重要，是因为货币有个特征，即货币持有人所负担之保藏费微小不足道；

① 他与乔治不同者，是主张当土地收归国有时，国家应付补偿费。

凡财富之有保藏费者，其所以亦能产生收益者，乃是因为货币有收 356
益，货币定下了一个标准。他用各时代中利率之相当稳定作为佐证，说明利率决不是决定于纯物质因素，因为后者从一时代到另一时代所经历的变迁，比之利率之变迁，不知要大多少。用我的术语来说：利率系于心理因素，心理因素不大变更，故利率相当稳定；至于变动极大的资本之边际效率表，其所决定者，不是利率，而是在一特定利率之下真实资本之扩张速率。

但盖赛尔氏学说有个大缺点。他指出，因为有货币利率存在，所以出贷商品也能取得收益。他利用罗宾逊·克鲁索和另一陌生人之假想的对话，[①]说明这点，——这段是经济学上最佳寓言之一。但他在举出理由，说明货币利率与其他商品利率不同，不能是负数以后，却忘了作进一步说明，为什么货币利率一定是正数；他亦没有解释，为什么决定货币利率之高低者，并不是（像经典学派所说那样）生产资本上收益之大小。这是因为他不知道灵活偏好这个观念；因此他只建立了半个利率论。

因为他的理论不完备，所以他的著作并未受到学术界注意。但是
他已经根据自己理论提出实际建议。他所提方案，可能无法推行，但 357
倒不失为对症下药。他说，货币利率限制了真实资本之扩张，假使把这个限制去掉，则在近世，真实资本即将迅速扩张，在相当短时期以内，利率恐怕要降到零点，方才合式。因此第一件要紧事情，就是减低货币利率；他认为要减低货币利率，只要让货币和其他不能产生收益的商品一样，有保藏费用。于是他想出了著名的“加印”货币（“stamped” money）这个方案；他由是而得名，费雪教授对之亦颇加

① 《自然经济秩序》，第 297 页及以下。

赞许。依此方案，则流通钞券（当然必须包括几种银行货币在内）像保险单一样，必须每月加贴印花，方能保持其价值。印花在邮局出售，至于印花费用，自然可以斟酌情形定之。依我的理论，应当先确定何种新投资量方与充分就业不悖，然后求出该投资量之资本之边际效率，印花费用之多寡须约略等于货币利率（不计印花费用在内）与该资本之边际效率之差数。盖赛尔自己提议，应该每周贴 0.1%，每年贴 5.2%。在现在情形之下，这个数目似乎太高，但正确数目到底是多少，只能由尝试与错误中得来；而且也必须常常更动，不能一成不变的。

加印货币背后所代表的思想，倒是健全的。而且也许真可以找出方法，把这个办法小规模付诸实施。但是还有许多困难，盖赛尔没有设法解决。其中之一，盖赛尔并没有想到，货币并不是唯一有灵活升值之物，他物亦有之，只是程度之差而已；货币之所以重要，乃是因为货币之灵活升值，要比任何其他东西**大些**。故设用加贴印花办法，
358 去掉流通钞券之灵活升值，则一大串替代品将代之而起，例如银行货币、即期债务、外币、宝石、金银等。我在上面说过，以前也许有过一段时期，大家都想持有土地，不管土地之收益如何，因之把利率抬高。但在盖赛尔体系之下，因为土地国有，这个可能性倒可以免掉。

Ⅶ

以上所论各种学说，大致都针对有效需求之一个构成分子之不足而发，——投资引诱之不足。然而把失业之病归咎于另一个构成分子之不足者，即归咎于消费倾向之不足者，亦由来久矣。后一种对于当代经济病症之解释，在 16、17 两世纪尚不占重要地位，晚近

始渐得势；但此种解释，亦不为经典学派所赞同。

对于消费不足之指责，在重商主义思想中，虽然只占非常次要地位，但海克雪尔教授也举出很多例子，说明“奢侈有利，节俭有弊，也是一个根深蒂固的信念。节俭之所以被认为失业之原因者，其理有二：第一，众信若某量货币不作交易之用，则真实所得即将作同量之减少；第二，众信所谓储蓄，乃是把货币从流通过程中抽提出来”。[①]1598 年，拉斐玛斯（Laffemas）在《置国家于繁华的金银财富》（*Les Trésors et richesses pour mettre l'Estat en Splendeur*）一书
中，对反对使用法国丝织品者，大加非难，理由是，凡购买法国奢侈 359
品者都为穷人谋生计；彼吝啬守财之徒倒使穷人贫困以死。[②]1662 年，配第为“穷奢极侈，建造凯旋门等”辩护，说这些费用，还是要流回酿酒师、面包师、裁缝、鞋匠等之钱袋中去的。福特雷亦曾为服饰丽都辩护。施柔特（1686 年）不赞成节约消费，希望服饰等还要多讲究一些。巴邦（Barbon）在 1690 年说过：“挥霍这个缺点，对于个人虽然不利，对于商业倒不然……贪得这个缺点，则对于个人与商业都不利。”[③]1695 年加莱（Cary）说：假使每个人都多花一些，则每个人之所得都要大些，“而且每个人都可以生活得舒服一些”。[④]

巴邦氏之思想，经贝尔纳德·孟迪维尔（Bernard Mandeville）《蜜蜂之寓言》（*Fable of the Bees*）一书之渲染，大为流行。该书在人文科学史上，声名狼藉，1723 年，英国米德尔塞克斯州之大陪审官们曾宣判该书为败类。据说，只有一个人曾为该书说过一句好

① 海克雪尔：《重商主义》第 2 卷，第 208 页。
② 同上书，第 290 页。
③ 同上书，第 291 页。
④ 同上书，第 209 页。

话，那就是约翰逊（Johnson）博士。博士说：该书没有使他觉得大惑不解；倒使他对于现实世界开了眼界。该书之邪僻，可由斯梯芬（Leslie Stephen）“本国人名辞典”对该书之提要中窥见之：

> 孟迪维尔该书，大干众怒。该书用巧妙的似是而非之论，发扬一种含有讥刺性的道德观，引人入胜……其说以为增加经济繁荣者，乃消费而非储蓄；此说亦可列为迄今尚未绝迹之经济邪说之一。[①] 他从两点出发；第一，他接受遁世者之看法，认
> 360 为人类之欲望大致是坏的，故会产生“私德不良”；第二，他又接受一般人之看法，认为财富乃“公众之福”，从这两点，他很容易推出：有文明，即有恶习……

“蜜蜂之寓言”是一首寓言诗，内容是说有一个很繁荣的社会，忽然其中公民都决定放弃奢侈生活，国家也削减军备，大家都致力储蓄，结果却弄得一团糟。因为大家都崇尚节俭，于是奢侈品无人过问，原有之奢侈品，如衣饰、车马、宫室之类，或变卖偿债，或任其荒芜。结果是土地、宫室等之价格大跌，依供给奢侈品为生者
361 无法谋生；又因各业皆有人满之患，亦无法改行。由此所得教训是：

> 仅仅是美德，不能使国家兴盛；彼欲恢复古之黄金时代者，

---

① 斯梯芬氏于所著《十八世纪英国思想史》（*History of English Thought in the Eighteenth Century*）中，在提及孟迪维尔之邪说时，曾经说过：“需求商品不就是需求劳力这句话，可以把此邪说完全驳倒；然而懂这句话的人太少了，能够完全懂得，就不愧为经济学家。”见该书第 297 页。

于致力于俭朴时，也要顾到平民生计。

寓言诗以后，附有评语，今摘录二则，以示该诗也并非没有理论根据：

因为在私人家庭之中，处处节俭打算，从事储蓄，的确是致富之道，于是有人想，不论国家得天之厚薄，假使每个人都实行以上这个方法，则国家也可以致富。例如有人以为，假使每个英国人都择其邻居之节俭者而从之，则英国人比现在还要富。我认为这是错的。[①]

孟迪维尔下结论说：反之，

使国家兴盛快乐之道，厥惟给予每人以就业机会。为实现以上目标，政府应当第一，提倡各种制造、技艺、手工业，凡人类才智所能及者，皆予提倡；第二，奖励农渔二业，普及各部分，使土地也像人一样出力。要靠这种政策，国家才能伟大幸福；用一些琐碎规章，来限制奢侈，提倡节约，是于事无补的。金银之价值可以任其涨落，盖社会享受之多寡，乃系于土地之出产以及人民之劳作，此二者联合起来，乃是可靠的、真正的无穷的宝藏，彼巴西之金，普多西之银，安足道哉。 362

① 参阅经典学派先驱者亚当·斯密之说，“凡私人家庭行之，皆为得策者，安能全国行之，便成失策？”斯密此说，大概针对上引孟迪维尔之言而发。

这种邪僻之说，无怪乎两世纪以来，受到道学先生及经济学家之一致抨击，这两种人自己有一套严肃学说，认为除了国家和个人都实行极度节俭，极度经济以外，别无良策：因为有这种学说，他们自觉胜人一筹。代配第氏之“穷奢极侈，建造凯旋门等”而起者，乃是格拉斯顿（Gladstone）之锱铢必计的国家财政，国家“无力举办”医院、广场、高贵建筑，甚至不肯出钱保存历史古迹，更勿论提倡音乐戏剧矣；这些只能让私人慈善事业来举办，或让浪费成性者来慷慨解囊。

经过一世纪以后，孟迪维尔之说方又在上流社会重新出现。马尔萨斯晚年，正式用有效需求之不足这个观念来解释失业现象。拙著《论马尔萨斯》一文中[①]，已有详细论列，此处只就该文所引各段，最足代表氏之思想者，择录一二：

> 世界各处，几乎都有大量生产力搁置不用，我对这种现象之解释，是说实际所得产物之分配方法有欠恰当，以致继续生产之动机不够充分……我认为如果人们想积财，而且想积得很快，则不生产的消费必大形减少，于是生产动机乃大受妨碍，而财富之扩张亦在时机未成熟时即遭阻遏……但设努力积财之企图，可以在劳工与利润之间划下一条鸿沟，以致未来积财之动机与能力几
> 363 全遭破坏；而日增之人口，亦无法就业谋生，则我们还能够说，这种积财之企图，或储蓄太多，对于国家无害吗？[②]

---

① 《传记集》(*Essays in Biography*)，第 139—147 页。

② 1821 年 7 月 7 日马尔萨斯致李嘉图书。

问题是：设生产增加，而地主及资本家之不生产的消费不成适当比例，以致资本停滞，随后又引起劳力之需求停滞，我们能够说，这种情形对于国家无害吗？假使地主及资本家之不生产的消费，自始即与社会过剩物资作适度配合，故生产动机继续不断，对于劳力之需求，既未过度扩张在先，亦无骤然缩减于后，这种情形，不是比前种情形更快乐，更富裕吗？假使如此，那么我们怎么可以说，节俭也许对于生产者不利，但对于国家不会不利呢？又怎能够说，在生产动机消失之时，增加地主和资本家之不生产的消费，无论如何，总不是适当对策呢？①

亚当·斯密说过：资本由节俭而增，凡生活节俭者，皆是公众之恩人，又说财富是否增加，须看生产是否超过消费。这些命题大致都很对，无可怀疑……但也显然不能无限制都对。若储蓄过度，亦足摧毁生产动机。假使每个人都吃最简单的食物，穿最朴素的衣服，住最简陋的房屋，则决不会再有别种食物、衣服及房屋之存在……这两个极端都很明显，因此在二极端之间必有一点，在该点时，若把生产能力以及消费意志二者都计算在内，则财富之增加受到最大鼓励。但恐政治经济学尚不能确定此点在何处。②

聪明睿智之士所作议论多矣；余所见者，则以萨伊氏之说，立论最不健全。又最与事实相径庭。萨伊氏说，用掉或毁掉一 364

① 1821年7月16日马尔萨斯致李嘉图书。

② 马尔萨斯：《经济学原理》序，第8、9页。

件物品，就等于堵塞一条出路。此说是从商品与商品之关系立论，而不从商品与消费者之关系立论。我倒要问，假使除了面包和水以外，一切消费都停止半年，则商品之需求将变成什么情形？商品山积，但何处是出路？何处是庞大市场？[①]

但是李嘉图对于马尔萨斯所说，充耳不闻。等到约翰·斯图亚特·穆勒讨论其工资基金说时，[②]这场论战又呈最后的回光返照。穆勒氏是在这场论战中熏陶出来的，他的工资基金说，在驳斥马尔萨斯晚期思想方面，颇占重要地位。继穆勒而起者，不接受氏之工资基金说，却忘了氏之所以能推翻马尔萨斯全赖此说。此后这个问题便不成为论战对象，亦不在经济学论列之中，倒不是这个问题已经解决，而是经济学家大家不提。凯恩克劳斯（Cairncross）先生最近想从比较次要的维多利亚时代作家之中，[③]寻求这个问题之遗迹，所得较预期可得者尚少。[④]消费不足之说一直蛰伏着，到1889年，又在霍布森及穆莫里（A. F. Mummery）二氏合著之《工业生理学》一书中出现。50年以来，霍布森以百折不挠之勇气与热诚，著书攻击

① 马尔萨斯:《经济学原理》，第363页脚注。

② 约翰·斯图亚特·穆勒:《政治经济学》（*Political Economy*），第一篇第五章。穆莫里及霍布森二氏于所著《工业生理学》一书（第38页及以下）中，对于穆勒氏此部分学说，尤其是“需求商品不就是需求劳力”这个学说，有重要而透彻的讨论。马歇尔对于工资基金说之讨论，颇不能令人满意，但彼设法为“需求商品不就是需求劳力”这个学说解释误会。

③ 《维多利亚女王时代的人与投资》（The Victorians and Investment），载于《经济史》（*Economic History*），1936年。

④ 在彼所举各书中，以夫拉顿（Fullarton）的《通货管理论》（*On the Regulation of Currencies*）最饶兴趣。

正统学派，然而没有用。该书是第一册，也是最重要的一册，今日已经完全被人遗忘。但在一种意义上说，该书之出版，在经济思想 365
史上是划时代的。[①]

该书是和穆莫里合著的。霍布森氏叙述该书之缘起如下：[②]

> 在80年代中期，我的异端经济学说逐渐形成。亨利·乔治之攻击土地价值，各种社会主义团体之暴露劳工阶级之被压迫情形，以及两位鲍斯（Booth）先生之发表伦敦之贫困状态，这些在我的情感上都留下很深印象，然而都不足破坏我对于经济学之信心。我对于经济学信心之发生动摇，可以说是偶然引起的。我在爱克塞特（Exeter）城一个中学教书时，认识一位商人，名字叫穆莫里，此人在当时以及以后，都以爬山著称。他发现了一条新路，可以上马脱红峰（Matterhorn），不幸在1895年爬喜马拉亚山南加帕罢峰（Nanga Parbat）时殒命。当然，我和他交往，不在这方面。此人在智力方面，也像爬山那样登峰造极，总是自辟途径，傲然不顾一切权威。他和我辩论储蓄过度这个问题，他认为储蓄过度，是商业不景气时，劳资二者就业不足之原因。有好多时候，我用正统经济学上所有武器，想来驳倒他的论据；但最后他说服了我，于是我们二人从事著书，发扬储蓄过度论，书名称为《工业生理学》，于1889年出版。

---

① J. M. 罗伯森（J. M. Robertson）:《储蓄之谬误》（*The Fallacy of Saving*）一书，于1892年出版，亦拥护穆莫里及霍布森二氏之异端说。但该书之价值及意义均不大，因为完全缺乏《工业生理学》一书所具有的透彻的直觉。

② 语见霍布森1935年7月14日对伦敦伦理学会演讲词，讲题是：一个异端派经济学家之供词。此处转载，曾得霍布森氏允许。

> 这是我公开踏上异端之路之第一步，当时完全不知道此事后果之重大。那时我刚辞去中学职务，开始一新事业，在大学课程普及部当讲师，担任经济学与文学。第一次使我大吃一惊的，是伦敦大学课程普及委员会不让我再教经济学，因为有一位经 366 济学教授出面干涉；此人读了我的书，觉得该书之荒谬，和要证明地球是方的那种企图不相上下。本来么，储蓄之涓涓滴滴，都会用来增加资本结构，增加工资基金，然则储蓄之有用数量安得会有限度？储蓄既是工业进步之源泉，则阻遏储蓄就是阻遏工业进步，故理智健全的经济学家，对于储蓄可以过度之说不能不深恨而痛嫉之。[①] 以后又经历了一件事情，使我自己觉得好像犯了什么罪。我虽然不能在伦敦教经济学，但牛津大学课程普及运动要自由容忍一些，还允许我任教，让我下乡演讲，不过限制我只讲关于劳工阶级生活之实际问题。当时有个慈善事业协会，正在计划一套系统演讲，专门讲经济题材，请我担任一门。我已经表示愿意接受，但是突然，也不加解释，聘约撤回。然而在那时，我还没有自己觉察：因为我怀疑无限制节俭之美德，所以罪无可逭。

在这本早年著作中，霍布森及其合著人对于经典经济学之批评，要比霍布森氏晚年著作中来得直截了当些。因为这个理由，又因为该书是他第一次把他的理论表达出来，故我专从该书引录，指出这

---

① 霍布森用不敬语气说："节俭是国富之源，一国愈节俭则愈富。几乎所有经济学家都如此说，许多经济学家都在宣扬节俭，推崇备至，语气中道貌岸然；在他们阴沉的歌曲之中，只有这一调，受公众爱赏。"（《工业生理学》，第 26 页）

两位作家之批评与直觉多么有道理，多么有价值。二氏在该书序言中，说明他们所攻击的结论，是些什么性质：

> 储蓄不仅使个人致富，也使社会致富；消费不仅使个人变穷，也使社会变穷。这句话是等于说，爱钱是一切经济福利之源泉，不仅使节俭者本人致富，而且可以提高工资，让失业者 367
> 有业可就，恩泽普及各方。从报纸到最新经济学巨著，从教堂讲坛到国会议院，这句话说了又说，一再申述。现在要对这句话发生疑问，简直是像渎犯神圣。然而一直到李嘉图出版其著作时为止，有识之士以及大部分经济思想家都否认这种学说，其最后之所以被人接受，只是因为没法驳倒工资基金说。现在工资基金说已告崩溃，而这种学说还巍然独存，这个道理只是因为作此说者声望太高了。经济学批评家只敢攻击这个学说之枝枝节节，不敢碰这个学说之主要结论。现在我们想指出：第一，这些结论不能成立；第二，储蓄习惯可能行之过度；第三，若行之过度，则社会变穷，工人失业，工资降低，整个工商界变成阴暗惨淡，这就是所谓不景气……
>
> 生产之目的，乃是为消费者谋效用与便利。从处理原料起，一直到商品到消费者手上变成效用与便利时止，生产过程是连续不断的。资本之唯一用处，既在帮助生产这些效用与便利，则所用资本之多寡，自然随每日或每周效用与便利之消费量之改变而改变。储蓄一方面增加现有资本总量，同时在他方面又减少效用与便利之消费量，故若储蓄习惯行之过度，则累积下来的资本数量将超过实际需要数量，于是发展为一般的生

产过剩。①

上引最后这句话，似乎是霍布森氏错误之所由起。氏认为，假使储蓄过度，则真正累积下来的资本会超过实际所需数量。假使真是如此，倒不过只是预测错误所产生的一点次要祸害；主要祸害乃是：若
368 充分就业情形之下之储蓄倾向大于实际所需资本数量，则除非预测有错误，否则充分就业就不能实现。但是一两页以后，霍布森把问题之一半，说得非常精确透彻，不过他还没有注意到，利率之改变以及商业信任状态之改变可能产生些什么影响，他似乎假定这两个因素不变：

> 因此我们可下结论，自亚当·斯密以来，经济学说所根据的基础——每年之产量乃决定于该年可用的天然原素、资本以及劳力三者之总数量，实在是错误的。反之，这三者之总数量只规定了产量之最高限度；产量当然不能超过此限度，但若因为储蓄过度，以致供给过多，影响生产，则产量可以——而且真是——比此最高限度低许多。换句话说，在现代工业社会之中，在正常情形之下，是消费限制生产，而不是生产限制消费。②

最后，霍布森也注意到，他这种学说与正统学派用来维护自由贸易之种种论据是否正确大有关系：

> 正统经济学家常用自由贸易之种种论据，斥责美国以及其

① 霍布森、穆莫里合著：《工业生理学》，第 iii—v 页。

② 同上书，第 vi 页。

> 他实行保护主义国家为白痴，不懂生意经。现在不能再作这种斥责了，因为这种种论据，都是建筑在“供给不能过度”这个假定上的。[①]

霍布森在该书所用论据，当然不能称为完备，但这是第一次明白说出：资本之来，不是由于储蓄倾向，而是由于需求，需求则又来自现在的和未来的消费。底下一段引文，是杂凑起来的，可以窥见霍布森氏思路之一斑：

> 设一社会之商品消费量在未来不会增加，则在现在增加该社会之资本必无利可图。……储蓄与资本每增加一次，而且增加 369
> 后不再减退，则最近未来之消费量必须作相应的增加。……[②] 当我说未来消费时，所谓未来，并不是指10年、20年或50年以后；而是指离现在很近的那个未来。……假使因为节俭和谨慎动机加强，故人们在现在多储蓄一点，则他们必须得肯在未来多消费一些。[③]……在生产过程之任何一点，合乎经济原则可以利用的资本数量，以提供当前消费量所必需者为限。[④]……很明显，我一人之节俭，并不影响社会全体之节俭；而只决定此全体节俭之中之某一部分到底由我行之，还是由别人行之。我们以后要指出，社会上一部分人实行节俭，可以迫令别人入不敷出。[⑤]……大部分现代经济学家都否认消费有不足之可能，我们

---

① 霍布森、穆莫里合著：《工业生理学》，第ix页。
② 同上书，第27页。
③ 同上书，第50、51页。
④ 同上书，第69页。
⑤ 同上书，第113页。

> 能够找出一种经济力量可以引起社会犯此毛病吗？假使可以找得出来，则商业机构可以提供有效的阻遏吗？以下要指出，第一，在每一个高度组织化的工业社会之中，总有一种力量在推动，使得节俭过度；第二，一般认为商业机构所能提供的阻遏之道，或者完全不发生作用，或者不足以防止严重后果。[①]……李嘉图用来答复马尔萨斯以及蔡尔莫斯（Chalmers）二氏之论证者，其词甚简，但后之经济学家，似乎皆接受其说，认为充分。李嘉图说："用以购买产物者，总不外产物和劳役二者，货币只是交易媒介而已；故当生产增加时，购买能力以及消费能力亦即随之作相应的增加，故无生产过度之可能"（李嘉图：《政治经济学原理》，第362页）。[②]

霍布森与穆莫里二氏，知道利息只是使用货币之代价而已。[③]他
370 们也很知道，反对者会说："利率（或利润）会下降到一种程度，足以遏制储蓄，恢复生产与消费之间之正常关系"。[④]二氏于作答时，指出："如果利润下降而可以引诱人民少储蓄一些，则致此之道，不外二途：或者引诱人民多消费一些，或者引诱他们少生产一些"。[⑤]至于第一途，二氏认为当利润下降时，社会之总所得亦减少，"我们没有理由可以说：当平均所得正在下降之时，因为节俭可以得到的报偿也在减少，所以人民会增加其消费量"；至于第二途，二氏说，

① 霍布森、穆莫里合著：《工业生理学》，第100页。
② 同上书，第101页。
③ 同上书，第79页。
④ 同上书，第117页。
⑤ 同上书，第130页。

“我们决不否认，若供给过度，利润下降，则生产将受阻遏；反之，承认有这种阻遏之存在，乃是我们论据之重心所在”。[①]但是二氏之说未臻完备，主要是因为二氏没有一个自己的利率理论，故霍布森（尤其在他以后著作中）不免对于消费不足可以引起投资过度（意指无利可图之投资）这一点，过分重视，而未能说明，若消费倾向相当薄弱，则可以引起失业，因为一个相当薄弱的消费倾向，需要但得不到充分的新投资量以资补救。固然，有时因为有过度乐观之误，故此种大小之新投资量，也不是完全没有，但是一般说来，因为利率定了一个标准，而利润低于利率，故此种投资量根本不会发生。

大战以后，消费不足之说，纷至沓来，其中以道格拉斯（Douglas）少校之说最出名。当然，道格拉斯少校之说之所以得势，大部分还是因为正统学派对于他所作致命批评无法作答。但在另一方面，他的详 371
细诊断，尤其是所谓 A+B 定理，有许多只是故玄其词。若道格拉斯少校之 B 项，只包括雇主所提出之折旧准备金，而现在尚未作添置修葺之用者，则尚言之成理。但即使作如此解，我们还得要顾到：其他方面之新投资，以及消费支出之增加，可以与此种折旧准备金相抵消。道格拉斯少校比正统学派较胜一筹者，乃是他至少没有完全遗忘当代经济体系之主要问题；但是他不能和孟迪维尔、马尔萨斯、盖赛尔、霍布森等相提并论，——他在勇敢的异端军中，大概是一名小兵，不是少校。后面这几个人，宁愿依凭直觉，对真理作一知半解之窥测，而不肯信任逻辑，知过不改；夫逻辑易事也，推理固清楚矣，固前后一致矣，无奈所根据之假设，与事实不符何？

---

① 霍布森、穆莫里合著：《工业生理学》，第 131 页。

第二十四章　结语：略论《通论》可以引起的社会哲学

I

372 我们生存其中的经济社会，其显著缺点，乃在不能提供充分就业，以及财富与所得之分配有欠公平合理。上述理论，对于第一种缺点之关系，很显而易见，但对于第二种缺点，在很重要的两方面，也颇有关系。

自从 19 世纪末叶以来，所得税、超额所得税、遗产税等直接税，在去除财富与所得之绝大差异方面已有长足进步，尤以英国为然。许多人都愿意这种办法再推进一步，但是因为有两种顾虑，不免投鼠忌器：一部分固然是怕故意规避之风将由此而炽，而且负担风险之动机亦将大形削弱；但是主要顾虑，还是因为人们相信：资本之生长乃系于个人储蓄动机之强弱；大部分资本之增加乃从富人过剩所得中储蓄而来。我所提出的论据并不影响第一种顾虑，但对于第二种顾虑，我们应持何种态度，却大有修改余地。我们知道，在达
373 到充分就业这点以前，资本之生长并不系乎消费倾向之低，反之，

反因其低而遭遏制；只有在充分就业情形之下，消费倾向之低，才利于资本生长。而且，经验告诉我们，在现行情形之下，各公私机关用偿债基金等方式所作储蓄已经绰有余裕，故若现在采取步骤，重新分配所得，以提高消费倾向，则对于资本之生长大概是有利无弊。

现在还很流行着一种信念，认为遗产税可以使得一国之资本财富减少，这正可以说明，公众对于这些问题还模糊不清，缺乏正确了解。今设国家以遗产税税收作经常支出之用，因之减低或豁免所得税及消费税，则在此种财政政策之下，高额遗产税固然有增加社会消费倾向之功效，但是因为当消费倾向作永久增加时，在一般情形之下（即除去充分就业情形），投资引诱也同时增加，故普通所作推断适与真理相反。

因之我们可以得到结论：在当代情形之下，财富之生长不仅不系乎富人之节约（像普通所想象的那样），反之，恐反遭此种节约之阻挠。故主张社会上应当有财富之绝大不均者，其主要理由之一已经不成立了。我并不是说，再没有别种理由可以在某种情形之下，为某种程度之财富不均辩护，而不受上述理论之影响；但是我们的理论，的确去掉了以往所以不敢大胆行动之最重要理由。我们对于遗产税之态度，尤其受到影响，因为有若干理由可以替所得不均辩护者，却不能为遗产不均辩护。 374

就我本人而论，我相信的确有社会的以及心理的理由，可以替财富与所得之不均辩护，可是不均得像今日那样厉害，那就无法辩护了。人类有许多有价值的活动，必须要有发财这个动机，私有财产这个环境，才能充分收效。而且，人类有许多危险性格，也因为有发财机会之存在，而导入比较无害之途；假使没有这条泄泄之道，这些危险性格也许会发为残暴，不顾一切唯个人权势是图，以及他种自大狂。我们宁可让一个人做他银行存款之暴君，不要让他做他同胞公民之暴君；固然，有人说，前者是后者之手段，但至少有时前者也可以替代后者。不过要鼓励这些活动，要满足这些性格，赌注不必像今日这样大。即使把赌注减少许多，只要作此游戏者都习惯于小赌，还是一样可以达到目的。我们不要把改变人性和管理人性混为一谈。在一理想社会之中，人们可以因为教育、感召、环境等关系，根本对于赌注不发生兴趣，但若一般人或社会上很大一部分人对于发财欲有强烈嗜好，则让人在规则与限制之下作此发财之戏，恐不失为聪明睿智的政治家作风。

Ⅱ

但是从我们论证之中，还可以得出第二个重要性更大的推论，
375 和财富不均之前途有关，——这个论证便是我们的利率论。到现在
为止，一般人之所以认为有维持相当高利率之必要者，乃是因为觉得非如此，储蓄之诱惑力将不够充分。但是我们在上面说过了，有效储蓄之数量乃定于投资数量，而在充分就业限度以内，鼓励投资者乃是低利率。故我们最好参照资本之边际效率表，把利率减低到一点，可以达到充分就业。

毫无疑义，用此标准定出来的利率，一定要比现行者低许多。当资本数量逐渐增加时，资本之边际效率表要下降，就我们对后者臆测所及，则为或多或少继续维持充分就业计，利率大概须以坚定步伐，续趋下游，——除非是社会全体（包括国家在内）之消费倾

向会有极大改变。

我相信资本之需求是有严格限度的；意思是说，资本数量不难增加到一点，使其边际效率降至极低。这并不是说，使用资本品可以几乎不出代价；而是说，从资本品得到的收益，除了抵补折旧折陈以外，所余下的一点，只是负担风险、行使技巧与判断等功能所必需的代价而已。总之，持久性资产在其整个寿命中所产生的总收益，也像寿命极短的商品一样，只足抵补劳力成本再加上一些风险成本、一些技巧与监督之代价。

这种情况，跟某种程度的个人主义可以很不冲突，但坐收利息这个阶级（rentiers）的确会慢慢自然死亡，资本家也逐渐不能再利 376
用资本之稀少性扩大其压迫力量。在今日情形之下，利息与地租之性质相同，并不是真正牺牲之代价。资本所有主之所以能取得利息，乃是因为资本稀少，正好像地主之所以能取得地租，乃是因为土地稀少。但土地稀少还有其真正理由，而资本稀少则毫无。在长时期中，资本稀少之必要理由并不存在。此处所谓必要理由者，是指一种真正牺牲，若没有利息作报酬，将没有人肯负担这种牺牲。例如，如果资本数量尚未十分丰富，而私人之消费倾向又欲将充分就业下之全部所得皆作消费之用，丝毫不作净储蓄，则资本稀少的确有了真正理由。但即使是这种情形，还可以由国家来举办集体储蓄，维持储蓄于一定水准，让资本扩大到一点，不再有稀少性。

故我认为，资本主义体系中之有坐收利息阶级，乃是一种过渡时期现象，其任务完毕时即将消灭。坐收利息阶级一经消灭，资本主义便将大为改观。我的主张还有一极大好处：坐收利息阶级以及毫无用处的投资者之自然死亡，并不是骤然的，而只是把最近在英国已经可以看到的现象慢慢延长下去而已，故不需要革命。

故在实际施政时，不妨确立两种目标：第一，增加资本数量，使得资本不再有稀少性，毫无功能的投资者从此不能再坐收利益。第二，建立一个直接税体系，使得理财家、雇主以及诸如此类人物之智慧、决策、行政技能等，在合理报酬之下为社会服务。这些人
377 对于本行都非常有兴趣，故即使报酬比现在低很多，还肯继续服务。以上两种目标并没有窒碍难行之处。

至于在何种范围以内，国家（公共意志之代表人）应当设法增加并补充投资引诱；在何种范围以内，应当鼓励一般人之消费倾向，同时又可在一两个世纪以内使得资本不再有稀少价值，那只能由经验来决定。也许，当利率下降时，消费倾向很容易加强，故在充分就业情形之下，资本之累积速率亦不比现在大。假使如此，则对大额所得以及大额遗产课以更重之税，也许有可以非难之处，——循此政策达到充分就业时，资本之累积速率要比现在小许多。请不要以为我不承认有这种结果之可能性，或不承认这种结果很或然。在这些问题上，预断普通人在不同环境之中会有何种反应，不免失之轻率。不过，要是不难接近充分就业，同时资本之累积速率又比现在大一些，虽然大得不多，则至少解决了当代一个重要问题。至于在何种范围以内，用何种方法，可以要求本世代人士多节约一些，以便为后人造充分投资之境，同时又与情理不悖，那是另外一个问题，需要另行决定。

Ⅲ

在其他几方面，以上这个理论之含义倒是相当保守的。固然，

有几件事情，现在操之于私人之手者，将由国家集中管理；但是还 378
有许多活动不受影响。国家必须用改变租税体系、限定利率以及其他方法，指导消费倾向。还有，仅仅依赖银行政策对利率之影响，似乎还不足以达到最适度的投资量，故我觉得，要达到离充分就业不远之境，其唯一办法，乃是把投资这件事情，由社会来综揽；但这也不是毫无妥协折衷余地，还有许多办法，可以让国家之权威之私人之策动力量互相合作。除此之外，似乎没有强烈理由要实行国家社会主义，把社会上大部分经济生活包罗在政府权限以内。要紧的倒不是生产工具国有；只要国家能够决定（a）资源之用于增加生产工具者，其总额应为若干；（b）持有此种资源者，其基本报酬应为若干，则国家已尽其职责。而且，实行社会化之种种必要步骤，也可以慢慢逐渐引进，不必打断社会上的一般传统。

我们对于经典学派理论之批评，倒不在发现其分析有什么逻辑错误，而在指出该理论所根据的几个暗中假定很少或从未能满足，故不能用该理论来解决实际问题。但设实行管理以后，总产量与充分就业下之产量相差不远，则从这点开始，经典学派理论还是对的。今设产量为已知，换句话说，设决定产量多寡之力量，不在经典学派思想体系之内，则经典学派所作分析，例如私人为追求自己利益
将决定生产何物，用何种方法（即何种生产原素之配合比例）生产， 379
如何将最后产物之价值分配于各生产原素等等，仍无可非议。又，我们对于节俭这个问题，虽然看法不同，但对于现代经典学派所说，在完全竞争以及不完全竞争两种情形之下，公益与私利二者平行不悖之程度如何，也没有什么非议。故除了消费倾向与投资引诱二者，必须由中央统制，以便二者互相配合适应以外，实在没有理由要使

经济生活比以前更社会化。

把这点说得更具体一些：就已就业的生产原素而论，我觉得没有理由可以说，现行经济体系有把生产原素作绝大不当使用之处。当然，预测不免有错误，然而这在中央统制计划之下也是免不了的。假使有 1000 万人愿意而且可以工作，其中 900 万人得到了工作，我们没有证据可以说，这 900 万人之劳力有使用不当之处。我们对于现行经济制度不满者，倒不是这 900 万人应当去做别的事情，而是其余 100 万人也应当有事可做。现行制度之缺点，不在实际就业者之工作方向，而在实际就业者之数量。

因此我同意盖赛尔之说，认为要补充经典学派理论之缺点，不在把“曼彻斯特体系”（Manchester System）一笔抹杀，而在指出须有何种环境，然后经济力量之自由运用才能把生产潜力充分发挥出来。当然，为确保充分就业所必须有的中央统制，已经把传统的政府机能扩充了许多。近代经典学派亦曾唤起注意，在几种情形之下，
380 不能让经济力量自由运用，须由政府来约束或指导；但是还有很大一片园地可以由私人负责，由私人策动。在这个园地以内，个人主义之传统优点还是继续存在。

让我们停一停，温习一下这些优点是什么。一部分当然是效率高，——这是管理不集中以及追求自己利益之好处。决策不集中以及个人负责对于效率之好处，恐怕比 19 世纪所设想者还要大；而当代之不屑乞助于利己动机，亦嫌过火。除此以外，假使能够把弊窦去掉，则个人主义乃是个人自由之最佳保障，意思是指，在个人主义之下，个人可以行使选择权之范围，要比在任何其他经济体系之下，扩大许多。同时，个人主义又是使生活丰富不趋单调之最佳保

障，因为生活之所以能够丰富不单调，就从广大的个人选择范围而来；而集权国家之最大损失，也就在丧失了这种多方面的、不单调的生活。若生活有多方面，则既可维持传统，取法乎古人；又可凭一己想象，自辟途径，增加现在生活之色泽。生活方式既得力于传统、想象、实验三者，自然最易改善。

因为要使消费倾向与投资引诱二者互相适应，故政府机能不能不扩大，这从 19 世纪政论家看来，或从当代美国理财家看来，恐怕要认为是对于个人主义之极大侵犯。然而我为之辩护，认为这是唯一切实办法，可以避免现行经济形态之全部毁灭；又是必要条件，可以让私人策动力有适当运用。

盖设有效需求不足，则不仅资源之浪费，乃公众不能忍受之耻辱，而且假使私人企业家想运用这些资源，亦必遭遇重重失败危机。381
企业这一种赌博有许多空门，如果赌徒们有这种精力，存着希望，把所有纸牌都玩遍，则赌徒全体之总结果是输的。到现在为止，世界上财富之增加量，总小于个人正储蓄（positive individual savings）之总数，二者之所以相差，就是因为有人虽然有胆量，有策动力，但运气不特别好，技巧不特别高明，所以亏了本；亏本之数恰等于二者之差数。但若有效需求很充分，则技巧和运气二者，只要中平就够了。

今日之极权国家似乎解决了失业问题，但牺牲了效率与自由。有一点很确定：世界上不能再长久容忍失业现象，而在我看来，除了简短的兴奋期间以外，失业现象是和今日之资本主义式的个人主义有不解之缘的。不过把问题作正确分析以后，也许可以医治了疾病，同时保留了效率与自由。

Ⅳ

我偶而提到过，这种新体系也许比旧体系更利于和平。这一点值得更复申述，加以强调。

战争有种种原因，独裁者之流觉得很容易利用人民好勇斗狠之心从事战争；而且从独裁者看来，战争是——至少在预期中是如此——一件愉快兴奋事情。但是好勇斗狠之心，只能使独裁者容易鼓动群众热情，除此以外，还有经济原因，即人口压力，以及互相
382 争夺市场。这第二种因素在19世纪战事中大概处于支配地位，未来还可能如此，故宜在此处一加论列。

我在前一章中指出，如果采取19世纪下半期之正统办法，对内自由放任，对外实行金本位，则除了互相争夺市场以外，政府实在别无良策可以减轻国内之经济苦痛。因为在该种体系之下，凡可以解决长期的或时断时续的就业量不足现象之种种办法都不能用；除了一个，那就是改善国际往来账上之贸易差额。

故经济学家虽然一向颂赞盛行于世的国际体系，认为既可享受国际分工之利，又可调和各国利益，但在这种体系之中实在隐伏着不睦势力。有些政治家相信，假使一个富老之国不注意于争夺市场，则其繁荣即将衰退。这些人倒是有常识，对于事情有正确了解。不过假使各国能用国内政策提供充分就业，又能在人口趋势方面维持均衡，则实在不至于有重大经济力量使得各国利害冲突。在这种情形之下，还有正当的国际分工以及国际借贷之余地，但是已经没有迫切动机，要竭力向外推销本国商品，或拒绝接受外国商品，——

当前作此行为之目的，倒不是因为必须要维持收支相抵，而在故意使收支不相抵，造成有利于己的贸易差额。国际贸易之性质也将与今不同：国际贸易不再是一种铤而走险的办法，因为要维持国内就业量，所以不能不限制进口，竭力向国外推销本国商品。这种办法即使成功，也不过把失业问题转嫁给邻邦，使得邻邦之情形恶化而 383
已。不，国际贸易将不再是这样，而是在互利条件之下，各国自己情愿不加阻挠地把商品与劳役互相交换。

V

希望这种思想实现，是否只是空想呢？这种思想会不会深入人心，形成社会演变之原动力呢？这种思想所要压制的利益，是否比所要效劳的利益，更明显而强有力呢？

我不想在这里提出答案。至于应当采取何种实际办法才能把这些思想逐渐实施，即使提纲挈领指示，也须另成专书。不过假使这种思想是对的（作者本人必须有此假定，才能着手著作），那么我敢预言，说这种思想在未来不会有多大力量一定是错误的。在现在这个时候，一般人都渴望有一个更基本的诊断，非常肯接受，而且只要说得入情入理，很热心要试试。即使撇开此种当代情绪不谈，经济学家以及政治哲学家之思想，其力量之大，往往出乎常人意料。事实上统治世界者，就只是这些思想而已。许多实行家自以为不受任何学理之影响，却往往当了某个已故经济学家之奴隶。狂人执政，自以为得天启示，实则其狂想之来，乃得自若干年以前的某个学人。我很确信，既得利益之势力，未免被人过分夸大，实在远不如思想之逐渐侵蚀力之大。这当然不是在即刻，而是在经过一段时间以后；理由是，在经济哲学以及政治哲学这方面，一个人到了 25 岁或 30 岁以后，很少再会接受新说，故公务员、政客甚至鼓动家应用于当前时局之种种理论往往不是最近的。然而早些晚些，不论是好是坏，危险的倒不是既得权益，而是思想。

图书在版编目(CIP)数据

就业、利息和货币通论/(英)约翰·梅纳德·凯恩斯著;徐毓枬译.—北京:商务印书馆,2024
(经济学名著译丛)
ISBN 978-7-100-23971-4

Ⅰ.①就… Ⅱ.①约… ②徐… Ⅲ.①凯恩斯主义 Ⅳ.①F091.348

中国国家版本馆 CIP 数据核字(2024)第 096448 号

经济学名著译丛
就业、利息和货币通论
〔英〕约翰·梅纳德·凯恩斯 著
徐毓枬 译

商 务 印 书 馆 出 版
(北京王府井大街 36 号 邮政编码 100710)
商 务 印 书 馆 发 行
北京市艺辉印刷有限公司印刷
ISBN 978-7-100-23971-4

2024 年 8 月第 1 版　　开本 850×1168 1/32
2024 年 8 月北京第 1 次印刷　　印张 10¾
定价:60.00 元